東西交流の地域史

列島の境目・静岡

地方史研究協議会編

雄山閣

序　文

地方史研究協議会二〇〇六年度（第五七回）大会・総会は、共通論題「東西交流の地域史―列島の境目・静岡―」を掲げて、二〇〇六年一〇月二一日（土）から二三日（月）の三日間、静岡市で開かれた。一日目は、午前・自由論題研究発表と特別報告、午後・公開講演と総会、二日目は、共通論題研究発表と共通論題討論、ついで懇親会が、常葉学園大学静岡キャンパスで開催された。三日目は、二つのコースに分かれて巡見が行われた。

本書は、その大会成果のうち、共通論題「東西交流の地域史―列島の境目・静岡―」と題して、二つの公開講演と八本の共通論題研究発表を中心として、第一編「列島の中の静岡」、第二編「地域と交流」に編集し、静岡地域の地方史的特質を追究しようとしたものである。公開講演は、神奈川大学教授・福田アジオ氏「地域史研究と広域調査」と静岡県考古学会会長・向坂鋼二氏「静岡県の西と東―考古学からみる―」の二つである。それぞれ原稿を頂き、第一編「列島の中の静岡」の冒頭に置いた。お二方が公開講演の中でも関説されたように、一口に「静岡地域」といっても、広狭の意や、内容も多岐にわたるが、この地域が全国の歴史的展開に重要な役割を果たした時期がある。第一編は、以上の二論考のほか、共通論題研究発表のうち中世後期から近世前期の「静岡地域」と全国的歴史的展開との関連を問うた森田香司氏「今川範国と駿河・遠江―両国守護補任の再評価―」、加藤理文氏「静岡県における織豊系城郭の成立について」、鍋本由徳氏の「二元政治下における『駿府』―人と情報の結節―」を納めた。第二編「地域と交流」は、近世から近代における地域の歴史と、社会・経済・文化交流の歴史である。ここには共通論題研究発表のうちから北村啓氏「静岡県の中近世の水運―戦国期駿遠地方を中心に―」、鈴木雅晴氏「近世後期西遠地域における文化・情報伝播」、高柳友彦氏「温泉観光地の形成と発展―戦間期の静岡県を事例に―」を、自由論題研究発表のうち青木祐一氏「近世後期有力町人の動向と都市運営―駿府を事例に―」、相馬伸吾氏「近世後期における民間宗教者の一考察―三河の徳本をめぐって―」を納めた。それに特別報告の橋本誠一氏「静岡県における公文書保有の現状と課題」を以て、構成した。

関東圏と関西圏という日本の政治・経済・文化を推進した地域の中間に位置した静岡地方は、東西両方向からの影響を、政治・経済・文化・生活など多様な面で受けながら独自の地域を創ってきた。具体的様相は時代と地域によって異なる。その歴史的展開については、二日目の共通論題討論でも追究したところである。その内容及び本書刊行に至る経過については、本書末尾の大会成果刊行委員会「第五七回（静岡）大会の記録」を参照されたい。静岡県には未だ県立の博物館も公文書館もない。本書の刊行が当地域の地方史研究と史料保存運動の一助にもなれば幸いである。

二〇〇七年一〇月

地方史研究協議会

会長　所　理喜夫

東西交流の地域史―列島の境目・静岡―／目　次

特別報告

Ⅰ　列島の中の静岡

地域史研究と広域調査

福田　アジオ

一　地方史研究と広域地域

1　戦後歴史学と地方史研究

すでに多くの先学が指摘しているように、地域の歴史研究は、第二次世界大戦後にそれまでのお国自慢的な郷土史研究から客観的・実証的な地方史研究へ大きく変化した。そして急速に研究は展開した。そこには、大戦後の歴史研究全体の動向が大きく影響していた。戦後の歴史学は、マルクス主義の大きな影響下にあって展開し、どこであっても世界史の基本法則が貫徹しているという認識のもとに、個別村落、個別地域においてその基本法則の具体的な現れを検証する研究として展開した。地方史は単なる地方の歴史ではなく、日本史における世界史の法則貫徹を明らかにする個別研究と考えられ、特定の個別村落や個別地方での研究が隆盛した。特に、近世史研究では個別村落個別地方の研究が当たり前となった。戦前の郷土史研究がお国自慢的に示そうとしたのは、天皇や中央での政治権力者との関係の深さをもって自慢の内容とした。その意味では、郷土史も狭い郷土に限定していたのではなく、日本という国家と結びついていた。それに対して、戦後地方史は地域と天皇や権力者との関係を解消した。その代わりに登場させたのが、法則の貫徹であった。法則を研究の結果として自らが作り出すのではなく、すでに定式化している世界史の基本法則がどのような地域であっても貫徹しているという立場で、法則の貫徹性を個別村落や地域で研究した。これは個別村落で研究していれば日本史研究をしていることになるという安心感を人々に与えたと言えよう。

世界史の基本法則を明らかにする地方史研究が盛んになることは近世史研究が盛んになることを意味した。近世においては、支配が村を単位に行われ、その結果として村を単位に文字資料が作成され、現在にまで残されている。これは他の時代とは異なる特色と言えよう。近世の支配単位としての村は現代における村落共同体であり、地域で人々が部落と呼んでいる社会であると考えた。家々が集合している集落を基礎に、人々が協同し連帯することで生活・生産の維持存続が図られてきたが、その協同・連帯の組織を村落共同体と認識して、封建制度の基礎とした。近世の支配は、村落共同体である村を基礎に行われた。それ故に、様々な文字資料が村の後継単位である部落に残され、また近世の村役人の子孫の家に残されているのは必然であり、それを調査して分析すれば、そこに出現する歴史は単なるその村の歴史ではなく、近世日本社会の歴史であり、さらには世界史の具体的な現れであると考えられた。近世における支配・被支配の構造を把握し、その支配される人々が変革へ向かって立ち上がる過程を明らかにするのが歴史研究であった。社会構成史と人民闘争史が歴史であり、個別村落や地域における歴史研究もその枠組みのもとで研究された。

地方史研究協議会は決して近世史研究の組織ではない。一九五〇年のその結成に際しては、史学会、歴史学研究会、社会経済史学会など日本の代表的歴史学研究団体ばかりでなく日本民俗学会も加わった。研究中心の学術団体ではなく、地方史研究についての諸問題を検討し、学会間の連絡と調整を図ることが大きな目標だったと考えられる。しかし翌年に創刊された機関誌『地方史研究』はまもなく個別研究論文を掲載する学術雑誌となり、その掲載論文の大部分が近世史研究に関するものとなった。厳密に分類したわけではなく、印象論ではあるが、現在の地方史研究協議会の会員は、研究者の専門分野ということから判断すれば、圧倒的に近世史研究者である。機関誌『地方史研究』を見る限り、始めから地方史研究は近世史研究であり、その多くが個別村落や地域に関する研究であった。近世史研究の課題に応じて取り上げられる問題は異なるし、変化してきたが、そのこと自体が地方史研究は独立した存在ではなく、近世史研究の一環として行われ、しかもそのことによって存在意義をもってきたことを示していると言えよう。

2　歴史学の自信喪失と地域史研究

一九七〇年代まではそのような状況が疑われることはほとんどなかった。歴史学、歴史研究は王者の学問であり、歴史を明らかにすることで現在を理解し未来を展望する学問であるという自信が歴史研究者には染みこんでおり、反省が発せられることはほとんどなかった。しかし、一九八〇年代に入る前後から変化が見られるようになった。いうまでもなく、アナール学派の社会史の登場である。新たに登場した社会史は、それまでの社会構成中心の歴史、急激に変化する変革期中心の歴史が過去に生きた人々の全体像を忘れさせ、また現在の評価によって過去を選択し、評価し断罪することを批判した。社会史は新しい歴史認識として、日常性に基礎を置き、ほとんど変化しないように見える長期波動・長期持続に重点を置いて、人々の心性・感性を重視した歴史を組み立てることを主張した。それは欧米で出された社会史の研究書を翻訳して紹介することから始まったが、間もなく日本の歴史研究にも同様の方法による研究が登場してきた。社会史がもっとも大きな影響を見せたのは中世史研究であった。多くの新鮮な研究が出され、中世史研究の動向を形成した。

ところが近世史中心の地方史研究では、社会史の影響は弱かった。『地方史研究』誌上にも社会史の傾向を示す論文はほとんど掲載されなかったし、また近世史研究全体でもその影響は少なかった。むしろ当初社会史を歴史学研究として認めないという反発や反論を強力に提出したのは近世史研究者であった。日常茶飯事をあれこれ明らかにすることは歴史学の使命ではない。歴史研究は天下国家を論じなければならないという論調を展開したのは、近世史研究に大きな影響を与えていた研究者であった。社会経済史中心の近世史研究がその後も中心的な位置を占めていた。

しかし、世界情勢は大きく変化した。一九八〇年代中頃以降、社会構成史・人民闘争史を柱とした「科学的歴史学」はその力を急速に弱めることになった。一九八九年のベルリンの壁の崩壊、九一年のソ連邦の崩壊は、社会主義の優位を前提にした世界史の基本法則への信頼を失わせ、今まで自覚するかしないかの別はあったとしても、マルクス主義理論や立場を前提にして進めてきた研究の枠組みへの自信喪失を促した。世界史の基本法則がどこにあっても貫徹しているという前提は失われることとなった。歴史学は法則を明らかにする社会科学であるという主張は急速に聞かれなくなった。

九〇年代以降の歴史研究は、依拠する枠組みを喪失し、自信をなくしたまま漂流する学問となったと言える。地方史研究も同様であった。この頃から地方史研究ではなく、地域史研究という表現が次第に用いられるようになるのもそのことに関連する。地方史は独立した世界ではなく、中央史とつねに結びついている存在である。中央と地方を統一的に把握することで全体が見えてくる。そこに国家や体制の歴史が現れる。しかし世界史の基本法則が消失したことにより、国家や体制のなかの地方史という位置づけはなくなり、裸の状態の地方が現れることになった。中央や国家・体制との関係を前提とせず、その地方のみを独立した存在として把握することが基本となってきた。地域という用語は自立した個別地方を表示する。中央との関係で把握する地方史ではなく、独立した単位としての地域史が意義を有することとなった。

地域史研究の課題は何か。それは地方史研究と一般に呼ばれていた時期から唱えられていたことであるが、地域の課題を歴史的に明らかにするのが地域史研究であるという立場である。地域住民が現代において解決を迫られている課題を歴史的に明らかにすることが地域史に与えられた役割であると考えられた。人々の生活から地域を描き、課題を明らかにする生活史の立場が強調された。そして、社会史の視点や方法が遅ればせながら地域史研究にも見られるようになった。地域史研究になってから研究方法も多様になり、様々な試みがなされるようになった。それは逆の面からみれば、方法の拡散であり、論点がかみ合わない研究が並列的に出されるという状況を作り出した。

3　個別事例研究と広域調査

地方史研究は個別地域で分析し、歴史的展開を明らかにしてきた。近世であれば、支配単位としての村を単位に研究するのが基本であった。近代に入れば広域化するが、それは行政単位としての明治町村制の町村を単位に研究することが一般的であった。もちろん近世史の場合、藩領域とか地回り経済圏、あるいは組合村の研究が行われ、村を超えた社会経済的まとまりの重要性が明らかにされた。

計画的・組織的に個別村落を越えて広い地域を対象に研究する試みは比較的早くから行われてきた。個別村落での調査研究が当たり前であったころ、木村礎氏はすでに個別村落を越えた広域調査を指向していた。木村軍団と俗称される、木村礎氏を代表者とする明治大学の研究グループは、一九五〇年代から広域調査を開始した。特定の範囲を設定し、その地域内の村々を対象に文字資料の所在調査を行い、収集した資料の分析に基づき広い地域の歴史的展開を明らかにするというものであった。例えば、神奈川県津久井郡全体を対象にして、近世の各村を単位に、旧村役人家を訪れ、文書の所在調査を行い、目録を作成し、また筆写を行い、その後それらの資料を分析して、特定地域における全体的な歴史像を描き出すことを試みた。一九五八年に刊行された『封建村落その成立から解体へ』がそれである。

さらに関東地方のいくつかの地域について行い、多くの研究報告書を刊行した後、萩原龍夫氏と共に滋賀県の湖北地方に転じ、同様の方法で調査研究を行った。この一連の広域研究は、個別村落の分析だけでは気づかなかった多くの事実を明らかにした。その広域という範囲は、ある場合は近世に津久井県と呼ばれた地域であり、ある場合は佐倉藩領であった地域であり、また時には中世において香取社の支配下にあった地域である。広域地域であるが、領域として共通の歴史的展開が予想される範囲である。

木村礎グループの持続的広域調査は他のグループにも大きな影響を与えた。たとえば、國學院大学の若手研究者グループは静岡県内の遠江北部山間地帯の近世資料の調査を継続して行い、報告書を刊行した。同様に、駒澤大学の所理喜夫氏を指導者とする若手研究者グループは浜名湖西岸の地域で同様に継続的に調査を行ったが、これはむしろ中世における共通性を念頭に置いた広域調査であった。いずれもグループとしての調査成果のみでなく、参加した人びとによる研究成果が多く報告された。ある時期には、研究グループによる広域調査が当たり前の姿になった。

4　自治体と研究対象

特定範囲の地域を対象に広域調査を行うということであれば、第二次大戦後の日本各地で進められた自治体史編纂を忘れてはならない。県史から始まり、市史・町史、そして村史にいたるまで、あらゆる規模の自治体において、自らの歴史を調査し、記述することが盛行した。そのために、全国にできた新制大学の歴史系教員が専門家として動員され、また地方史研究を進めていた高校や小中学校の研究者が動員された。中世までの文字資料はすでにほとんどが知られ、その多くが調査され、筆写され、さらに活字になっているものも少なくなかった。しかし、近世以降になると、自治体の範囲内の資料所在調査はほとんど行われていなかった。自治体史編纂の第一歩は、近世以降の文字資料の調査を全域的に行うことであった。自治体の範域内の近世村を順次調査対象にして、文書所在調査を悉皆的に行い、文書目録を作成し、文書を筆写して収集し、その中から精選して資料編を編纂するという順序で進められ、最終的にはその資料編を活用して通史編を記述するものであった。

自治体史の最大の欠陥は、その調査研究の対象地域が、現在の行政的な範域に限定されたことである。編纂当時の自治体の範域はもちろん歴史的に形成されたものであり、無意味な範囲ではない。しかし、当時の範域は過去においても常に意味ある範域であり、その行政界がかつても地域編成の上で境界であったということは言えない。場合によっては、行政界よりははるかに狭い範囲が人々の生活世界であり、完結していたかもしれないし、逆に、現在の自治体の行政界などを超えてはるかに広域的に人々の生活が展開していたかもしれない。そのことは気づかれていたはずであるが、実際の自治体史編纂は、行政界を前提にして、その内側のみを対象にしてきた。そのため、近代に作られた、場合によっては第二次大戦後に作られた行政界があたかも大昔から意味を持って存在していたかのような印象を与える結果となった。

戦後の歴史研究に少なからぬ関わりをもったのは文化財行政であった。文化財の指定を通して地域の歴史を顕彰していく動向を作った。その指定のために文化財調査が実施されることとなった。これにも多くの専門研究者が動員されたが、その重要な部分を占めたのは歴史研究者であった。市町村あるいは県といった自治体単位に組織設置された文化財保護審議会が、自治体内の文化財を掌握し、そのなかの重要な文化財を指定するという仕組みは、当然のことのように、自治体の範囲内に指定する対象を限定した。この点はほとんど疑われることがなかった。自治体史編纂よりも厳しいものがあった。自治体史は、自治体範域の歴史を明らかにするのに必要であれば、資料を求めて遠方まで調査に出かけることは行われた。自治体範域内で生起した事件に関する資料が遠くの地にあれば、そこまで出張して調査し、資料を獲得してくることが必要であるという認識は編纂に従事する研究者にもまた自治体職員にもあった。

ところが、文化財については厳しく行政の範域内に対象を限定した。これは指定という行為を伴う行政であるため、他の自治体にまで対象を広げることは権限の逸脱と理解されるためである。しかし、文化財の保護の対象となる地域の歴史を明らかにする資料が範域内にあるとは限らない。例えば、開港後の横浜の発展を教えてくれる、横浜の幕末期の商人たちが寄進した大きな灯籠が愛知県豊川市の豊川稲荷門前に残されている。灯籠に刻まれた寄進者たちの名前を確認すれば、開港場横浜の発展を知ることになる。しかし、これは神奈川県でもなく、横浜市でもない所にあるので、神奈川県や横浜市の文化財保護の対象にはならず、したがって調査の対象にもならないのである。このようなことは日本中で起こっていることであり、多くの人は疑問も抱かずに見過ごしていると言える。

5　広域調査の復活へ

特定の範囲を限定しての広域調査は、先駆的な研究者によって行われてきたし、自治体史や文化財調査も広域調査を行ってきた。それらが個別村落での調査と分析では分からない多くの事実を明らかにしてきたことは間違いない。個別村落で調査分析をすれば世界史の基本法則を明らかにできるという考えが消えてから久しいが、その後の欠を埋める論理を獲得しないまま歴史研究は行われてきた。地方史研究は地域史研究となって、地域の課題を歴史的に明らかにすることを目的とする。その地域の課題は個別村落で完結するものではない。特定の地方全体で共有する課題であり、また特定の地方全体が歴史形成の単位となる。広域的な調査と研究は不可欠である。それは個人ではできない。多くの研究者の協力や共同があってはじめて可能になることである。

地域を限定した広域調査は、歴史形成の単位が個別村落とは限らず、人々の生活も村落を超えて展開し、広い範囲の人々との交流や共同によって一つの歴史を形成してきたことに気づかせ、それが自治体の範域にも深く関わっていることを認識させた。地域の課題を明らかにする歴史研究は、先駆的研究を継承・発展させ、広域調査を前提にして行わなければならない。しかし、連続としての広域調査のみが新たな可能性を生み出すのではない。先に紹介した、開港場横浜の発展を確認できる灯籠が愛知県豊川市の豊川稲荷門前に残されている。この存在は、連続領域としての広域調査では知ることはできない。横浜市全域とか、その隣接地域全域ではまったく知ることがない資料である。そこで次に考えてしかるべき広域調査は点と線の広域調査である。旧来であれば、点と線の調査は恣意的であり、研究レベルでは排除されてきた方法である。しかし、点と線の調査研究が意外に多くの事実を明らかにし、その結果として新しい歴史像を形成することに貢献したかを、拙い個人的経験に基づいて披露したい。

二　広域調査の事例Ⅰ――遠州のモロト――

1　平山のモローウト仲間

いわゆる平成の大合併で浜松市は日本有数の巨大市となったが、その一部に組み込まれた三ヶ日町平山の加藤家に一冊の帳面が残されている。仮に題するに『加藤寅蔵覚書』という（加藤泰巳家所蔵、『静岡県史』資料編二五・民俗3、一九九一年、所収）。

このノートを残した加藤寅蔵さんは一八六七年生まれで、一九四五年に亡くなった人物である。物事を書き記すことが好きだったようで、「家族心得」などいくつかのメモ書きを残している。ここで取り上げる『加藤寅蔵覚書』は記載内容から判断して一九三九年頃までに執筆を終えていたものと思われる。平山という一つの村落の成り立ちについての伝承を具体的に記述しており大いに注目される覚書である。覚書は加藤家に残され、人に知られることなく保存されていた。その覚書に次のような記事がある。

A　浜松市平山『加藤寅蔵覚書』

○家売祭りの事

世間ノ人ハ平山ノ家売リ祭ト云フガ、ソウデナイ、家スジ祭リデアル、昔シ何ノ時代ニ始マリシカ加藤家、森田家、金子家、樋田家、鈴木家ガ一ダン体トナリ各モローウト仲間トショウシ、八王神社ヲ守ゴシテ居リシモノ、磯田家、藤田家、山口家ハ昔シ何カ古障アリシモノト見へ、此組ハクジバラ組ト申テ八王神守ゴニハジョ外セラレ居リシモノ、モロート仲間ハ八王神境内ノ山ノ神様ノ祭リヲ十一月六、七日二日間執行シタモノ、ソノ祭リノ法々ハ第一親子兄弟席ニ付クニ、ナラビ例席セザル様左座ト右座トニワケ着席スル事ニシテ、仲間中最年長者第一ノ上座スワリ以下年長者ヨリ着セキスル（此席タケハ庄屋デモ役人デモ年長者ニ限ル）ヲ常例トスル、最年長者左ニテ二人、右ニテ二人、計四人ヲ年寄役トシ、年中平山全神社ノ守リヲスル役デアリ、四人ノ内一人死去スレバ席ノ年長者ガ後任トナル例ニテ（左死亡ハ左、右死亡ハ右ニテ）、此四人ニハ年寄ノ手当トシテ村カラ年ニ米八升タカ一斗ダカ手当モアリシモノデアル、第二ハ十一月ノ家祭リノ当番ハ年長者ソノ当番ニ当ル、一人ニテ一代ニ一度ノ祭リ、費用ハ当番持ニテ村中男ハ全部老若共小供トヲ召キ（一般ノ招待ハ七日）モロートハ六日ヨリ召待シテ酒飯供シタノデアル、膳部ノ支度ハ七日ノモロートノ本膳ハ平ニツケ子芋ノ下盛大アケ一枚、坪ニハ大根ニンジンスゴ六切チヤツニすあへ計ノゴチソウデアル、酒ハノミガケ

○家すじ祭

其当番ノ人ガ昔ダレカ費用ノ支払イデキカねテ家ヲ売テ支払ヲシタ者がアリ、ソレ以来家売祭ノアダナカツイ

タ様デアル、当番ヲ務メズスル者ハ座流レト言フテソノ人一代ハ仲間ハズレニナル例デアツタ（中略）
　○年寄様ノ事
本村ノ年寄役事、神社ノ守リスルノハ、家スジ祭リノ年長者四人ハ四天王トアガメラレ終身神ノ守リシタモノデアリ、御祭リノ御参銭ハ四人デ分配シテ、ツマリそれが報酬デ外ニ村カラ米八升カヲ手当トシテアツタモノ（下略）

独特の表記があり読みにくい文章であるが、この記事からかつての平山の特色ある祭祀組織が浮かび上がってくる。それを整理すると以下のようになろう。

①モローウト仲間　平山にはモローウト仲間という組織がある。それを構成するのは加藤、森田、金子、樋田、鈴木という特定の姓の家で、他の姓の家はモローウト仲間に入れない。それらの家はクジバラ組と呼ばれていた。

②年齢順に左右の座　モローウト仲間は祭祀にあたっては、親子兄弟が並んで座らないように左座・右座に分かれて着座するが、その順序は最年長者を最上座にして年齢順に座る。庄屋などの村役人も例外でない。

③年寄役　年長順に左座・右座各二人計四人が年寄役と呼ばれ、終身制で、平山中の神社の管理にあたっていた。年寄役の死亡があれば、左座の年寄であれば左座のなかの次の順位の者が、右座の年寄の場合は右座からそれぞれ年齢順に補充した。

④祭りの当番は年長順　祭礼当番は年長順に勤めるが、一生に一度の勤めで、当番が経費をすべて負担する。モローウト仲間、村中の老若子供を招待し、ご馳走する。

以上の記事は注目すべきことを教えてくれた。特に、モローウト仲間という特色ある組織の存在を教えてくれた。

しかし、現在の平山にはこれに関する伝承はまったく聞くことができない。モローウトとかモロートという言葉は平山の人々にとってまったく意味不明の言葉となっている。ここで記載したような祭祀組織や祭礼行事は現在の平山には見られない。平山に限って分析を進めても、モローウトの意味を明らかにすることはほとんど不可能であると断定できる。

2　モローウトの探索

平山から外へモローウト探索を進めなければならない。平山周辺村落における村落祭祀を調査しても、モローウトと呼ばれる祭祀組織は発見できない。そこで、残された各種の資料の中にモローウトないしそれと似た表現の祭祀組織を発見することに努めることにした。

すると先ず次の二つの文字資料を見つけることができた。

B　浜松市（旧引佐郡引佐町）狩宿　六所神社　慶長一八年（一六一三）棟札

茂老与七拾五人

C　浜松市（旧浜名郡雄踏町）宇布見　息神社田遊神楽歌

七人のけん子。八人の八乙女。人々百姓**むらう人《ひと》**に。至るまで。あさはかにうつて、まいらする。田をうつてまゐらする。

Bの棟札には「茂老与七拾五人」とあるが、これはモロウト七五人のことであろう。大いに注目される表現であり、それが一七世紀初頭に記録されていることは重要である。そして、次のCの田遊び歌は現在も行われているもので、そこで歌われる神楽歌に「むらう人」と書かれている。人には「ひと」と記されているが、実際には「むらうと」だったと判断できる。この二つの事例は、平山のモローウト類似の発音をもつ祭祀組織がこの地方でかつて行われてきたことを示している。その後、遠州の祭祀組織を調査研究した中村羊一郎氏がさらにいくつかの事例を追加している。遠州西部地方にはかつて点々とモロウトとかモロトと呼ばれる祭祀組織が存在することが分かってきたと言える。しかし、民俗としてモロトの姿を今に示してくれている所はない。いよいよ静岡県を出て、広域的に調査を進めなければならないということになる。

先ず先行研究から学ばなければならない。モロト・諸人・諸頭について文字資料の探索を続け、多くの事例を収集して、モロトの意味を中世末の村人から始まることを論じた萩原龍夫『中世祭祀組織の研究』(一九六二年)を参照しよう。以下の事例は萩原氏によって集められ、紹介されたものである。

D　愛知県豊川市財賀寺田植唄奥書
元禄九年子ノ正月五日財賀村**もろと**惣人ゆうこと

E　『尾張志』愛知郡横井村高野宮神明社
毎歳正月十一日備稲束及鍬六口、神人六員為田植祭、謂之**諸頭**

F　愛知県丹羽郡岩倉町曾野村神明社　天正一二年(一五八四)再建棟札
信心当村中**諸人**願主

G　三重県津市一身田町一御田神社由緒書
当社ニ付属スル**諸人**ト称スル者二拾六戸有之

Dの愛知県豊川市財賀寺は、三ヶ日の平山から西に山を越え、三河に入った地域の村落である。そこでも近世前期にはモロトという表現が用いられていたことが分かる。モロトは遠州の表現ではなく、近畿地方で専ら用いられた言葉であることは萩原氏の研究で明らかになり、広く知られていたが、それと遠州のモロトは無関係ではなく、連続した分布のなかにあることを財賀寺の例は教えてくれた。三河の事例に加えて、同じく愛知県であるが尾張の事例、そして三重県津市の事例などの存在を知ると、その連続性は間違いないということができる。

モロトの本場は近畿地方である。近畿地方に多く分布していることは多くの調査で明らかになっている。特に近江に集中し、その他に大和、紀伊、若狭でも見ることができる。遠州平山のモローウト仲間は点と線で近畿地方に結びついていることが次第に分かってきた。

3　平山に戻って考える

平山のモローウト仲間は明治年間に消えてしまった祭祀組織である。モローウト仲間は恐らく近世を通して存在してきたものであろう。しかし、そのことを直接示してくれる記録類は存在しない。『加藤寅蔵覚書』によれば、平山にはモローウト仲間に対してクジバラ組という組織も存在したというが、これが何を意味するかも確認する資料はない。

ところで、今までの研究史は、モロトが村人から変化した言葉であることを明らかにしてくれている。そのことから再び平山や周辺の関連資料を追求することの有効性を見つけることができる。

平山各神社には多くの棟札が残されている。それらの棟札に記載された造立者・寄進者についての表現を見ていこう。

H　天正一二年（一五八四）八王子宮棟札

奉造立八王子宮一宇信心**村人**等息災延命子孫繁盛□□施衆　敬白

村人年寄　形部太夫　五郎左衛門　善左衛門　与五郎左衛門　四郎衛門　三衛門六　□左衛門七

I　寛永七年（一六三〇）八王子宮棟札

奉造立八王子社頭一宇信心**村人**等息災延命子孫繁盛処

（裏）公事門

J　元禄三年（一六九〇）八王子宮棟札

左　（一三名の名前省略）

奉造立八王子社頭一宇信心**村人**等息災延命子孫繁盛処

右　（一一名の名前省略）

（裏）公事門百姓　（一四名の名前省略）

ここに注目できる記載がある。いずれの棟札においても、造立者について「信心村人等」と記載されていることである。平山村の住人であるから「村人」と記載されていても不思議ではないという常識があろう。しかし、日本各地において、棟札に「村人」とか「村人等」と記載されている事例は管見の限りではそれほど多くない。平山では天正一二年（一五八四）の棟札に「信心村人等」と記載されて以降、寛永七年（一六三〇）、元禄三年（一六九〇）の棟札でも、「信心村人等」と記載されている。そして近世後期になると文言が「氏子」となる。すなわち村人から氏子への変化が見られ、「村人」は平山の社会組織と深く関係して記載されたと理解できる。先行研究が近畿地方各地の例から明らかにしてきたモロトの意味から判断して、「村人」はモロトの意味と推測できよう。棟札は右座と左座の存在を記しているが、ここに記載された者が「村人」であり、モローウト仲間であろう。Jの棟札は、表に左一〇名、右一一名の名前を記載し、その主文に「信心村人等」とある。それに対して、裏面に「公事門百姓」として一四名の名前が並ぶ。公事門百姓は『加藤寅蔵覚書』がいうクジバラグミのことと解することが可能であろう。

平山の棟札に見られる「村人」記載は広がりがあるのであろうか。モローウト仲間の類例を求めて西遠地方を巡ったように、棟札の記載例を求めてさまようと、これも同様に西遠地方各地で確認することができた。「村人」は平山だけの特色ではなく、この地方全般に見られるものである。

平山のモローウト仲間は地元では忘れられた言葉であるが、遠州各地で類例を確認することで、その広がりを知った。さらに、その分布が西側の三河、尾張にも見られ、近畿地方に連続することが確認でき、その意味を明らかにすることができた。すなわち、モロトは村人から諸頭へと展開した宮座構成員の組織を意味し、中世後期には近畿地方で広汎に見られる祭祀組織であった。中世末・近世初頭に近畿地方で一般化した祭祀組織が東海地方にも展開した。しかし、明治以降急速に消えた。このことは、平山という個別村落においてのみではほとんど見当もつかなかったことである。平山を出発し、西遠地方の類例を追いかけ、そして西側の地方から近畿地方への連続性を点として確認し、そこに線を発見することで可能になった。

三　広域調査の事例Ⅱ——駿東の岩船地蔵——

1　裾野市茶畑の岩船地蔵

箱根の外輪山にトンネルを掘り、芦ノ湖の水を西側の駿河に流すという奇想天外な構想を具体化し、一七世紀後半の寛文年間に実現させたのは江戸浅草の友野与右衛門を中心にした江戸の商人たちとそれに呼応して尽力した地元深良村の名主大庭源之丞であった。タカクラテルの小説、さらには映画「箱根風雲録」で有名になって、広く知られている事実である。しかし、歴史的に確認をしようと思うと、意外に資料がないことに気づかされる。友野与右衛門以下の江戸商人の名前さえもなかなか確定できないのである。しかし、調査が進むにつれ次第に関連資料の存在が明らかになってきた。用水開削の恩恵を受ける茶畑村の名主であった柏木甚右衛門がさまざまな出来事を記載した覚書帳のなかに用水開削についても具体的に記録しておいてくれた。それによって、いわゆる箱根用水、地元で言う深良用水の開削についての具体的事実を知ることができた。

『柏木甚右衛門覚書帳』に次のような記事が書かれていることを発見した。それは覚書帳もそろそろ終わろうとするページの隅に小さな文字で書かれていた数行の文章である。

K　『柏木甚右衛門覚書帳』（『柏木甚右衛門覚書帳・湯山安右衛門日記』裾野市史資料叢書1、一九九〇年）

一岩船山地蔵様、享保四亥ノ七月、郡内より須走村へ御越被遊、それより七日めニ中畑村寺へ御越被遊、きミやうに難有儀共有之候、御しん体人ノ目ニ見へ不申候、それより七日めニ佐野村法雲寺へ御越被成、大分ニ御はん定ニ候、五日目ニ本宿村へ御越被為候、村々よりはたを出シ、いろいろけを為致、何れも段々おくり申候、しんしんよく仕候ハ、めくら成者め見へ候も有之、ものゆわさる者ものゆい候も有之候、手足かなわさる者、又ハ煩申者よく成り候も有之候、難有地蔵大菩薩様

記載内容を要約すると以下のようになろう。

①一七一九年（享保四）七月に駿東地方で岩船山地蔵が流行した。
②岩船山地蔵は甲州郡内から峠を越えて駿東に来た。
③駿東地方の各村を村送りで送られた。
④地蔵の姿は見えない。

⑤旗などを出してはなやかに村送りされて北から南へ順次移動した。

⑥地蔵を信じるとさまざまな奇跡が起こった。

不思議な事象である。山梨県郡内地方から籠坂峠を越えて駿東に送られてきた。駿東の最初の出現地は駿東郡小山町の須走村であった。そこから数日ずつ滞在しつつ、現在の御殿場市、裾野市を通って、沼津市の北側の長泉町本宿へ達したという。ほぼ現在の御殿場線もしくは国道二四六に沿って南下したことになる。

2　岩船地蔵像の発見

岩船山地蔵とは何か、その説明は『柏木甚右衛門覚書帳』にはない。またそれ以外に茶畑村には何の記録もない。茶畑内での調査では皆目見当がつかない不思議な事象と言える。ところが、茶畑を出て情報を得てみると、岩船地蔵と呼ばれる地蔵が過去の文字資料に記録されただけでなく、現在も実際に存在し、祀られていることが分かってきた。同じ裾野市で、茶畑より富士山に近い山麓の今里に、岩船地蔵と呼ばれる石の地蔵が立派なお堂に安置され、祀られているのである。しかも、その今里では、地蔵の姿を現した版木を残し、今も札を刷って配っているのである。今里では、この地蔵について、地蔵はさらに奥の須山から今里に運ばれ、そこから再び須山に返すという日に災難があり、須山に運べなかった。そのために、今里に岩船地蔵があるのだという。実際の岩船地蔵はお札に描かれた地蔵像と同じように、舟に正面を向いて乗っている立像である。

茶畑の『柏木甚右衛門覚書帳』の記事を考察するための資料が近くの今里に残されていた。当然ながら今里だけでなく、その他の地域にも多くの参考資料が残されていると考えて良いであろう。裾野から上流に向かって進み、小山町吉久保という所に行くと、そこに船乗地蔵と呼ばれる石造の地蔵が静かに安置されている。これも重要な参考資料

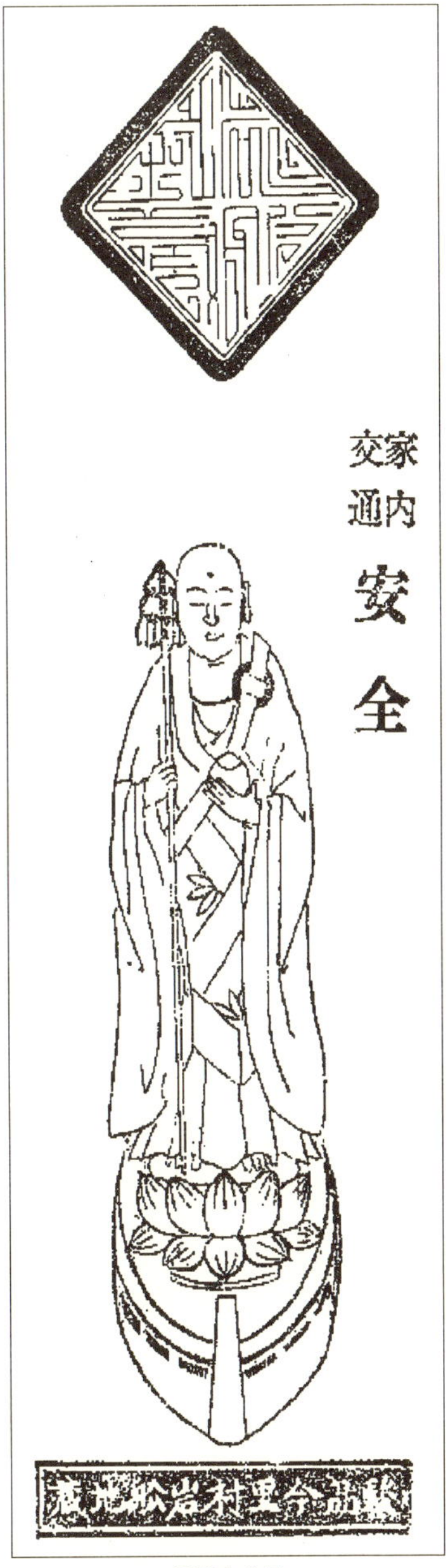

裾野市今里
岩船地蔵の札

である。逆に、裾野市から下って、東海道に出て西進すると、静岡市清水区袖師にも船に乗った岩船地蔵が祀られていることが分かってきた。茶畑の文字資料を起点に、金石資料としての石造岩船地蔵を探し求めると、駿東地域を中心にいくつかの岩船地蔵を点として押さえることができる。

3　甲州から武蔵、信州、上州へ

そして、『柏木甚右衛門覚書帳』の記載を信じれば、岩船地蔵は甲州郡内から峠を越えてやってきた。当然、岩船地蔵の追求は甲州に向かわねばならない。甲州すなわち山梨県は石造岩船地蔵が多く残されている。精力的に調査を進めた古屋和久氏によれば、県内に六〇余りの岩船地蔵があるという。その多くが特定の年次に建立されていることが注目される。すなわち、大部分が享保四年（一七一九）もしくはその翌年の享保五年（一七二〇）に建立されている。茶畑の『柏木甚右衛門覚書帳』の記載にも対応している。

山梨県内の岩船地蔵の分布には傾向があり、全体としては県東部の郡内地方には少なく、特に富士山麓にはほとんど見られず、甲州道中に近い地点に幾つか確認できる程度である。岩船地蔵は甲府盆地である国中地方に多い。しかも信州佐久地方に接続する北巨摩郡から盆地中央部に向かって分布している。その点を結びつけていくと、二つの線が描き出されてくる。一つは、武蔵から甲州道中もしくは青梅街道に沿って分布し、その南側の先端が郡内から峠を越えた須走である。もう一つは、佐久往還から甲州の北巨摩郡、中巨摩郡に点々と分布し、国中地方の中心部に連続する。この二つの分布状況は、甲州に村送りされてきた岩船地蔵の経路を示していると考えて良いであろう。建立年代の紀年銘から、一七一九・二〇年に急激な勢いで流行が拡大したと考えられる。

甲州に到達した岩船地蔵は二つのコースをたどってきたものと思われる。そこで、それぞれの地域の岩船地蔵を確認し、その分布から伝播コースを想定することが可能になる。先ず一つは、相模・武蔵から甲州郡内地方に甲州道中を経て広がってきたものと思われる。相模・武蔵からのコースが一方では郡内地方を南に進んだが、もう一つは大菩薩峠を越えて国中の東郡に広がった。この相模・武蔵の平野部には岩船地蔵が多く見られる。相模の伊勢原、厚木、平塚などに一七一九年に建立された岩船地蔵を見ることができ、それに接続するかつての武蔵になる横浜市にも岩船地蔵が残されている。

他方、甲州北巨摩の地蔵は、佐久往還を南下してきたと判断できる分布を示している。それをさかのぼれば、現在の信越線と小海線の分岐点になる。南下したコースとは別に、そこから西北に進んだコースがあり、善光寺平にも岩船地蔵を残している。その先端は信濃川沿いの新潟県津南町に見られる。佐久地方の岩船地蔵は、明らかに碓氷峠を越えてきた。碓氷峠の東側の上州には船に乗った地蔵は少ないが、享保五年建立の「岩船地蔵念仏」と刻された地蔵を見ることができる。

上州に始まって、西関東から中部山間地帯まで広い地域に船に乗った地蔵が残され、また船に乗っていなくても銘に岩船地蔵であることを示した地蔵が見られる。裾野市茶畑の『柏木甚右衛門覚書帳』に記載された岩船山地蔵、また裾野市今里にある岩船地蔵は点から線となって上州までつながっていることが判明してきたのである。しかも一七一九年からの数年間に大部分が立てられている。

4　岩船地蔵の文字資料を求めて

各地の石造の岩船地蔵を追い求めて、その広域的分布を確認することができた。しかもどこの岩船地蔵も建立年が特定の年次に集中している。しかし、それが何故そうなのかはほとんど明らかにすることはできなかった。次に行うべきことは文字資料を探し出して、岩船地蔵そのものの流行を確認することである。すると、以下のように、すでにいくつかの岩船地蔵についての文字資料が知られていた。

L　『野津田村年代記』（『町田市史史料集』5、一九七二年、所収）

●今年世上一統ニ地蔵念仏と申義有之、八王子筋ハ段々一ケ村切、又ハ二三ケ村申合近辺村方念仏申廻リ候、右念仏ハ下野国岩船山地蔵尊よりはやり候由、此辺ハ大かた一村切ニ申候、扨右念仏之仕立ハ、先村高ニ応シ老若男或ハ百人二百人三百人之男女、又村高多キ村方ハ五六百人廻リ候方も有之候、兎角男女引分ケ結（構）成装束ニて、村中惣人数ノ内、幼少之子ともニハ男女一統ニ衣類致シ、其村ニ寄、或ハひやうし木為男女長ハ手々ニ松むしのせうこを持、扨先へ笠ほこふきながし、其外作花余程の桜乱レ之躰作リ花致、又地蔵尊御姿或図師ニ入、尤岩船山地蔵尊と申書付立、扨けつかう成小太鼓ニかち、扨女子共ハ加賀笠かむり、さなから江戸諸社之祭より見事成事ニて、一日ノ内三度四度も参候間、先村々へ名主方迄同行之内、弐人袴羽織ニて先へ参、申様ハ、今日地（蔵）念仏入申候間、左様御心得可被成候段申談候内ニ、もはや男女申参、庭ニてくるくると廻候て念仏申候、寺へも左様ニ断先達て申候、扨念仏入罷帰候節ハ、御庭を荒候段礼申罷帰候、扨□□迄申参候村々ハ男女迎馬遣申候、

M　飯島勝休（古川貞雄校注）『「飯島家記」抄』一九八四年

一同（享保）四亥之年岩船地蔵はやり、村々ニて金銀をかけ取かさり、綾錦の幟、色々之装束祭礼之如く致、方々在々迄廻り、地蔵ニも不思義有之由ニて、町・在郷共出申候、他国よりも百人組弐百人組与申、善光寺江参候、関東辺より夥敷事ニ候、

一同年地蔵念仏本尊には手前之地蔵様御出方ニ、米壱斗程、銭壱貫文斗さん銭御座候、自国ハ不申及、他国より之地蔵様ニも、善光寺・上野村大日・保科三所江不参ハ無之、善光寺ニて大分商売有之、町々勝手ニも成申由、前代未聞と諸人申候、村々美を尽し大分銭金装束仕候、御こしニ物入申候、色々之織物を以包、幡天界ハ猶以布・木綿は一切無之、皆糸類織物十本も十五本も立、美々敷事ニ候、

N　田中丘隅『民間省要』（『日本経済大典』五、一九二八年）

頃日世に地蔵念仏といふ事初り、其源は下野国岩船山より出しよし、段々田舎の村々にして、是を勤て順々に村送りにして、送り迎へす、その事初はあさくさ紙にて、船やうの物造りて、其中へ地蔵尊を入れ、村中相催して念仏申、或は一七日二七日宛勤て、五三里の間村々に遊行し歩きしに、いつしか事長じて後は、船も地蔵尊も、大きく美麗に拵へ、金入の水引かけ廻し、色々造花を飾り、笹ほこ出し抔造立て、村中の男女人の娘嫁抔迄、衣類笠一様にして、ひとへに祭りの行列の如く、綺羅を尽して出立ち、長持抔かゝせ、中食入れて、茶弁当など為持、手々に松虫の小き鉦子を首にかけて、念仏の声おかしく揃へて、おどり様の音頭の如くに仕なし、所々へ徘

徊して、或は寺方又は名主名主の庭を借りて、おどりはねて昼夜さまよひあるく、

これらの文字資料によって、エピソードとしての岩船地蔵の流行は記述紹介されていた。Lの『野津田村年代記』は岩船地蔵流行に関するもっとも詳細な記述をしている資料である。多摩丘陵においていかに岩船地蔵が村送りされたか、その際の華やかな行列や他村訪問の様相が記述されている。Mは従来あまり知られていなかった資料であるが、ここでも信州における岩船地蔵の華やかな村送りが記録されている。そして、Nは田中丘隅『民間省要』の一節であり、岩船地蔵の流行を批判的にとらえている。この他にも信州、甲州にいくつかの文字資料が残されている。関連する複数の文字資料が残っている例はなく、年代記的な記録、回顧録などに記載されているに過ぎない。それはたまたま記録された偶然資料というべきものであるが、その記述を点として加えていけば、そこに線が現れ、岩船地蔵の流行という現象が見えてくる。点から線への広域調査が新しい歴史を描き出した例と言えよう。

単なる歴史を彩るエピソードではなく、近世中期の特定年に下野岩船に発して、華やかな村送りで東関東から中部地方にかけて広がった注目すべき事象だったことが、各地の文字資料、金石資料を追い求めることで明らかになってきた。それまでは、単なる珍しい地蔵という程度の紹介であったが、点を線に結んでいくと、そこに大きな歴史が浮かんでくることを経験した（拙著『歴史探索の手法』二〇〇六年）。茶畑の『柏木甚右衛門覚書帳』の記事も重要な意味をもつことになった。

四　広域調査の意義

特定村落において発見した過去の出来事の内容や意味をその村落で明らかにできないときには、そこから外に出て、

点から線へ、そして面へと調査を拡大し、その全体像を把握することが非常に有効である。そのことを静岡県内の二つの事例を取り上げて紹介した。その結果、広域化することで歴史像を豊かにすることができることを理解していただけたと思う。

かつて柳田国男は、郷土で郷土を研究するのではなく、郷土で日本を研究するのだと主張した。個別郷土で調査をしてもそこで答えを出さない。日本中から類例を集めることで研究となり、答えが出るのだという考えであった。たとえば、両墓制の研究であれば、両墓制が見られるところだけを訪れ、埋葬する墓はどこにあるのか、石塔はどこに建てるのか、埋葬地から石塔へ何か移すのか、埋葬する墓にはいつまでお参りするのか、石塔はいつ建てるのか等を調査して、また次へ行くという、日本列島を対象として走り回る広域調査であった。しかし、一九七〇年代以降になると、平山とか茶畑という個別村落の調査が基本となった。一つの村落を調査し、分析することが当たり前になった。

それにたいして、今回提示したのは、それとは異なり、広域的に調査することで、ひとつの歴史像が浮かび上がってくるという主張である。個別の村落や個別の地域では単なるエピソードに過ぎないものが、広域調査によって互に結びついて大きな歴史像を描くことになることを明らかにしたつもりである。そのことがあるいは新しい一国史とか世界史を作り出す一つの考え方の基礎にできるのではないか。

静岡県の西と東
――考古学からみる――

向坂　鋼二

はじめに

本稿は、地方史研究協議会第五十七回（静岡）大会で行なった、公開講演の要旨をまとめたものである。私は、同大会の共通論題「東西交流の地域史―列島の境目・静岡―」の趣旨に極力添う形で、静岡県考古学の成果をまとめることにしたが、その内容は以下に述べるとおり、決してオリジナルな論文ではない。それは、すでに発表されている資料や論攷を参考にしたり、図面を引用したりして、日本列島における静岡県の文化的地域的特徴について、考古学の立場から述べたものである。

さて、正月のお雑煮について、関西では「丸餅を焼かないで京菜（水菜）を入れて煮る」のに対して、関東では「方形の切餅を焼いて小松菜を入れた汁をかける」という民俗事例はよく知られている。浜松で生まれ育った私の妻は、「方形の切餅を焼かないで白菜を入れて煮る」。少なくとも雑煮の餅は丸餅ではない。私の故郷焼津でも同じだった。また古く浜名湖以西では「おにぎり」を三角にむすぶのに対して、大井川以東では「おむすび」を丸くにぎる。県内の遺跡を渡り歩く私に、母はいつも丸い「むすび」を作ってくれた。その中間地帯に当たる浜名湖と大井川の間では、三角の「おむすび」を作っていたという。まさに妻がそうである。

また、少し古いが一九七八年の統計によると、愛知・石川県以西では年間一世帯当たり七〇〇円以上の塩納豆を購入しているのに対して、富山・長野・神奈川県以東では、一世帯当たり一〇〇〇円以上の糸引き納豆を買っている。そして静岡県と岐阜県はその両方から落ちているのである。私は、東京へ出るまで糸引き納豆を食べたことがなかったし、私の妻が糸引き納豆を食べるようになったのは、数年前という、ごく最近のことである。

さらに話し言葉については、大野晋が執筆した一九五七年発行の岩波新書『日本語の起源』によると、そこに掲載された上図に示されているように、日本海側では親不知海岸を境にして、アクセントと音便が大きく異なるのに対して、太平洋岸では京都式アクセントが伊勢湾以西に、音便の違いは知多半島・浜名湖・大井川と段階的に変化しているという。

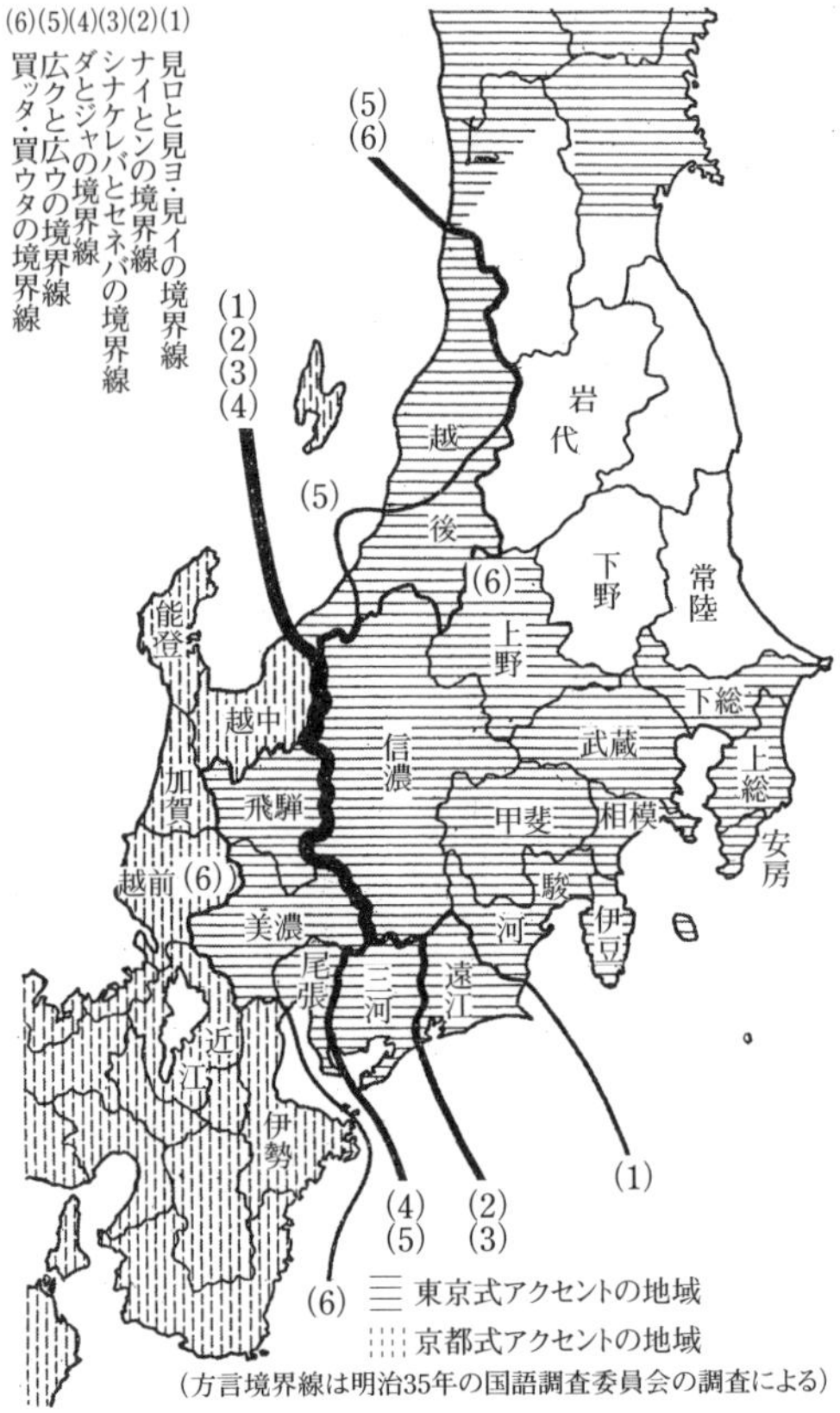

(方言境界線は明治35年の国語調査委員会の調査による)

図1　中部地方の言語境界図
(大野晋『日本語の起源』岩波書店、1957年より転載)

では、考古学の世界ではどんなことが分かっているのであろうか。私は長年、考古学を専門に原始・古代を中心に、静岡県内の歴史研究に携わってきたので、以下大会の趣旨に添って、いくつか古い時代の考古学的な事象を取り上げてみようと思う。

一　大地に刻まれた人為の痕跡＝遺構

1　住居跡

住居跡は、日常生活の拠点となる、もっとも普遍的な遺構である。しかし屋根・壁・間仕切など植物質素材で作られていたと見られる部分は腐蝕して残らない。それに竪穴式でなければ平面形も確認しにくい。発掘調査によって確認できる住居跡の構造に関わる要素としては、竪穴住居跡の平面形、柱穴（柱を埋め立てた穴）の形・位置・数、壁溝の有無、床の段差、貯蔵穴の有無・位置、火処（炉や竈）の位置・構造などである。壁溝とは、周壁の直下を巡る細い溝のことで、地面を掘り下げた竪穴の周壁が崩れないように、あるいは室内の保温や防湿のため、枯れ草や小枝などで組んだ壁体を埋め立てた跡と推定されている。これらの要素の中には、有ったり無かったり、時期が限られたり、数や形に多様性があったりして、分類が繁雑になるおそれのある要素があるので、ここでは平面形に限って取り上げ、地域差とか年代差の手掛かりになるかどうかを検討してみよう。住居跡については、社会思想社から一九七八年に発刊された石野博信の「考古学から見た古代日本の住居」『家』に、全国の事例が網羅されているので、それを基にして手許にあるその後の情報を加えて検討してみた。その結果次頁の表のような結果を得た。

住宅の平面形は、世界的に見ても長方形の組み合わせが主流であるが、縄文～弥生時代には、長方形・方形・台形・五角形・四隅に丸味をつけた隅丸方形・楕円形・円形・不整形等さまざまな形があった。また、方形といっても正方形のものから長方形に近いものまで連続して変化しているので、四隅が九〇度前後のものを一括して方形と表示した。円形にも正円形のものから略円形まで微妙な違いが見られるので、一括して円形とした。したがって表では方形・隅丸方形・円形・楕円形の四種に大別されている。結果表のように、縄文時代中期までおおむね中部山地以西が円形だったのに対して、関東・東北では方形が主流であった。それが後・晩期には、近畿以西では方形に転じ、関東以北では円形が主流をなすようになった。肝心の東海・関東では両者が混じり合う状況にあったことが分かる。私が関係してきた浜松市蜆塚遺跡の住居跡は、竪穴式ではなかったが、おおむね方形か長方形と推定されている。

　弥生時代になると、その中期前半までに、東海地方以西に正円形が出現した。表には特に正円形の表示をしてないが、正円形の住居は大陸起源と推定されている。こうした状況に対して中部山地と関東では方形が支配的であった。中期後半から後期にかけて、東海以西にも方形の住居が普及する一方、東海以東では楕円形もしくは四隅が丸味を持つ隅丸方形の住居が主流となった。そして古墳時代以降には方形が支配的になり、やがて西日本では掘立柱住居が普

時期＼地域		九州	中国	近畿	東海	中部山地	関東	東北	北海道
縄文	草創期				円				
	早期	方・円			円	円・方	方・楕円	方	円
	前期	円		円	円・方（方は小文字）	円・方	方	円・方	
	中期	方			円・方（方は小文字）	円・方	円・方	円・方	
	後期	方・隅丸		方	円・方	円・方	円	円	
	晩期	方		方	円・方	円・方	方・円	円	円
弥生	前期	方・円	円	方	方				
	中期 前半	円	円	円・方	円・方	方	方		
	中期 後半	方・円	円・方	円	方・楕円	方	楕円	方?	
	後期	方	円・方	円	隅丸方	方	隅丸方		
古墳	前期	方	円・方	方	方	方	方	方	
	中期	方	方	方	方	方	方		
	後期	方	方	方	方	方	方		
奈良		方形掘立柱住居			方	方	方	方	
平安		方形掘立柱住居				方	方	方	方

＊小文字は例数が少ないことを示す。

表1　原始・古代の住居跡平面形

及して竪穴式住居は姿を消す。そうした変遷過程を通してみると、東海地方は西寄りになったり東寄りになったり、絶えず変化の境にあったことが知られる。しかし、こうした住居跡の平面形だけでは、西と東の相違はさほど明確・鮮明とはいえない。

2　祭祀跡

縄文人は「まつり」の場を、石・木柱・土手によって円環状に囲むことを好んだ。細長い大きな石を立て巡らしたものを、環状列石と呼び、幾多の石組を組んで円形に巡らせたものは環状石組遺構、木柱を巡らせたものは環状木杭列、土手を巡らしたものは環状土籬などと呼び慣わしている。環状木杭列は能登半島と群馬県で発見されているが、木質が腐朽してしまった場合には、埋め立てた柱穴しか検出されないから、類例はもっとあったかも知れない。環状土籬は現在北海道でよく見付かる。

環状列石は、鹿角市の史跡大湯環状列石が有名である。直径四八メートルと四二メートルという大型で、立石や石組みを二重に巡らした環状列石が二つ並んでいる。中部山地では大町市上原遺跡例が、太平洋岸では伊豆市上白岩遺跡の環状列石が国の史跡に指定されている。これほどはっきりしたものではないが、大井川中流域の榛原郡川根本町奥泉下開土遺跡では、径二五メートル程の環状石組遺構が二つ重なって発掘されている。親不知海岸と大井川を結ぶ線が、環状列石もしくは環状石組遺構の西限になっているようである。

弥生人は、祭器としての銅鐸を集落の外に埋納した。静岡県西部の銅鐸出土遺跡を通観してみるに、銅鐸は水辺あるいは水源に近い谷の斜面などで発見され、集落からはその埋納場所を直接見ることはできない。模様がなく高さ一〇センチに満たない小銅鐸や単独でみつかる銅鐸の小破片を除くと、銅鐸分布の東端は掛川市である。遺物としての銅鐸

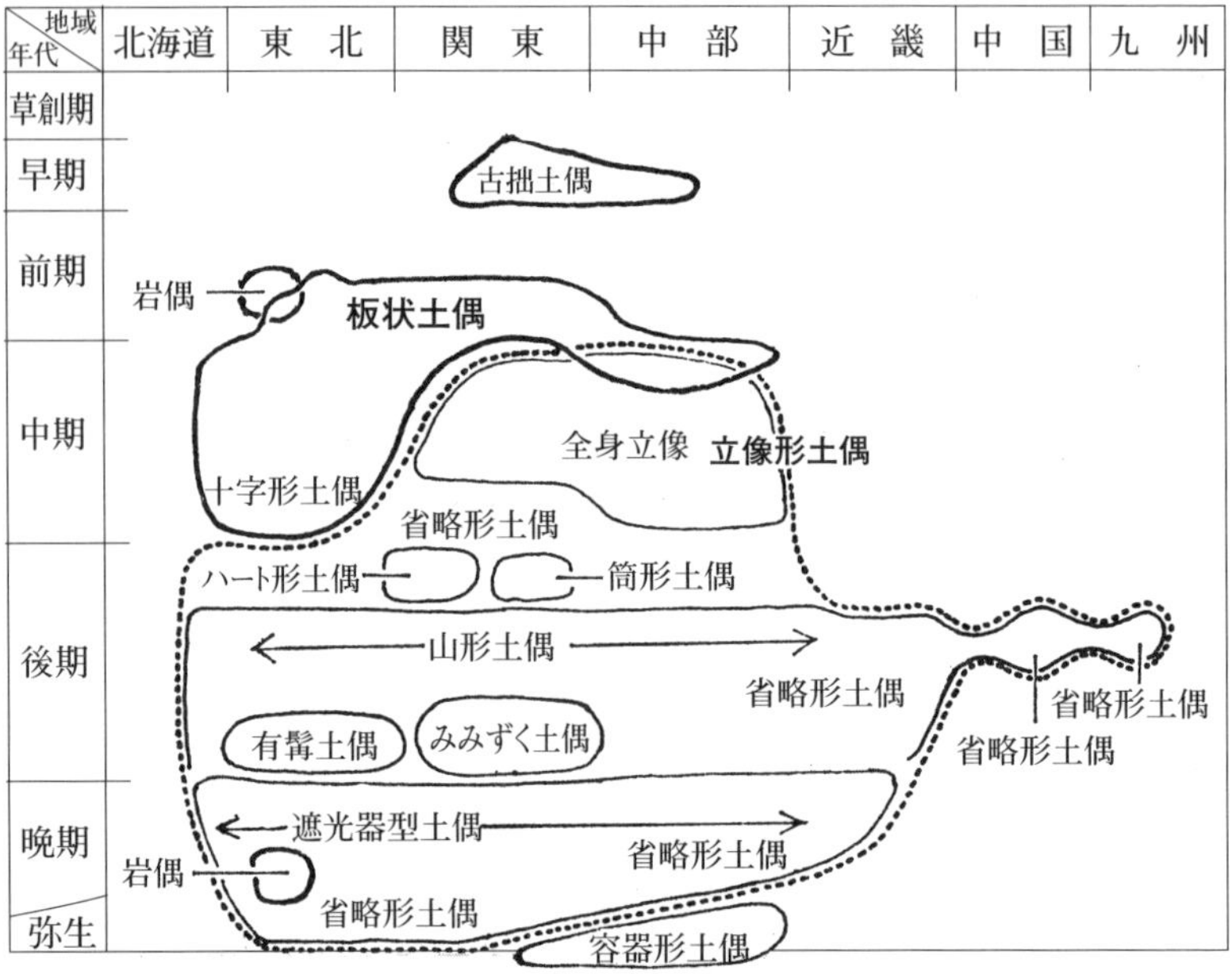

図２　永峯光一の土偶編年表
（永峯光一「呪的形象としての土偶」『日本原始美術大系３』講談社、1977年より転載）

については次章で再度取り上げる。

二　人が残した道具類＝遺物

1　縄文人の信仰関係遺物

石斧・石鏃・石錘等の機能が優先される労働用具を「第一の道具」と呼ぶことがある。その「第一の道具」には、顕著な地域差や年代差はほとんど見られない。それに対して「第二の道具」とされる祭祀呪術用具には、比較的顕著に地域差・年代差が現れる。縄文人が作った祭祀呪術用具としては、土偶・岩偶・岩版・土版・三角形岩版・三角形土版・三角壔形土製品・石冠などさまざまな遺物がある。

まず、土偶については多くの研究の積み重ねがある。土偶は、ユーラシア大陸の旧石器人が作ったヴィーナス像という女神像に起源を持つといわれ、縄文時代の早い段階から出現する。子供を産むのは女性であることから、縄文人は、生命を生み出すのは女神であり、彼らが頭に描いた女神像を土で作って焼いたものが土偶だといわれている。土偶は、縄文時代中期までに東海地方以北に普及し、後期には九州まで分布を広げたが、それも一時的で以後しだいに分布域が後退し、晩期には東北地方を中心に精巧な土偶がたくさん作られた。その分布状況と種類の変化は前頁の図のとおりである。これは、講談社が一九七七年に発行した『日本原始美術大系』3に、永峯光一が発表した論攷「呪的形象としての土偶」に掲載された図の転載である。この図には、土偶の分布密度までは示されていないが、中部地域と近畿地域の間に大きな分布上の落差が示されている。県単位の土偶出土例数については、長野県〜山梨県〜神奈川県を結ぶ線から東に特に密度が高い。山梨県釈迦堂遺跡では、一一一六点にのぼる土偶片が発掘されている。この線の西側に当たるが、静岡県内でも一九九三年時点で五五点の土偶が確認されている。その内訳は静岡以西で一五点に過ぎないのに、以東では四〇点知られている。県中部あたりに分布密度の境があるように思える。また、東北地方に顕著な遮光器型土偶として、在地で模倣されたものとはいえ、大井川流域の本川根町上長尾遺跡から、完全な形に復元された遮光器型土偶（重文指定）が発掘されている点も注目される。

土偶以外の「第二の道具」については、一九八三年に雄山閣出版が刊行した『縄文文化の研究』9に掲載された「第二の道具」に関する諸論攷が参考になる。土偶を石で模したとみられる岩偶は、縄文時代晩期に青森・岩手県境近くを流れる馬淵川流域を中心とする東北北部にしか分布しない。岩版も晩期の所産で護符の一種とみられ、初期のものは岩偶同様馬淵川流域に集中しているが、しだいに南へ分布を拡げるとともに素材が土に替わって土版となり、東北地方全域に及ぶようになった。三角形土版と三角形岩版は、富山県東半〜新潟県〜福島県以北に分布する。その時期・用途としては、中期以降護符の一種もしくは土偶の変種として作られたと考えられている。特に用途のはっきりしないものの一つである三角形壔形土製品は、中期から後期にかけて、もう少し南の石川県〜山梨県〜犬吠崎を結

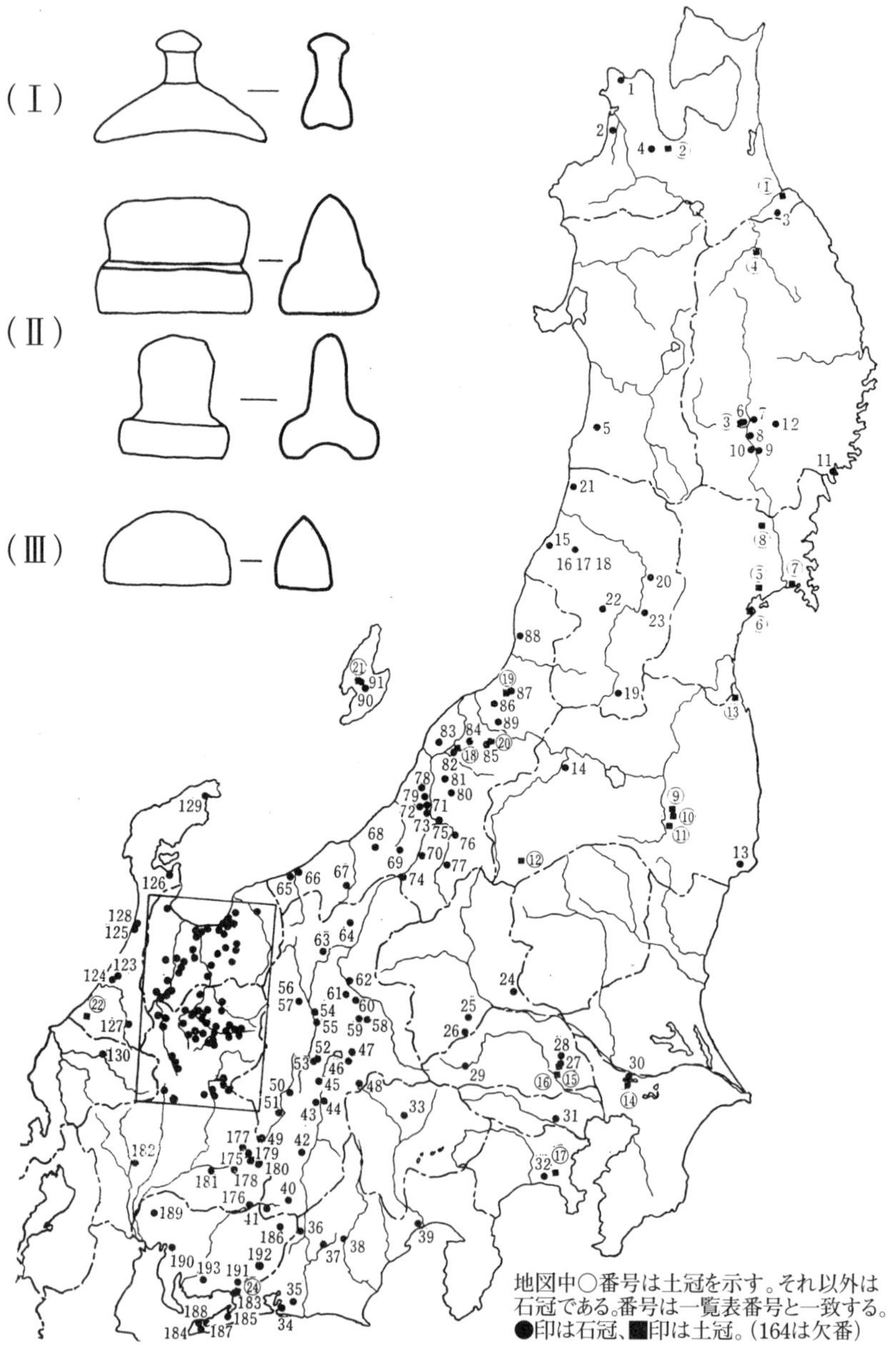
(Ⅰ)
(Ⅱ)
(Ⅲ)
地図中○番号は土冠を示す。それ以外は
石冠である。番号は一覧表番号と一致する。
●印は石冠、■印は土冠。(164は欠番)

図３　中島栄一の石冠・土冠出土遺跡分布図
（中島栄一「第二の道具ー石冠・土冠」『縄文文化の研究９』雄山閣、1988年より転載）

ぶ線にまで及んでいる。このようにこれらは、とりわけ東北日本的な文物であることを示している。

これらに対して、冠に似た形をしていることからその名が生まれた石冠は、縄文時代中期から晩期にかけての東日本に分布するとはいえ、その分布の核は越中と飛騨にある。前頁の図は、先の『縄文文化の研究』9から一五七頁に掲載された中島栄一作成の図を転載したものである。石冠とよく似た分布を示す祭祀呪術用石製品として、御物石器とか「おいねずみ」と呼ばれる遺物がある。これらの用途ははっきりしないが、特別な場所と目される地面を擦る所作に、必要な摩擦型石器とする橋本正の説に、私は魅力を感じている（橋本正「御物石器論」『大境』第六号一九七六年）。石冠の形態にもいくつかのタイプがあり、その主なタイプの略図を分布図の脇に示した。中島によると、略図のⅠのタイプは東北から関東の地域に多いのに対して、Ⅱは飛騨を中心に中部地方に、Ⅲは飛騨と北陸に顕著だという。静岡県内での石冠出土例は西部に多くみられ、Ⅲのタイプが目立つ。さらに注目されるのは、越中・飛騨の分布核の他に、信濃・千曲・犀川流域～木曽川流域、天竜川上中・大井川中流域～豊川流域を結び、ほぼ南北に帯状の分布を見せる点である。そこは日本の屋根といわれる、南・中央・北の日本アルプスに挟まれた谷間ではあるが、それに隣接する西・東の谷間流域には、ほとんど分布しないのである。

一般に、同じ文化・言語を共有し、同じ意識・信仰、同じ風俗・習慣などを持つ者同士の間では、格別そのことを確認し合う必要性は少ないが、そうした文化やイデオロギーが異なる集団と出会ったり、接触したりする事態が生ずると、相互に緊張関係が高まり、アイデンティティーを確認し合う必要性が、高まるといわれている。石冠はそうしたアイデンティティーを主張し合うための祭祀・呪術に使われたものではなかろうか。この場合、西日本縄文人と東北日本縄文人のイデオロギーが、縄文時代の終わり頃、越中～飛騨～三河～遠江を境に鋭く対立した事を想像させる事象といえよう。

2　弥生人の祭祀圏

縄文時代の祭祀呪術用具が東日本に集中するのに対して、弥生時代のそれは東海以西の西日本に顕著である。東海以西の弥生時代には銅剣・銅矛・銅鐸といった青銅製の祭器が使われたことはよく知られている。古段階の銅剣・銅矛は実用の武器であったが、銅鐸は当初から祭器だったようである。古段階（前二世紀〜一世紀）の銅剣・銅矛・銅鐸は、愛知県以西の地域、とりわけ古い銅鐸は三重県以西でしか発見されない。

新段階（二・三世紀）になると、次頁に図示したように、いくつかの旧国を含むような広い地域で同じ形態の祭器を使う広域祭祀圏が形成された。まず、九州北部から豊後水道を渡って四国南西部にかけて、広形銅矛と呼ばれる矛の形をした銅製品が分布する。次に瀬戸内沿岸地域と山陰地域には、剣の形をした銅製品が分布するが、前者では平形銅剣、後者では中細形銅剣というように同じ剣形でもタイプが異なっている。そして、四国東部から近畿地方さらに東海地方にかけては銅鐸が分布する。一口に銅鐸といっても近畿地方を中心に静岡県西部にかけて、近畿式というタイプの銅鐸が分布し、三河・遠江を核として、旧国名をとって三遠式と呼ばれる銅鐸が東海地方に分布している。このことから弥生時代後期には、以上五つの青銅製祭器を使う広域祭祀圏が形成されていたことが分かる。そのうち最新段階の銅鐸は、前章でもとりあげたように掛川市が分布の東限となっている。また、同様な特徴をもつ三遠式銅鐸は、塩尻市からも見つかっているので、長野県中部から静岡県西部（大井川以西）までが、青銅製祭器をもつ地域に含まれることになる。

これに対して関東地方の北半部から仙台湾にかけて、有角石器という用途不明の石製品が出土する。これは銅剣か銅矛を、まだ実際に見たこともない東北地方の弥生人が、遙か西の人々の祭器はこんなものかと想像して作った祭器ではないかともいわれている。こうした石製品を除くと、東北日本には顕著な祭祀用品が見られない。多分木製だったために腐りやすく、残りにくかったものと思われる。

3　土器の地域差・年代差

考古学は、地下に埋まって残された遺構や遺物の情報を素材にして研究を進めるので、近年マスコミを賑わしているように、新発見によって学説の変更を余儀なくさせられる事態が頻発している。考古学の世界では、少なくとも見付からないからといって、直ちに存在しなかったという証明にはならないのである。つまり分布の有無が、地域差を調べる上で精度を妨げるのである。その点、土器は生活必需品であることから、土器が出

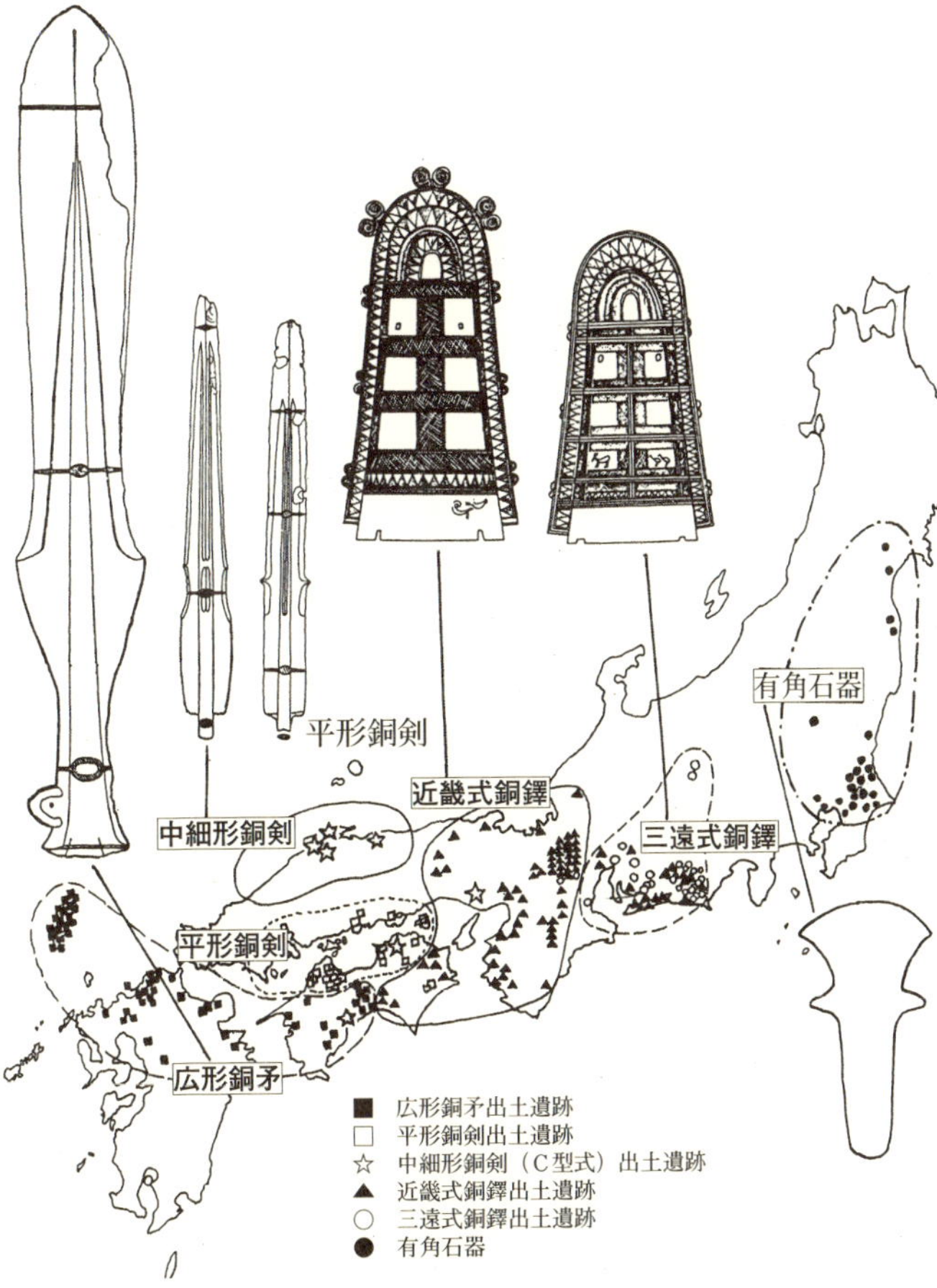

図4　弥生時代後期の広域祭祀圏図

ない遺跡はないといって良いほどどこの遺跡でも出土する。しかも、焼き物であるから壊れ易いが、腐らないから破片になってもよく残る。そしてありがたいことに、土器は小さな破片でも形や模様などに、地域差や年代差が微妙に反映されていて研究に便利なのである。

一般的傾向として、東日本の縄文土器は大きく上下に長く、器壁を厚く作り、縄文を中心にして器体全面に施文し、粘土を貼付してポジティブに装飾する。対するに西日本の縄文土器は、器壁が薄く小振りで、丈を低く作るので横長に見え、模様は比較的淡泊で、器壁を窪ませネガティブに装飾する。弥生土器は、西日本の土器が煮沸用の甕、食器としての高坏そして酒や種籾を貯蔵する壺というように、三つの基本形態に機能分化しているのに対して、大井川以東の弥生土器には高坏という形態が欠けている。これは食事の仕方が、大井川の西と東で相違していたことを示している。また、文様についてみると、九州の弥生土器はほとんど文様を施さないが、近畿地方を中心に瀬戸内地方から大井川までの中期以降の弥生土器には、櫛状の施文具で平行文・波文・三角文など幾何学的な文様が施されている。櫛描文で器面を飾る手法は、天竜川を遡って長野県中部に及んでいる。一方、大井川以東の弥生土器には終始縄文が施された。

そうした一般的傾向とは別に、土器は、生活用具して幾つかの器種の組み合わせ（形を異にする器のセット関係）で構成されており、整形法（粘土選び・成形・器面調整等）や微妙な施文法（施文部位・施文具・模様のモチーフ等）などを詳しく比較・分類してみると、相互に体付きや顔付きがよく似た土器群を識別することができる。その分類の最小単位を考古学では、型式もしくは様式と呼んでいる。そして、その型式・様式は固有の分布圏を持っている。分布圏の規模はさまざまで、最小で長径約六〇キロから最大で七〇〇キロに及ぶことがある。そうした分布圏が形成される背景としては、分布圏内での人と人の交流つまり情報交換が、圏外より密であったことを推定させる。その一例として、

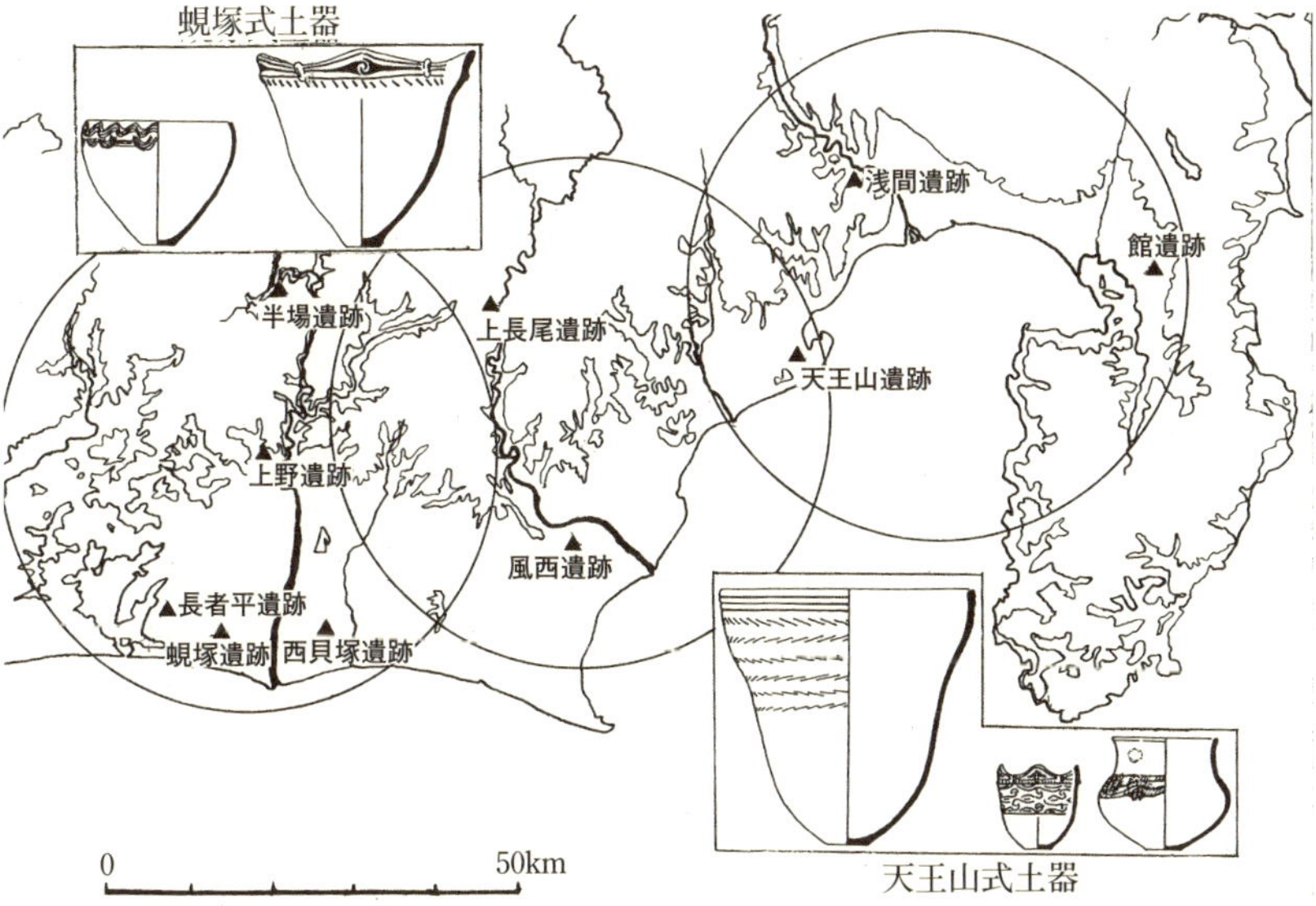

図５　縄文土器型式分布圏の一例

上に静岡県内における縄文時代晩期（前一〇〇〇年頃）の例を示す。

型式・様式の年代的・地域的位置関係を示すのが編年表である。分かりやすくいえば、先に述べた体付きや顔付きの非常によく似た土器を、地域別に年代順に並べた表である。県内の縄文土器の例を新『静岡県史』資料編１―考古一―（一九九〇年）から引用して次頁に掲載した。型式・様式は、系譜的に相互に類縁性をもつものと持たないものがあり、表にはそのことも加味されている。図５で説明すれば、蜆塚式と天王山式を比較すると、大型と小型の鉢で構成され、文様が少なくなっている点では、類縁関係が認められる。しかし施文される範囲が、蜆塚式では口元に限られて狭いのに天王山式では広く、天王山式では胴部に交互に方向を変える短い斜線列が施されている。この文様は口元の模様と共に長野県や神奈川県の土器と類縁関係が深いのである。対する蜆塚式の文様は、三河地方の土器と共通しているので、両者は大井川流域を境に系譜関係が異なると考えられる。それに天王山式では、図の右端に示すような東北に起源のある土器が組成の一

地域 / 時期	関西地方	東海地方	静岡県 西部地区	静岡県 中部地区	静岡県 東部地区	中部山岳地帯	関東地方
草創期	大川a 大川b 神宮寺	椛ノ湖 大鼻	西原	旗指Ⅰ	仲道A (大平C)	荷取 曽根 立野	井草 大丸 夏島 稲荷台 大浦山
早期	高山寺 石山	粕畑 上ノ山 入海Ⅰ 入海Ⅱ 天神山			平井Ⅰ 平井Ⅱ (木戸上) 木島2(Ⅰ・Ⅱ)	樋沢 畑久保	平坂 三戸 田戸下層 田戸上層 野島 鵜ケ島台 茅山下層 茅山上層 神之木台
前期	北白川下層Ⅱ 北白川下層Ⅲ 北白川下層Ⅳ 大歳山	塩屋 上之山2 清水ノ上Ⅰ 清水ノ上Ⅱ(星ノ糞)		(奥泉)	木島1(木島Ⅲ) (木島Ⅳ～Ⅷ) (木島Ⅸ) (木島Ⅹ) (上ノ坊)	神ノ木 有尾 南大原 上原 下島 晴ケ峰	花積下層 二ツ木 関山 黒浜 諸磯a 諸磯b 諸磯c 十三菩提
中期	船元Ⅰ 船元Ⅱ 船元Ⅲ 船元Ⅳ 里木Ⅱ 里木Ⅲ 福田C	北屋敷 咲畑	(広野C)		柏窪 (入谷平Ⅰ・Ⅱ) (入谷平Ⅲ) (入谷平Ⅳ・Ⅴ) (入谷平Ⅵ)	梨久保 新道 藤内 井戸尻 曽利Ⅰ・Ⅱ 曽利Ⅲ 曽利Ⅳ・Ⅴ	五領ケ台 勝坂Ⅰ 勝坂Ⅱ 加曽利EⅠ 加曽利EⅡ 加曽利EⅢ 加曽利EⅣ
後期	中津 福田KⅡ 北白川上層 一乗寺K 元住吉山Ⅰ 本住吉山Ⅱ 宮滝	八王子 寺津下層	(大畑Ⅰ) (大畑Ⅱ) (蜆塚) 西貝塚			上ノ段	称名寺 堀之内Ⅰ 堀之内Ⅱ 加曽利BⅠ 加曽利BⅡ 加曽利BⅢ 曽谷 安行Ⅰ 安行Ⅱ
晩期	志賀里 丹治 橿原 船橋	寺津 元刈谷 稲荷山 西之山 五貫森 樫王 水神平	蜆塚B	清水天王山		中之沢 佐野Ⅰ 佐野Ⅱ 氷Ⅰ 氷Ⅱ	安行Ⅲa 安行Ⅲb 安行Ⅲc 杉田 千網 荒海

関西系土器型式　県内で認定された土器型式　東海系土器型式　中部・関東系土器型式

表2　静岡県を中心とした縄文土器型式の編年表
（出典：『静岡県史　資料編1　考古一』1990年）

部を構成しており、より東の地域との交流関係が濃かったことを示している。

こうした作業を、中部地方一帯の縄文土器について実施し、相互に類縁関係が認められる型式群を、表現方法の異なる線で囲んで示したのが上の図である。この図は、新『静岡県史』通史編1—原始・古代—（一九九四年）から転載したものである。この図で線が多く東のように重なっているのは、日本海の親不知海岸から大井川辺を結ぶ線と、加賀・越中と美濃・飛騨が接する山岳地帯である。これは、その線の西と東あるいは北と南とで、情報交換が、長期にわたって他の地域と比べて疎遠であったことを示している。特に前者の親不知海岸と大井川辺（大崩海岸としてもよい）を結ぶ線は、日本列島全体から見ても、西と東の文化的環境を大きく二分する境界線として注目されている。この境界線の位置は、若干西や東へ振れることはあったが、弥生

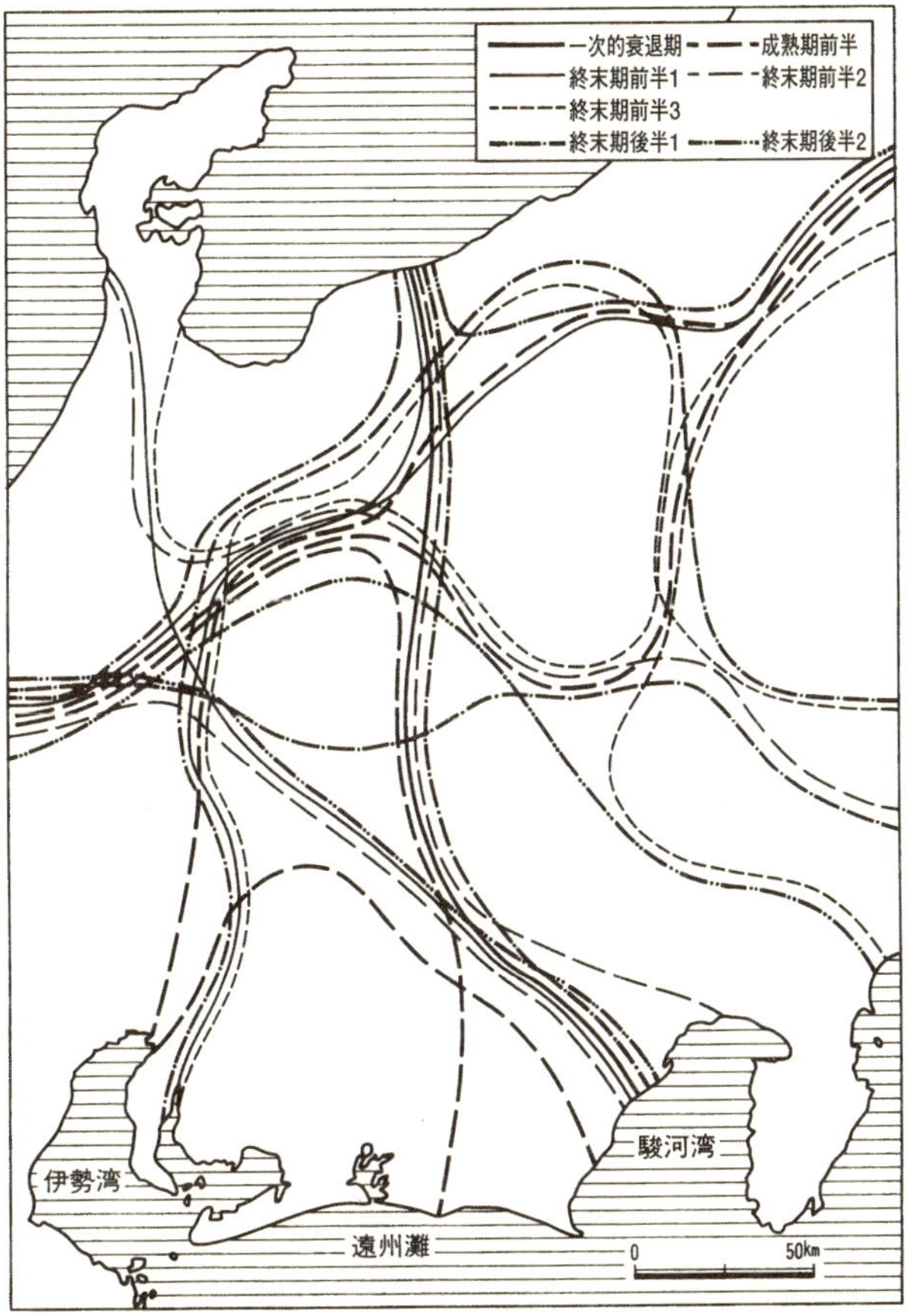

図6　中部地方の広域土器圏図
（出典：『静岡県史　通史編1　原始・古代』1994年）

時代以降古墳時代を経て奈良・平安時代へと長く続いた。このように土器という素材で検討してみると、静岡県は原始・古代において、列島規模の文化的な境界領域に当たっていたことが分かる。

むすび

以上、原始・古代における日本列島の西と東の文化的要素を考古学的に比較して、相互の交流関係を明らかにするための考古資料をいくつか取り上げた。その結果、遺構からは微妙な地域的相違を読みとることが困難であるが、祭祀呪術に関わるとされる遺物、そして土器は、かなり有効な情報を提供してくれることが分かってもらえたと思う。私は、土器以外の考古資料についても調べてみたが、静岡県内が単一の地域圏として意味を持ったことは無く、さまざまな分野において西と東の境目になっていたことが分かっている。そのことについては、すでに一九八七年発行の『静岡県史研究』第三号に掲載された「考古学的方法による静岡県の地域区分」において述べたところである。

とくに本稿では、縄文時代から弥生時代にかけての住居跡の平面形では、中部地方が広く境界領域となっていたこと、縄文時代の石冠が越中・飛騨を核として木曽川・天竜川・豊川の流域に特殊な分布を見せること、弥生時代の銅鐸は掛川市が東端となること、そして土器が持つさまざまな情報から、日本海側では親不知海岸が、長期にわたり大きな文化的障壁となっていたこと、太平洋側では東西交流が比較的進んでいたとはいえ、大井川辺（小夜の中山～大崩）を境に、西と東で大きく違いを見せていたこと等を、指摘した。中でも私が特に注目したいのは、最後に示した土器型式の広域分布圏図が、冒頭で取り上げた方言の違いを示す図とよく似ている点である。

土器の地域的違いは、人の集団関係の何かを反映していると多くの研究者は考えてきた。むろん土器型式の違いが、実在した人間集団そのものを反映しているとはいえない。話し言葉は、土器とは比較にならないほど文化の核心にある要素ではあるが、土器に現れた事象は、さまざまな文化要素の中でも、話し言葉に似た要素の一つだったのではないかと、私は思っている。

今川範国と駿河・遠江
――両国守護補任の再評価――

森田　香司

はじめに

今川範国とは、今川氏十代の初代である。今川氏は足利氏から分かれた吉良氏の分かれであり、苗字の地は、三河国幡豆郡今川荘（愛知県西尾市今川町）である。[1]略系図を左に示す。

（今川氏略系図）

足利義氏―┬―泰氏……尊氏
　　　　　└―長氏（吉良氏初代）―┬―満氏……貞義―満義（吉良荘）
　　　　　　　　　　　　　　　　└―国氏（今川氏）―基氏―範国

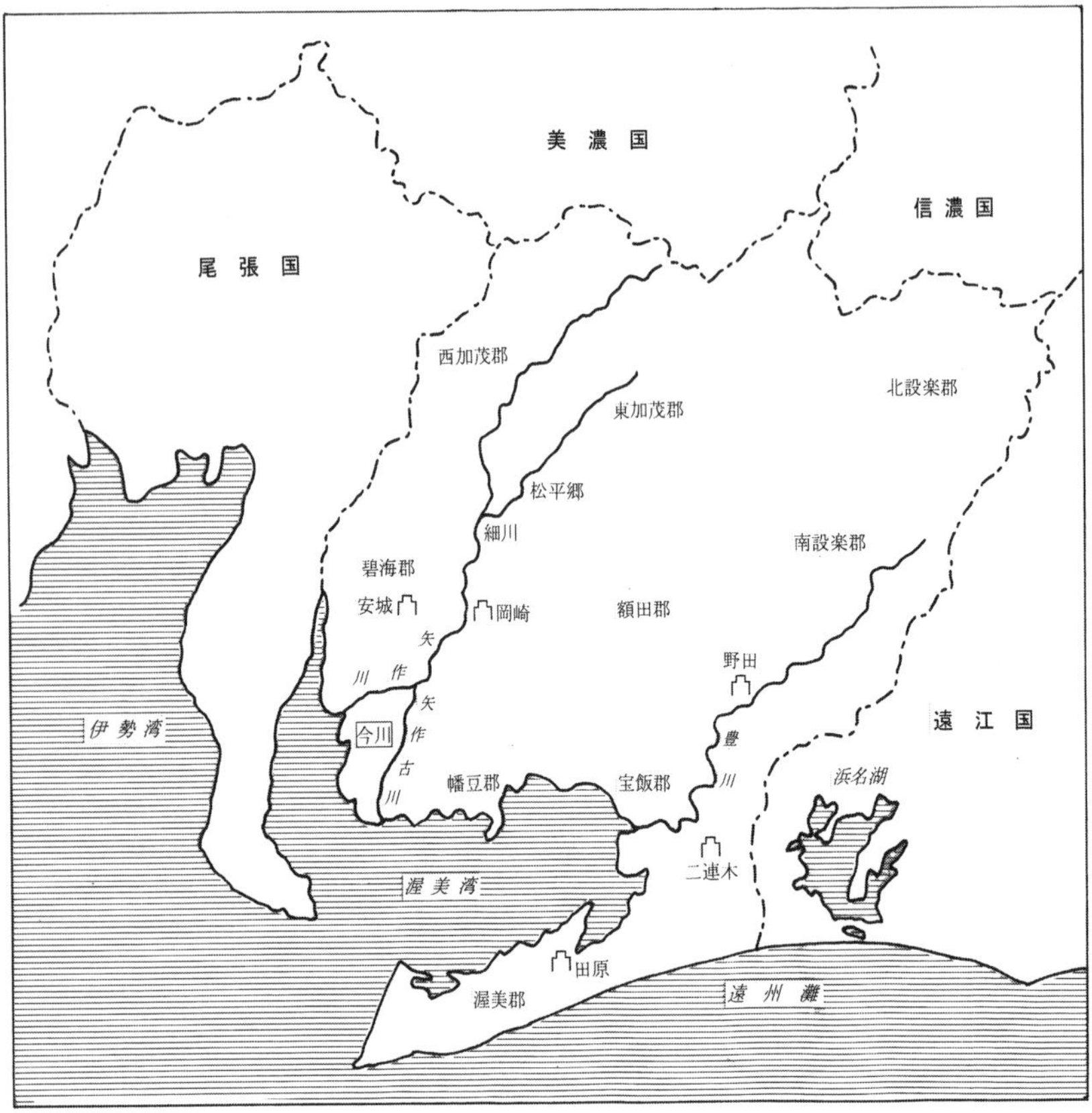

図1　今川荘位置図

吉良氏の次男国氏が今川氏の祖となる。高齢となり隠居した長氏が家督を満氏に譲り今川荘に引っ込んで国氏と暮らし、長氏が亡くなる際今川荘を譲ったとも言われている。ただ国氏は鎌倉期の弘安八年（一二八五）の霜月騒動の際、長氏の名代として鎌倉にいて幕府軍として安達泰盛軍と戦ったという記録が『今川記』に残っている。それではなぜ今川氏の初代が国氏でなく、範国なのか考えてみよう。それは本報告と関連しているが、それまで三河国の一荘園しか領有しない小さな一族だった今川氏が南北朝期の動乱を経て駿河・遠江両国の守護となるまでに勢力を誇ったのは、この範国の力によるところが大きかったからであろう。

今川荘の位置図を上に示す(2)。図で分かるように三河国の中でも海に近い矢作川と矢作古川に挟まれた三角州に位置している。ただ三河国で付け加えておくと、足利氏は鎌倉期に三河国の守護を獲得して、下野国の次に勢力を拡大していくので、先述した吉良氏の他にも細川氏・一色氏が足利一族として分出していく(3)。

一　建武政権下の範国

範国は足利尊氏の挙兵に伴い、一族として共に戦い京都を征圧する。その後遠江国での軍事行動に移る(4)。軍事行動は主に守護として表れる。これは武力を背景としたという意味で軍事行動とした。その初見が史料1である。

［史料1］沙弥等連署施行状（鴨江寺文書）

遠江国鴨江寺□(用)田当知行地、不可有相違之由、綸旨如此、案文遣之、早莅彼所、令追□(出カ)濫妨人等、可令沙汰居寺家
雑掌於当所給之由所(候脱カ)也、仍執達□□(如件)、

元弘三年九月九日　伴　（花押）

沙弥　（花押）

今河五郎入道殿(心省・範国)

この史料1に見えるように、九月には鴨江寺（現浜松市）の用田や当知行地の安堵について、後醍醐天皇の綸旨を受けて、在地で執行できる人間として範国が現れるので、おそらく範国はこの時点で遠江に赴いていたと考えられる。

六月に後醍醐天皇が入京したばかりであり、有力寺院には後醍醐天皇の安堵の綸旨がばらまかれているので、より実効力のあるものとして、この施行状が出されたと思われる。翌年の十二月二十九日にも遠江府中、現在の磐田市中泉の府八幡宮に対して、中泉郷を守護使不入の地とする守護書下を発給しているので[5]、範国は建武政権下ですでに遠江国の守護となっていたと思われる。

それでは、なぜ範国が遠江国の守護に選ばれたかを考えてみたい。まず尊氏は鎌倉幕府打倒の功績が一番として、武蔵国・相模国・伊豆国を知行国とするなど後醍醐天皇から多くの所領を拝領する。そのほとんどが北条氏の遺領であった。その拝領した所領を、足利一族を中心とした被官に分配していくのである。三河国を高師兼（足利氏執事の高師直の弟）に、遠江国を今川氏に、ただし遠江国は南朝勢力が強かったためその征圧をめぐって守護が千葉氏や仁木氏に替わっていく。駿河・伊豆領国は守護代として石塔氏がなり、武蔵国も守護代として一色氏が入る。そして鎌倉には尊氏の弟直義がいるので、京都までの間をほぼ抑えた形になる。これはすでに佐藤進一氏が述べているように[6]、鎌倉幕府の北条氏を模倣した足利氏の政策であり、建武政権下でも尊氏は室町幕府をすでに企図していた表れだと思われる。一色氏は後に尊氏に従い九州まで下った際、初代の九州探題となり、石塔氏はこの後、より京都に近い伊勢・志摩両国の守護となっていく。

次に、遠江国守護獲得の経緯を年表で見ていく（表1）。今川氏がもっとも犠牲を払ったのは中先代の乱だった。中先代の乱というのは、建武二年（一三三五）北条氏最後の得宗高時の遺児時行が、諏訪氏に担がれて挙兵した乱で、時行は一時直義が守る鎌倉を占拠する。その鎌倉を救おうと尊氏は、後醍醐天皇の宣旨をもらわずに京都を出発したという有名な逸話が残っているが、今川氏は尊氏に従い、矢作川（現愛知県岡崎市）から合戦を続け、時行軍を徐々に東に追い返しながら、小夜中山の合戦（現静岡県掛川市）では敵の大将名越氏を討つという功績を挙げている。特

No.	戦闘名等	年	西暦	月	今川氏関係
1	袋井縄手	建武3年	1336	8	守護代由比為光
2	篠原・天竜川合戦	建武3年	1336	9	仁木義高VS新田義氏
3	横地城・丸崎城・気多城合戦	建武3年	1336	10	円阿
4	三方原合戦・井伊城	建武4年	1337	7	松井・三和・高木・柴・横地・朝夷・内田
		建武4年	1337	8	範国、遠江国守護初見(中泉郷・於保郷)
		建武4年	1337	9	足利尊氏より、駿河国葉梨荘(駿河国初見)・遠江国河会・八河両郷を与えられる
		建武4年	1337	12	宗良親王、遠江国に下向
5	三倉山・二俣城合戦	暦応元年	1338	1	北畠顕家軍を追走
6	青野原合戦	暦応元年	1338	1	南朝軍、南に迂回する
7	天王寺・安部野合戦	暦応元年	1338	3	狭間
8	井伊城合戦	暦応元年	1338	7	松井・高木・方穂

表1　遠江国での軍事行動年表

に激しかったのは相模川（現神奈川県平塚市）の合戦だった。この時長男の今川頼国は、矢を二十本射かけられてすさまじい戦死をしている。同時に今川三郎も戦死している。その後の武蔵小手指原合戦（現埼玉県）でも範満が戦死しているので、この中先代の乱だけで範国の兄弟五人の内三人が戦死するという犠牲を払った。残った二人の内一人は五郎範国だが、四男は仏満禅師という僧であり後に円覚寺の住持となる人物なので、武士としては範国一人残った形になる。ただ川添昭二氏によれば範国は幼少の頃から家督を継ぐ人間として育てられたようであり、これによって今川氏は戦国期まで家督を継ぐ人間を「五郎」と呼んでいく。

中先代の乱に勝利した足利軍だったが、その後新田軍に攻められ、なんとか押し返して京都に入るけれども、京都で敗れて九州へ落ちのびる。この際今川氏も尊氏に従い、備後国を任されるのだが、そこで知られる今川氏の名はこれも佐藤進一氏の研究によれば、今川顕氏・貞国という名なので、範国が九州まで付き従ったかは不明である。尊氏の京都奪還後の建武三年（一三三六）、範国はおそらくそれまでの功績により遠江国の守護に補任され、八月には遠江国に派遣されて戦いが始まっている（表1参照）。範国が派遣されたのは功績だけでなく、それだけ遠江国に南朝勢力が強かったからであり、その排除に力のある足利一族が派遣されたと考えることもできる。なぜ遠江国に南朝勢力が強かったかという理由も補足すると、遠江国には南朝側に就いた井伊氏という有力な武士団がいたこと。井伊氏は井伊介といって八介に数えられる古代からの在地豪族で、鎌倉御家人にも名を連ねていた。また浜松荘や都田御厨など西園寺家や洞院家等南朝系の貴族が有する荘園があったこと。また後醍醐は鎌倉幕府打倒の画策として皇室領だった村櫛荘・原田荘を京都の東寺に寄進するなどしていたこと等が挙げられる。以上のことから根強い抵抗があったため、範国が派遣されたと思われる。特に注目されるのは表1№4の三方原合戦（現静岡県浜松市北区）である。

この合戦には今川氏は多くの被官を組織して戦い、軍忠状に名を連ねているのだが、京都の挙兵の際被官となった松井氏だけでなく、遠江国で鎌倉御家人であった三和・柴・横地・朝夷・内田が範国の傘下に入っている。これらの被官の出自や領地については後ほど触れる。ついでに言うと三方原合戦というと有名なのは徳川家康と武田信玄の合戦で家康が生涯でたった一回負けた合戦として有名なのだが、南北朝期にもこのように三方原合戦があったわけであり、三方原は台地合戦の場として意識されていたとも考えられる。

そしてこれらの軍事行動の功績により、今度は駿河国にも所領を与えられていく。これは遠江国が安定したということではなく、建武四年十二月には南朝勢力の強化策として宗良親王が入ってくるので、戦いは続くが、表1の№2で分かるように今川氏以外にも仁木氏も守護として入っており、この後遠江国は仁木氏や高師泰・師兼が、駿河国は範国が、というように分担されていくようである。また、後醍醐天皇は奥州にいる北畠顕家に早く京都まで攻め上るように命じており、顕家が西上するのが翌年の暦応元年の正月なので、おそらく尊氏はそれを見越して、範国にいち早く駿河国に所領を与えることによって、顕家軍を防ぎ止めようと企図したと思われる。

そして、いよいよ奥州の霊山城から北畠顕家軍が遠征をして攻め上ってくる。それを領国で食い止めることができず追走する形で範国は西へ向かい、いよいよ天下分け目の青野原合戦になる。青野原合戦は、この勝敗が後の南北朝を左右したといわれるくらいの重要な合戦だった。北朝軍は形的には負けたのだが、南朝軍を京都へそのまま向かわせることだけは阻止し、後醍醐のいる吉野に迂回させた。そしてまた遠江に戻ってきて表1№8の井伊城合戦をしている。

年表で考察した軍事行動を地図にすると次頁の図2になる。合戦の丸数字を年表と符合させているが、①の袋井縄手から②の天竜川、③の横地城と続き、範国軍は徐々に井伊氏の籠る井伊城・三岳城、すなわち北遠の方へ攻めていっていることが分かる。ここで一つ注意しなければならないのは、三岳城は標高四六七メートルの三岳山山頂にある堅固な山城だが、井伊城は井伊氏の居館の裏山でそれほど高くない。したがって井伊城と史料上多く出てくるが、その攻防は三岳城を指している場合もあることを触れておく。それでは軍事行動事例について次の史料2[7]で考察する。これはくしくも昨年大河ドラマでやっていた山内一豊の関係史料にもなるが、今川氏の被官となった松井氏が武田・徳川に仕えた後、掛川に入城した一豊に仕えて、一豊が慶長五年（一六〇〇）土佐藩に転封になった際、土佐まで下ったので残った史料である。この破線部分に注目すると、一行目は軍忠状のスタイルとして自分の出自を書いているので、松井助宗が山城国の御家人であることが知られ、その助宗の三竹原合戦、これは先に地図で見た三方原合戦のことだと思われるが、当時地元でない人間が地名を聞き間違えることはよくあることなので、おそらく聞き間違えたのではないかと思われるが、そこでの活躍を次の破線部分で横地・朝夷が見ている、つまり証人がいるので、証判をほしいと言っているわけである。

［史料２］松井助宗軍忠状写

（土佐国蠹簡集残篇）高知県立図書館所蔵

山城国御家人松井八郎助宗申軍忠事、
今月四日建武四、遠江国井伊城前於三竹原御合戦、致忠節、御前懸先、御敵頸取、井伊一族云々、其外凶徒両人切落畢、此条横地治部丞・朝夷彦五郎見知訖、然者為後証下賜御証判、弥致軍忠為成勇、恐惶謹言

建武四年七月五日

見知了（花押）（今川範国）

範国もおそらくこの二人に確かめた後、「見知了」と自筆で書き、花押を添えている。この史料だけでも今川氏は松井・横地・朝夷の三氏を傘下に組織して戦ったことが知られ、もちろんこの三氏は戦いで功績を挙げて恩賞をもらうことが狙いだったことはいうまでもない。

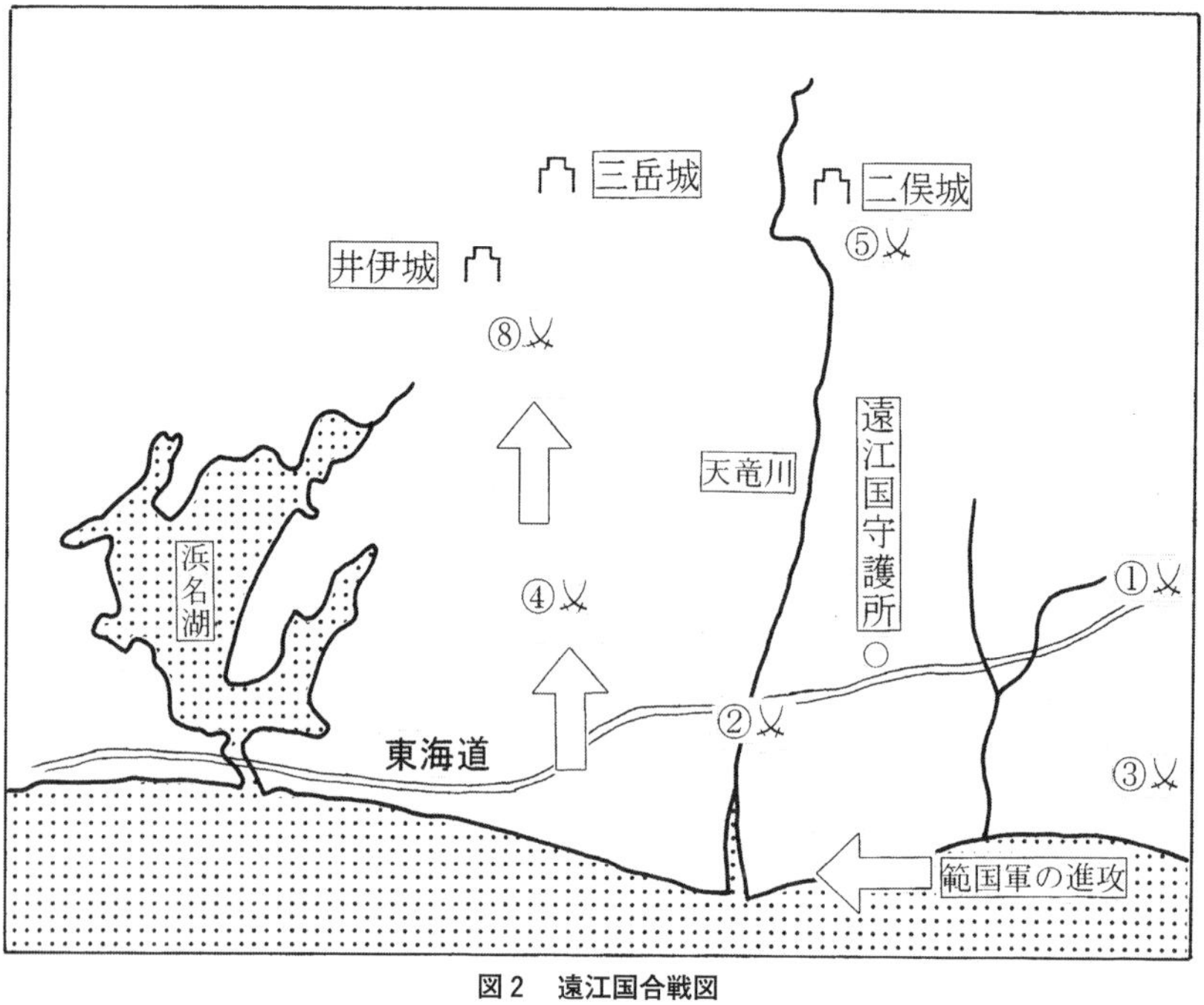

図２　遠江国合戦図

二　駿河国での支配の展開

遠江国の南朝勢力を仁木氏や高氏に任せた範国は、駿河国の南朝勢力征圧に力を注いでいく。まず年表の№1・6で分かるように国宣を出していく（表2参照）。そして、№3のように自分の得た所領を被官の松井氏に給付して支配体制を固めていく。当時の駿河国の南朝勢力は安倍城に籠る狩野氏だった。狩野氏は伊豆国の出自で鎌倉御家人として駿河に勢力を広げていた。また、後醍醐の孫に当たる興良親王も安倍城に入っていたため、年表の№7暦応元年十月に攻めている。

表2の続きを見ていくと、遠江が仁木氏や高氏によって征圧されたため、宗良親王が安倍城に入城するが、翌年今川氏の攻撃に耐えきれなくなって信濃国へ逃れる（№8・9）。これによってほぼ南朝勢力は征圧されることになる。範国は、その後は吉河氏の所領安堵をしたり、葉梨荘を兄仏満禅師のため円覚寺に寄進したりしている。№12は観応の擾乱の混乱に乗じた南朝軍の反撃だが、九州以外はほぼ態勢が決まった状態なので、子供の範氏が征圧して終わっている。

駿河国での動向を地図で確認すると次頁の図3のようになる。まだ駿河国に居館を定めていない範国だが、国宣を出していることから守護所から安倍城を攻めたのではないかと思われる。守護所のすぐ北側に駿河国の鎮守として静岡浅間神社（静岡県静岡市葵区）があった。また松井氏に地頭代職を与えた葉梨荘（現静岡県藤枝市）からも援軍が来たと思われる。

これによって宗良親王は甲斐国を経て信濃国に落ち延びていくことになる。この安倍城攻めの史料が次の史料3(8)

No.	支配内容・戦闘名等	年	西暦	月	備　考	出　典
1	駿河国国宣を発給	建武３年	1336	9	8日	大宮司富士家文書
2	足利尊氏より、駿河国葉梨荘(駿河国初見)・遠江国河会・八河両郷を与えられる	建武４年	1337	9	26日	今川家古文章写
3	松井氏に葉梨荘地頭代職を給付	暦応元年	1338	1	前年９月給付	土佐国蠹簡集残篇
4	駿河国の国務の理非の成敗について浅間社に誓願	暦応元年	1338	5	駿府浅間社	今川記
5	駿河国守護初見（池田郷・香貫郷を松井氏に給付）	暦応元年	1338	5	井伊城兵粮料所として	土佐国蠹簡集残篇
6	範国、駿河国国宣を発給	暦応元年	1338	6	満願寺・実相寺宛	満願寺文書・実相寺文書
7	安倍城合戦（vs興良親王・狩野氏）	暦応元年	1338	10	松井助宗	土佐国蠹簡集残篇
8		暦応３年	1340	9	宗良親王、安倍城入城	李花集
9		暦応４年	1341	秋	宗良親王、信濃国へ逃れる	李花集
10	吉河郷を吉河経時跡に給付	貞和元年	1345	4	足利尊氏下文を受けて	吉川家文書
11	葉梨荘地頭職を円覚寺に寄進	観応２年	1351	3	兄仏満禅師への援助	円覚寺文書
12	南朝軍反撃	延文３年	1358	12	息範氏発給	集古文書

表２　駿河国での支配の展開の年表

である。これも松井助宗の軍忠状であり、史料にはアンダーラインを示しておいた。その部分を読むと「駿河国安倍城において御供せしめ」とあり、範国の軍に従って安倍城を攻めたことが分かる。

それでは遠江・駿河での軍事行動を経て、範国がどのような被官形成をしたか一覧表にしてみたので見てみよう。松井氏についてはたびたび軍忠状で見たが、葉梨荘以外にも遠江国で所領を獲得している。三和氏については、史料７で見るが、本領の三和郷（現静岡県掛川市）の他に二宮荘於保郷（現静岡県磐田市）を獲得していく。

陸奥国の出自を持つ伊達氏は観応の擾乱以降今川氏の被官となり、入江荘（現静岡県静岡市清水区）を獲得してい

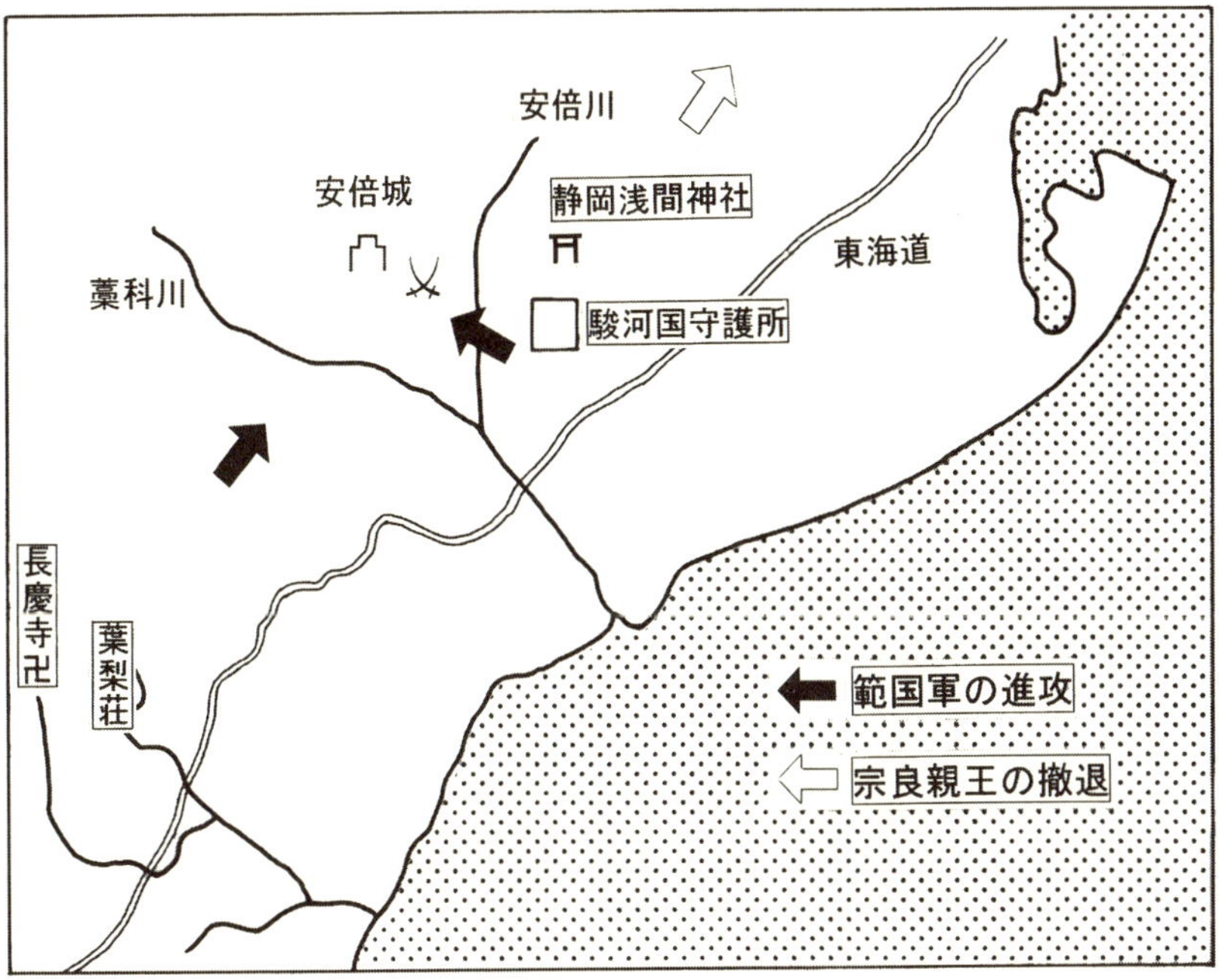

図3　駿河国主要図

く(9)。ただそれ以外の柴氏・横地氏・朝夷氏・内田氏・由比氏は安堵状が残っていないため、もともとの本領を安堵されただけかもしれない。ただ、南朝軍の味方について負けてしまえば所領を没収されるわけだから、武士団としては有力守護の傘下に入ることが身の保全になったとも考えられる。

[史料3]　松井助宗軍忠状写

(土佐国蠹簡集残篇)　高知県立図書館所蔵

山城国御家人松井八郎助宗申軍忠事、
右、今年暦応元、十月廿八日、於駿河国安部城
令御共、致合戦候訖、仍給御判、恐々言上如件、
暦応元年十月廿九日
「承了、(花押)(今川範国)」

[史料4]　今川範国書下写

(土佐国蠹簡集残篇)　高知県立図書館所蔵

駿河国葉梨庄内田地壱町・屋敷壱所・地頭代職
事、守先例、可令知行之状如件、

建武五年正月二日　（今川範国）（花押）

松井兵庫允殿

○同年月日で松井八郎宛文書あり

［史料5］今川範国書下写（土佐国蠧簡集残篇）高知県立図書館所蔵

駿河国池田郷正税事、

為井伊城責兵粮所、宛行之状如件、

建武五年五月廿七日　（今川範国）（花押）

松井兵庫丞殿

［史料6］今川範国書下写（土佐国蠧簡集残篇）高知県立図書館所蔵

駿河国香貫郷正税四分壱事、

為井伊城責兵粮所、宛行之状如件、

建武五年三（五カ）月廿七日　（今川範国）（花押）

松井八郎殿

［史料7］今川範国書下写（集古文書一五）

遠江国二宮庄於保郷之事、

長尾次郎国資、依為子孫、三和次郎右衛門尉光継、為本領望申間、今（令）給分宛行所也、者任先例、早可致其沙汰之

状如件、

建武四年八月十八日　（今川範国）（花押）

三和次郎右衛門尉殿へ

最後に範国が被官に対して知行宛行した事例を取り上げる。前頁からの史料4・5・6[10]は松井氏に宛てたものであり、それだけ松井氏を重用していたことが分かる。特に史料5は範国が駿河守護に補任されていないと出せないものである。このように守護公権を行使して松井氏の井伊城攻めの功績に対して恩賞を出している。

史料6も史料5と同様の内容だが、香貫郷というのは現在の沼津市に当たり、伊豆国と接する。伊豆国は石塔氏が守護代だったが、国守は尊氏の代として上杉氏が入るという複雑な支配だった。けれども、特に南朝勢力は見られないことから、安定していたのではないかと思われる。そして史料7は先に触れた三和氏である。破線部分に注目すると、「本領として望み申すの間、給分せしめ、宛て行う所也」と三和光継の本領にしたいという意志が見られる。これは三和氏が長尾氏の庶流だったためとも考えられるが、三和氏自体も三和郷という現在の袋井市に本領があったため、光継自身が三和氏の傍系だったからか、このような文言が出てきたかと思われる。一つ史料上の問題を挙げる。この本文は『磐田市史』[11]から引用したが、『静岡県史』では若干文言が異なっている。それはさきほど示した給分のところが「給与せしめ候」となっているので、どちらが正しいかは後日の課題にさせていただきたい。

結びに代えて

①範国は、倒幕・中先代・対南朝等の合戦の勲功により、遠江国・駿河国守護職を得た。これは当時の武将の習いで

あり、それだけ武芸に秀でた武将だったということを意味する。

②守護職の移動には、東海道を抑えるという足利尊氏・直義の方針の中で足利氏一族内でのバランスも関係した。これは一族に限ったわけでなく、鎌倉時代以来の主従関係にある石塔氏も入っているし、千葉氏のように新田軍から帰参したものもあった。

③駿河国に勢力を伸ばしたのは、青野原合戦の前年の建武四年（一三三七）十二月であり、従来言われていた、青野原合戦の恩賞ではなく、北畠顕家軍の西進に備えるように足利尊氏から命じられたためではないか。

④北朝軍を率いながら、在地の武士団を被官化していった結果、遠・駿両国に地盤を置く基となった。

註

(1) 国史大系等から作成した。
(2) 小和田哲男『駿河今川一族』（新人物往来社、一九八三年）。
(3) 佐藤進一『室町幕府守護制度の研究』上（東京大学出版会、一九六七年）。
(4) 鴨江寺文書『静岡県史』資料編中世2、一四号文書。
(5) 秋鹿文書『静岡県史』資料編中世2、六二号文書。
(6) 佐藤進一『日本の歴史9　南北朝の動乱』（中央公論社、一九六五年）。
(7) 土佐国蠹簡集残編『静岡県史』資料編中世2、一六三号文書。土佐国蠹簡集とは、近世に土佐藩で編纂された史料群であり、その内残編とは、他国文書を意味する。
(8) 土佐国蠹簡集残編『静岡県史』資料編中世2、二一六号文書。
(9) 長倉智恵雄『戦国大名駿河今川氏の研究』（東京堂出版、一九九五年）、「漂泊の戦国武士二人の伊達与兵衛――『駿河伊達系図』から―」、『駿河伊達文書』京都大学文学部博物館。
(10) 土佐国蠹簡集残編『静岡県史』資料編中世2、一八八号文書・二〇三号文書・二〇四号文書・一七三号文書。
(11)『磐田市史』史料編1、一六〇号文書。

静岡県における織豊系城郭の成立について

加藤　理文

はじめに

静岡県における近世城郭の成立、いわゆる天守・瓦葺き建物・石垣の出現については、従来漠然と徳川家康の浜松在城時代頃のことと考えられてきた。城郭の発掘調査事例が少ないことや、出土遺物について体系的に比較検討が実施されなかったためである。平成以降、県内各地で城郭の調査事例が増加し、特に久野城（袋井市）における大量の瓦の出土が、県内における近世城郭成立解明の大きな契機となった。この大量の瓦が、県内出土の他城郭や中部地方及び畿内各所の城郭出土瓦と比較検討することが可能となり、年代特定の指標となるにいたった。この状況については、拙稿「東海地方における織豊系城郭の屋根瓦」（『久野城Ⅳ』袋井市教育委員会　一九九三）を参照していただきたい。その後、各地で城郭の発掘調査が実施され、新たな資料も追加された。そこで、「豊臣政権下の城郭瓦」（『織豊城郭　創刊号』織豊期城郭研究会　一九九四）として、改定版を発表させていただいた。今回は、瓦を中心に、石垣・天守という織豊系城郭の諸要素の成立を含め、その後の新資料も検討し、静岡県における織豊系城郭の成立について考えて見ることにした。

一　徳川家康の五カ国領有と豊臣政権の進出

天正十年（一五八二）、本能寺の変後、堺から伊賀越えルートで、岡崎城へと戻った徳川家康は、態勢を整え岡崎を出立する。しかし、羽柴秀吉の使者が明智光秀討伐を報じたため、その居城・浜松城へと戻ることになる。その後家康は、甲斐・信濃へ攻め込み、後北条氏と同盟を結び、またたく間に、三河・遠江・駿河・信濃・甲斐五カ国を領有する大名にのし上がった。この広大な領国支配を、三河譜代の家臣だけで経営することは困難であった。そのため、今川遺臣、武田遺臣を被官としてかかえ、それらを中心に新征服地の経営に乗り出すこととなった。

小牧・長久手の戦いの翌年、家康は居城を浜松から駿府へと移すため、駿府築城に着手した。築城工事の様子は、『家忠日記』『家忠日記増補』に記されているが、大規模な石垣工事を伝える記載は見られず、わずかに「石とり候」「石かけの根石をき候」「石かけ普請まいり候」等の記述が見られる程度である。また、「小伝主てつたい普請當候」とあり、小天守が存在した可能性もあり注目される。だが、現時点で、駿府城調査により、最も遡る石垣は、慶長年間であり、出土瓦は中村一氏時代のものである。また、浜松城では、堀尾入城以前の石垣や瓦は、見られない。家康配下の城持ち衆と呼ばれる家臣団の城で、興国寺城（沼津市）、田中城（藤枝市）、横須賀城（掛川市）、掛川城（掛川市）、久野城（袋井市）の五城で発掘調査が実施されているが、五カ国領有時代に遡る瓦や石垣は発見されていない。慶長十二年（一六〇七）廃城の興国寺城では、本丸を始め主要部の大部分で発掘調査が実施されているにも関わらず、一片の瓦すら出土していない。また、天守曲輪、本丸の全面調査が実施されている掛川城でも、朝比奈時代の遺物は出土するものの瓦の出土は見られない。久野城、田中城も同様の様相である。従って、五カ国領有時代の家康は、高石垣の使用、瓦の使用という当時畿内中心に急速に普及した織豊系の築城技術を用いていなかったと推定される。

静岡県内に、織豊系築城技術を持ち込んだのは、天正十八年の家康関東移封に伴い入封した豊臣系の大名たちで、彼らはこぞって大規模な城郭普請を実施している。豊臣系大名の入封に伴い、近世城郭が誕生するわけだが、この時新城築城と同様な大規模な改修工事が実施されたのは、堀尾吉晴の浜松城、堀尾宗光の二俣城（浜松市）、松下之綱の久野城、山内一豊の掛川城、渡瀬詮繁の横須賀城、中村一氏の駿府城、中村一栄の三枚橋城（沼津城）の七城である。豊臣配下の武将によって、それまでの土造りの城は、天守・石垣を持つ近世城郭へと変貌し、面目を一新したのであった。田中城、興国寺城も支城として使用されているが、大きな改修は未実施で、それまでの土造りの城のままだったようである。

二　県内城郭出土の瓦

豊臣系大名の入封により大改修を受けた城郭群から、軒丸瓦・軒平瓦・鯱瓦・鬼瓦・飾り瓦等多種多用の瓦が出土・または採取されている。

これらの瓦が実際に使用された年代は、天正末年から文禄期にかけてで、一部慶長初頭のものも存在する。年代の指標となるのは、丸瓦の成形法で、タタラ（粘土を直方体に積み上げたもの）からコビキ（瓦の大きさに応じた粘土板を切り取ること）する道具の違いによって捉えることができる（森田克行　一九八四「畿内における近世瓦の成立について」『摂津高槻城』高槻市教育委員会）。コビキ痕は丸瓦凹面に痕跡として残され、二種類に分類できる。凹面に緩弧線が無数に付いた糸切り状のコビキAと、胎土中にある砂粒の移動した痕が横筋になってあらわれるコビキBの二種類である。

コビキAは、弧線に直行する方向で切るところから、糸ないしは鉄線の両端を手に持って手前に引っ張るのに対し、コビキBは、軸木に造り付けた張力の大きい鉄線でもって横筋と同一方向に切り取ったと考えられている。森田氏は、高槻城出土瓦と周辺諸城郭の瓦と比較検討することで、畿内におけるコビキAからBへの転換期を天正後半期から文禄年間（一五八五～一五九六）として捉えている。

県内出土の豊臣系大名が使用した瓦は、全てがコビキA手法によって造られた瓦である。本来なら、コビキB手法の瓦が混在してもまったく問題ないわけだが、現時点で出土は見られない。最も古い県内のコビキB手法の瓦は、久野城から出土した寛永十七年（一六四〇）から正保元年（一六四四）までの間に造られた瓦である。その他、県内諸城郭の瓦が、コビキB手法へと転換するのは、寛永後半期から正保年間にかけてである。最新鋭の技術力を持っていた畿内と単純比較すると、およそ四五～五〇年遅れて技術伝播があったということになる。

瓦の年代決定を実施するにコビキ痕とは別に、有力な手がかりとなるのが瓦当部の文様である。軒丸瓦に使用されている三つ巴紋を中心に周りに連珠を廻らすモチーフは、最もオーソドックスで、全国の城郭の屋根瓦の大部分はこの文様である。同一文様ではあるが、三つ巴紋の巻き方向、頭部の接し方、尾部の接し方や伸び方・長さ等かなり個体差が見受けられる。また、周りに廻らされた連珠紋も、数、大きさ、形状等が異なっている。この二つの組み合わせによって、同一文様でありながら、そのバリエーションは非常に多いことになる。三つ巴紋の頭部が瓦当部中心部から放射状に広がるのが、遠江諸城郭の軒丸瓦の特徴的モチーフと呼べる。このモチーフは、大坂城や聚楽第でも確認されている。

軒平瓦は軒丸瓦に比較して、文様構成がよりバラエティにとんでいるため、比較検討が容易であり、前後関係も把握しやすい。県内出土の軒平瓦は、三葉紋を中心飾りとして、脇飾りに均整唐草紋を配したモチーフとなる。このモチーフが城郭建築に持ち込まれたのは、信長の安土城が最初であった。安土城の三葉紋の大部分は、脇二葉の先端が外反している。対して、秀吉の大坂城や聚楽第の三葉紋は、真っ直ぐ伸びるか、先端が丸まっているものが大半を占めている。この文様は、秀吉が姫路城主時代に播磨系工人集団を把握したことによって始まる。その後大坂城を媒体として、全国の秀吉配下の武将の城へと広まったモチーフである。

県内出土瓦の瓦当文様を検討していくと、全てが豊臣系のモチーフを持つ瓦ということが判明する。さらに詳しく追求するなら、豊臣秀吉が天正八年（一五八〇）に築城した姫路城に使用された播磨系瓦のモチーフにまで遡ることができるのである。また、秀吉の石垣山一夜城で使用されたモチーフと同一モチーフでもある。他の瓦も、姫路城・大坂城・聚楽第という秀吉の居城に使用されたモチーフを参考にして造られたことは間違いない。同型とまではいかないが、同一系譜上に位置する瓦なのである。これらのことから、県内城郭に瓦葺き建物が出現したのは、豊臣系大名の入封によってということが判明する。当然、天守や石垣という近世城郭の諸要素も同時に持ちこまれたのである。出土瓦から、天正十八年以降に、豊臣系大名たちが県内城郭に初めて瓦葺き建物を構築し、石垣・天守というかつて見たこともない近世城郭を出現させたということになる。

天正十八年に豊臣系大名が入封した城から、ほぼ同一の瓦が出土するということは、何を物語っているのであろうか。軒丸瓦・軒平瓦それぞれの状況から考えてみたい。

軒丸瓦の三つ巴頭部が接し、尾部が接続しない文様は、浜松城・久野城・横須賀城が同型である。久野城については、使い古され木目が浮き出る版木を使用しており、横須賀城との共通項が指摘できる。また、久野城では、瓦当部のひび割れを補修して使用した瓦が存在し、浜松城では上下にひしゃげた瓦も確認されている。横須賀城でも、ひび

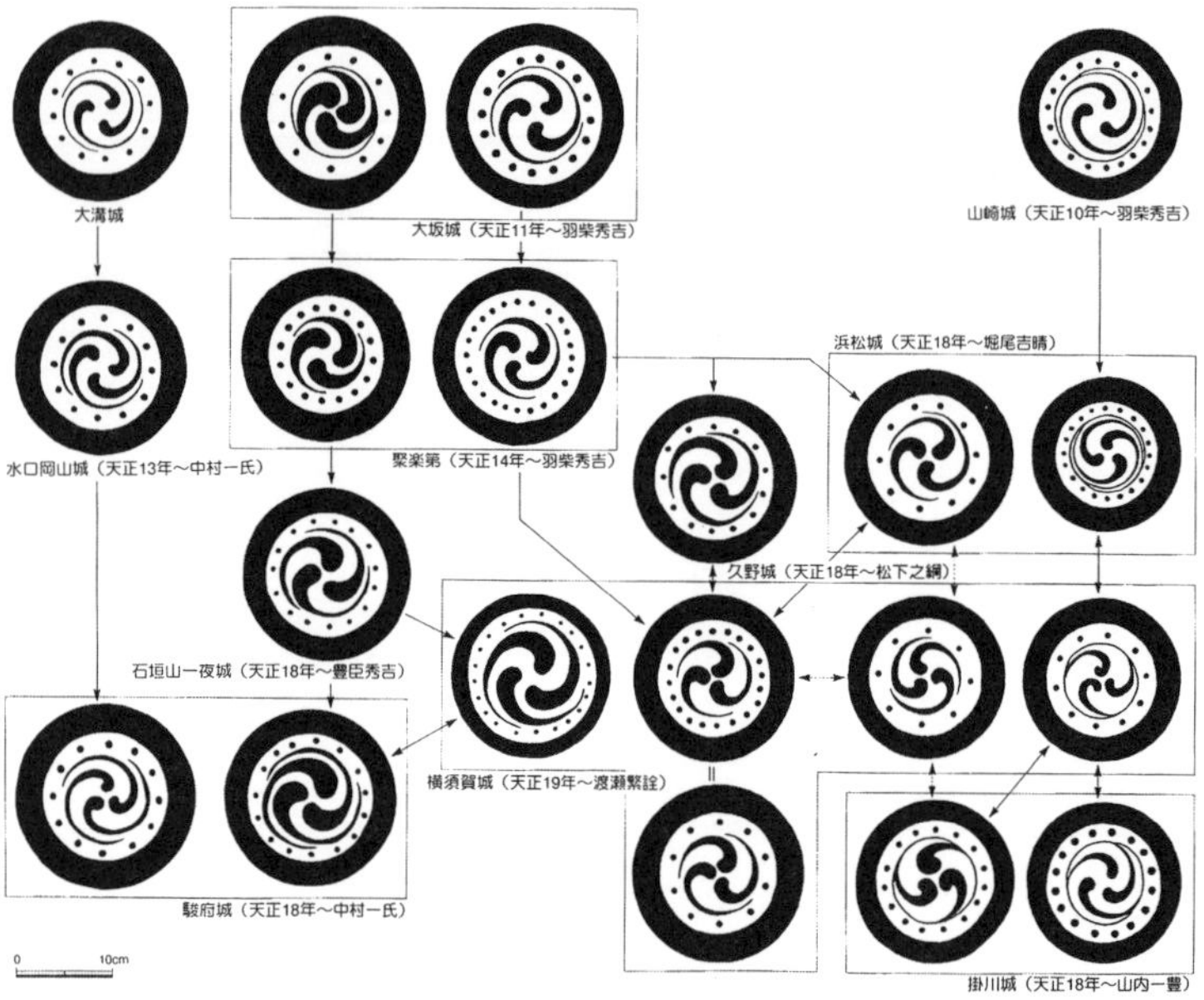

図1　県内出土豊臣期軒丸瓦相関図

割れを補修して使用した瓦が確認された。横須賀城では、同一版木によって、二種類の瓦当文様を造り出している。版木の連珠の部分をあらかじめ埋めておくことによって、連珠紋が二〇個のものと、一〇個のものを造ったのである。

極端に三つ巴紋が太いモチーフは、駿府城・横須賀城で出土している。この瓦については、現時点では横須賀城と駿府城でしか確認できない。まったく同型ではないが、両瓦ともかなり使い古された版木によっており、文様部が著しくシャープ差を欠いている。

これらの状況から指摘できることは、県内諸城郭の軒丸瓦の版木の少なさである。同一文様の版木の数が足りなかったためかは判然としないが、横須賀城においては、同種の軒丸瓦版木が二種類以上存在したとは考えにくい状況である。軒丸瓦のバリエーションは、駿府城が四種類、浜松城が三種類、横須賀城が四種類、久野城が二種類、掛川城が二種類である。ただ、横須賀城がかなりの部分の発掘調査を実施しているが、掛

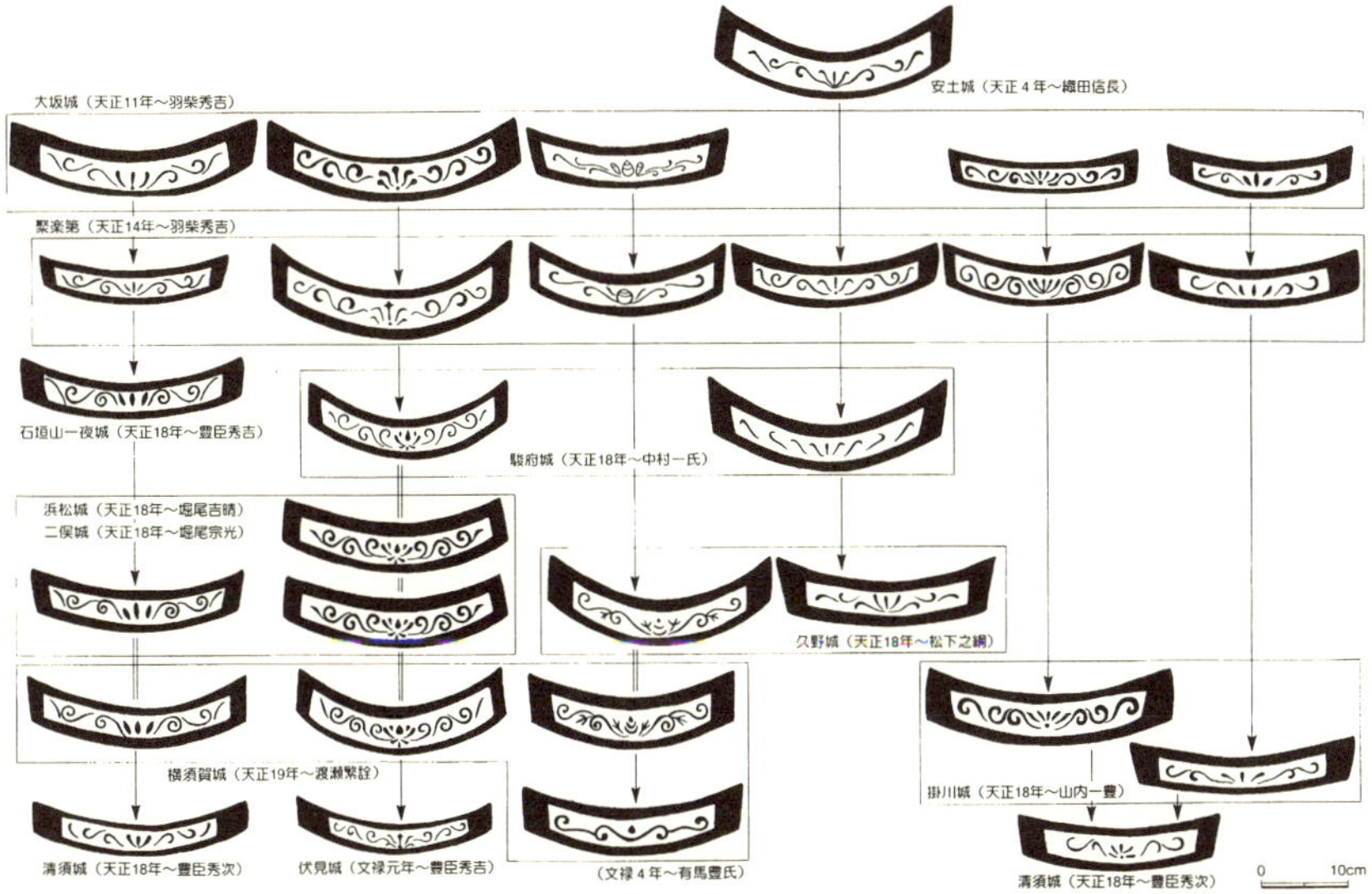

図２　県内出土軒平瓦相関図

川城を除く他の周辺諸城郭は、豊臣期と推定される個所の発掘調査が少ないため、現時点で単純には比較できない。

三葉紋を中心飾りとする軒平瓦は、浜松城と横須賀城で同型の瓦が出土している。また、掛川城でも三種類が確認されている。いずれの瓦も、脇飾りの均整唐草紋が二反転のみで、飛び唐草が見られない。同一系譜に位置することは間違いなく、掛川城がより新しい要素の瓦と考えられる。その他、三葉紋を中心飾りとする瓦は、駿府城、久野城でも出土しているが、これらの瓦は系譜を異にする瓦ではあるが、豊臣系の範疇におさまる瓦でもある。

五葉を中心飾りにした軒平瓦は、駿府城・横須賀城で同型の瓦が出土している。また、浜松城・二俣城から、同型と考えられる瓦が出土しているが、両瓦の中心飾りは不明である。そのため、確実に同型とは言えないが、脇飾りの均整唐草紋が同一である。仮に中心飾りが異なっていたとしても、同一系譜上にある瓦には間違いない。

変形三葉紋を中心とする同型と推定される軒平瓦が、久野城と横須賀城から出土している。中心飾りが不明で確実とはいえないが、均整唐草紋と接続点にある子葉が同一であるため、ほぼ同型の瓦と考えて間違いないと思われる。

以上の共通点を簡単にまとめると、駿府城・横須賀城・浜松城・二俣城・久野城で同型の瓦が出土し、掛川城は、同型こそ認められないが、同一系譜に位置する瓦が出土していることになる。

三　瓦から見た豊臣政権の介入

なぜこのように、豊臣配下の県内城郭の城から、共通の文様を持った瓦が出土するのであろうか。同一系譜のものについては、豊臣系の瓦ということで括ることは出来よう。しかし、同型となると、話はまったく別問題である。同笵もしくは、同型となると、小丸城・坂本城・勝龍寺城という、かなり離れた地域での使用が確認されている。これは、瓦そのものの絶対数が不足しており、さらに城郭専用瓦が普及していない天正前半期の事例で、寺院の瓦を転用したために起こった特異な事例としての判断が可能である。その他、安土城・松ヶ島城・大溝城の事例、岡山城・下津井城の事例等があるが、これらは、一族間・主家と家老という極めて強い結びつきの元で起こった事例であり、県内諸城郭の事例とはまったく異なる状況である。

同型を示す各城郭と強い結びつきを示す共通点は、存在しない。唯一の共通点といえば、前述のように豊臣配下の武将ということのみである。豊臣配下であったために、起こった現象として捉えればまったく問題はない。また、石垣山一夜城と同型が存在することも説明がつくのである。豊臣配下であったために、特別に起こった現象とするなら、かなりの部分の説明が容易になってくる。

大きな問題点の一つは、版木の不足も含めて、瓦の絶対数の不足の中、石高に関係なく県内諸城郭が瓦葺き建物を採用している点である。家康の関東移封に伴い、家康旧領の内、駿河・遠江に入封した武将達の居城は七城である。西から浜松城、二俣城、久野城、横須賀城、掛川城、駿府城、三枚橋城である。うち、二俣城と三枚橋城が支城となっている。この七城の中で、最も石高の少ない久野城主松下之綱は、わずか一万六千石である。少ない石高で、居城の大改修と瓦葺き建物の構築は、経済的負担の上でかなり厳しかったはずである。その上、支配が未浸透の新領地という負担までが付いている。新領地に配置された場合、城郭の整備より支配権の確立、浸透が最重要課題である。支配権の確立もまたず、住民に多大な負担をもたらす居城の改修に一斉に乗り出した裏には、何らかの緊急を要する要件があったからに違いあるまい。

当時、瓦は非常に希少なもので、それを焼く工人集団もまた絶対数が不足していた。そのため、秀吉の京都の邸宅聚楽第でさえ、周辺の寺院から瓦を運び金箔を貼ることによって、聚楽第専用瓦としている。こういう状況の中で、県内諸城郭が一斉に瓦葺き建物を採用したということは、豊臣政権から何らかの命令があったために実施したとしか考えようがない。

その命令の一端を、県内諸城郭の瓦の瓦当文様の同型から推定することができる。まず、県内においても瓦・版木の絶対数の不足を指摘することができる。横須賀城や久野城に見られる木目の浮き出た瓦は、版木の古さを物語っている。同様に、シャープさを失った均整唐草紋の軒平瓦も同様のことが推定される。また、同一版木を使用しながら、文様部を埋めることで、二タイプを作り出す工夫も版木の不足のなせる技であろう。おまけに、ひしゃげた瓦を使用したり、ひび割れたものを補修して使用したりしている。瓦そのものが、貴重であったために起こった一連の出来事である。

この瓦不足の中で、県内七城郭をどのように一斉に瓦葺きにしたのであろうか。それを解く鍵が、同型瓦なのである。軒丸瓦・軒平瓦ともに豊臣系の瓦ということは、前述の通りである。特に、石垣山一夜城と同型の瓦が多く、強い石垣山一夜城との関連が伺える。石垣山城、駿府城に共通する特徴を持つ軒丸瓦や、石垣山城、浜松城と共通するものも見られる。その他の瓦を含めてモチーフの系譜を探っていけば、聚楽第・大坂城、ひいては姫路城と播磨周辺域にまで遡る。駿府城、久野城の中に、若干安土城の影響を受けたと推定できる瓦も含まれてはいる。安土城の影響については、まとめでふれることにしたい。

その瓦を含めたとしても、県内の豊臣系の城郭の瓦には、相互間で関連があり、何らかの媒体を通して普及したと思われる。瓦や版木そのものが、豊臣政権からの支給品であったため同型となったのか、共通の工房もしくは工人集団の手によったためなのかは判然としないが、どちらかの可能性が非常に高い。いずれにしても、領国を越えてのことであるため、各領主が独自の采配で実施したのではなく、豊臣政権の命令によって実施したとするのが妥当な線であろう。言うなれば、駿河・遠江配置武将間の協力体制によって瓦葺き建物を構築したということである。

駿河・遠江配置武将達の協力体制（三河も含む）によって実施された事業に、大坂城や伏見城の普請がある。豊臣政権が普請を命じる場合、大部分が領国単位による場合が多かった。従って、駿河・遠江の各武将達が協力体制をしくことが多くあったということでもある。まず、『駒井日記』文禄三年正月廿日・正月廿三日に大坂城の普請割りの様子についての記述を見てみたい。

正月廿日

正月廿三日

一　大坂御普請割之様子、

一　太閤様（豊臣秀吉）御普請割之内、一組之分

伏見之丸（三の丸か？）之石垣
高弐千人下　　一、千二百人　　山内対馬（山内一豊＝遠江掛川城主）
同惣構堀
大坂惣構堀
高千三百人下　　一、七百八十人　　渡瀬左衛門佐（渡瀬詮繁＝遠江横須賀城主）
此三ヶ所ェ三に分而被抑付由。
関白様（豊臣秀次）御家中衆之内
高六百人下　　一、三百六十人　　松下石見（松下之綱＝遠江久野城主）
池田三左衛門（池田輝政＝三河吉田城主）
堀帯刀（堀尾吉晴＝遠江浜松城主）
高六千人下　　一、三千人　　中村式部少輔（中村一氏＝駿河駿府城主）
山内対馬（山内一豊＝遠江掛川城主）
松下石見（松下之綱＝遠江久野城主）
合五千三百四十人
田兵太（田中吉政＝三河岡崎城主）
中式少（中村一氏＝駿河駿府城主）
伏見之石垣請取候也。
其内堀帯刀者、大仏かかり可被申由。

正月廿日の記載については、伏見之石垣普請を池田輝政、堀尾吉晴、山内一豊、松下之綱、田中吉政、中村一氏の六武将が請け負ったことがわかる。おそらく、この六人の家臣達が協力して築いたと推定される。正月廿三日の記載に、横須賀城主渡瀬詮繁の名が見られる。ここでは、石高によって動員人数が分かれており、石高に応じた動員制を採用していたことが判明する。ちなみに、横須賀城主渡瀬詮繁の動員人数は、久野城主松下氏の約二倍、掛川城主山内氏の約二分の一、駿府城主中村氏の約四分の一という割合である。動員人数にこれだけの差があるということは、石高にそれだけの差が存在していたということでもある。それにも関わらず、駿河・遠江の各武将達が同一の瓦を使用している。その理由は、いったい何なのであろうか。

おそらく豊臣政権が、駿河・遠江という国を重要視していたために起こった現象と考えられる。天正十八年以降、豊臣政権が両国を重要視する理由は、一点しか見当たらない。それは、徳川家康の存在である。山崎の合戦において、明智光秀を破り、織田政権の実質的後継者となった秀吉であったが、常に対徳川に心を砕いている。天正十二年、反秀吉勢力の中心的存在である織田信雄と徳川家康が同盟し、小牧・長久手において衝突する。和睦という形で決着を見るが、秀吉にとって家康は、政権を脅かす存在として認知されたに違いない。翌年、秀吉は人臣最高位の関白に就任し豊臣の姓を受け、政権を確実なものとした。秀吉は、統一政権をより確実なものとするためには、家康の臣従が不可欠と考え、再三上洛を要請している。しかし、家康は要請を拒否し続け、自立の姿勢を崩すことはなかった。そこで、秀吉は実妹旭姫を強制離婚させ、家康に嫁がせた。さらに、実母大政所を旭姫の見舞いと称させ、岡崎へ送り込む。これにより、さすがの家康もついに折れ、大坂城で臣従の礼をとることになる。臣従の礼はとったが、家康は三河・遠江・駿河の東海三国にあわせ、甲斐・信濃の五カ国を領有する大大名で、豊臣政権の強敵であった。

この徳川家康を封じ込める最大のチャンスが小田原合戦であった。天正十八年、後北条氏を滅ぼした論功行賞によって、家康は三カ国加増され関八州の太守となった。これにより、家康は関東に封じ込められることになった。小田原戦後の奥州仕置きによって、伊達政宗が豊臣方となり、文字通り家康は、四方を豊臣方の武将に囲まれてしまうのであった。封じ込めるだけでは、安心出来ない。秀吉にとって、徳川家康は豊臣政権を脅かす最も危険な存在であった。

仮に反豊臣の旗を揚げ、家康が上洛をめざすとすれば、当然東海道・東山道を西進しなければならない。そこで、秀吉は家康関東移封と同時に、東海道・東山道沿いに配置した配下の武将に居城の大改修を命じたのである。秀吉が、家康領と接する国を重要視していた文献が若干存在している。一通は、甲府城主加藤光泰が浅野長政に宛てた遺書で「…甲斐国の儀かなめの処、其上御国端に候…」とあり、甲斐国は、豊臣領の東端に位置する重要拠点であることを訴えている。また、同じく加藤光泰が、家老に宛てた居城改修命令の督促状には「…上様御存分に申付候。…」とあり、秀吉が思う通りの築城工事の許可を与えたとも、秀吉から特に堅固な築城を言い渡されたともとれる内容になっている。いずれにしろ、秀吉が徳川領と接する甲斐国を重要視していたことを、示す文書であることには間違いない。当然、徳川領と接する駿河、信濃も同様な状況であったと思われる。

秀吉が、特に重要視していた東海道筋の城郭から、前述のように同型の瓦が出土する意味は、対徳川戦略であった可能性が高い。本来なら、個別で築城工事を進めるのが当然のことである。ところが、政権の脅威となる徳川家康を一刻も早く封じ込めてしまいたい。そこで、対徳川という大きな命題のもと、東海道筋の豊臣系武将達が大坂築城工事のような、共同作業によって築城工事を実施した姿が浮かび上がってくるのである。

瓦及び工人集団が少なかったために、遠江・駿河の居城から同型瓦が確認されるということもあるだろうが、石高によってあれ程の動員人数に差が存在しているのである。一〇倍程の石高差がある久野城と駿府城が、ほとんど同系の瓦を使用している理由としては、絶対数の不足は理由としては弱すぎないだろうか。一万六千石なら、無理して当時最新の瓦葺き建物を採用する必要もあるまい。それでも、あえて瓦葺きに固執している。これは、豊臣政権からの強い命令や全面的バックアップがあったからこその産物とするのが、最も妥当な考えと思われる。命令なりバックアップがあったからこそ、秀吉の石垣山一夜城と同型の瓦が、横須賀城・駿府城・浜松城から出土するのであろう。秀吉自らの居城と同型瓦が居城に使用できる。秀吉からの、特別な恩恵によって実現したとしか考えようがない。

さらに、特別な恩恵が東海道筋の各武将達には与えられていた。それは、「朝鮮渡海」・「名護屋在陣」の免除である。秀吉は、小田原征伐・奥州仕置の直後であることを意識し、東国の武将達の軍役を軽くし、西国の武将達の軍役を重くするという措置をとっている。この時の軍役は、軽い奥州武将でも一万石に対し約二百人であった。従って、駿河・遠江で最も石高の高い中村一氏は、本来約三千人以上の負担があったはずである。三千人以上の家臣を連れ、名護屋へ陣を敷き、さらに朝鮮へ渡海する。それ全てが免除されたのである。軍役免除という恩恵は、東海道筋の武将達に、はかりしれない程の余裕を与えたはずである。

「山内家文書」に、秀吉が長さ十八間・幅六間の軍艦造成を山内一豊に対し命じた朱印状が残されており、朝鮮渡海を免じられた武将達には軍艦造成等の使役があったことが伺える。しかし、家臣を連れての朝鮮渡海に比較したら、軍艦造成等は無いに等しい使役であろう。軍役免除は、豊臣秀次が留守居役であったため、関白様御家中衆の東海道筋の武将も同様に免除されたという。この間秀吉は、留守居役の武将達に伏見築城工事を命じている。だが各武将達は、伏見築城工事に、ほとんど手を付けず、自らの居城の改修工事を実施している。では、秀吉の命令を無視してまで続けた居城改修には、どのような意味があったのだろうか。時の最高権力者の命令を無視し、居城の改修をするということは、敵対準備に他ならない。豊臣政権が、このような暴挙を許すはずもない。従って、居城の改修は豊臣政権からの強い命令があったからこそ、最優先で進めたとしか考えようがない。なぜ、東海道筋の居城の大改修を、全てに優先して実施する必要があったのだろうか。その理由は、一つしか見当たらない。関東に封じ込めた家康の西上ルートを確実に押えるためである。併せて、当時の最先端の技術力を使用した近世城郭を出現させることで、豊臣という天下政権が誕生したことを、家康旧領の人々に知らしめる目的もあったと推定される。

秀吉は、信長の後継者たる地位を天下に知らしめるため、大坂城という豪華絢爛な城を築いている。また、正親町天皇を迎えるという目的だけで、聚楽第という壮麗な建物を都に出現させ、人々の度肝を抜いている。視角から訴える、秀吉の常套手段の一つである。信長の後継者争いで一歩リードしたのは、山崎の合戦で謀反人明智光秀を破ったからである。その、山崎山に誇らしげに城を築いたのは、城を見るたび明智征伐は、秀吉の手柄であると訴えることを目的としていたとしか考えられない。また、陣城である石垣山城や肥前名護屋城にまで、天守建築を構築する。出自の卑しい秀吉は、譜代の家臣も居なければ、頼るべき親戚縁者も武士ではない。自らの手によって豊臣政権を安定政権にするしかなかったのである。

旧徳川領に豊臣新政権の発足と安定を訴えるには、支配の中心である居城の近世化が最も効果的と判断したのではないだろうか。今まで、見たこともない建物に住む支配者。徳川は関東に追いやられ、変わって入封してきたのは、見たこともない壮麗な建物に住む大名である。領民達に新時代の到来を告げるための築城工事でもあった。秀吉が、居城の大改修を命じたのは、徳川家康の西上ルートを押えることが最重要のポイントであったことは間違いない。併せて、豊臣政権の発足と安定を視角によって訴えようとしたのである。居城大改修は、一石二鳥の目的を持っていたのである。その目的を最も早く達成するために、朝鮮渡海の免除があり、さらに、最新鋭の技術であった瓦製作についての共同作業が想定されるのである。

四　石垣の構築

豊臣系大名によって築かれたと考えられる石垣は、浜松城・二俣城・掛川城・横須賀城・三枚橋城で確認されている。駿府城は、後世の改変が著しく、中村時代の石垣は未確認である。久野城は、発掘調査結果及び現状からも石垣が使用されなかったことが確実で、瓦の使用はあるものの石垣は存在しない城だったのである。石垣の存在する五城にしても、総石垣の城は存在せず、部分によって使い分けがなされている。

浜松城は、天守曲輪及び本丸周辺にのみ石垣が採用されている。天守曲輪は、南側を除き鉢巻石垣となっている。最も高い部分では約七ｍを測るが、平均すれば三～五ｍ程となる。二俣城は、天守台及び本丸虎口部分に限られている。高さも約四ｍが最高部分となる。掛川城は、天守台・天守下門脇・三の丸虎口部分と石垣は極端に少ない。だが、天守台北側は、約一〇ｍと高石垣が採用されている。横須賀城は、天守台と本丸南面、門周辺部とやはり、重要部分のみの石垣の使用である。三枚橋城については、天守台のみが調査で確認されただけで、他の状況は判然としない。

瓦の状況と異なり、石垣構築はまったく様相が異なる。秀吉の大坂築城の割普請では、遠江・駿河・三河の大名たちが石垣の共同普請を実施している。だが、県内の石垣を比較する限り、共同作業での構築は見られない。

瓦と石垣を比較した場合、最も異なるのが石材の調達であろう。瓦は、粘土と版木さえあればどこでも製作可能である。しかし、石垣は石材（石切場）が調達できなければ構築できないのである。また、石材運搬も、技術と労力を要した。前述の石垣使用箇所を見ると、重要部分のみの使用で、西国のような総石垣の城は見られない。これは、石材供給地の少なさが原因と考えられる。事実、領内に石材供給地が存在しない久野城では、石垣は構築されていない。

また、横須賀城では、領内の小笠山周辺域から丸石（河原石）を運び、まるで古墳の石室のような石垣を築き上げている。浜松城・二俣城では、浜名湖北岸に産出する圭岩を石垣に利用している。非常に脆い石材で、石垣には不向きであるが、領内からの産出石材が圭岩しかない状況では、仕方なかったのであろうか。

いずれにしろ県内城郭の石垣採用箇所は、街道に面する場所と、天守・門という重要箇所のみに優先使用されており、極めて視覚を意識した使用であることが看守される。

秀吉の大坂城は、信長の後継者という地位を示すためや豊臣政権の権威付けのために築かれたシンボルタワーであった。豊臣系大名たちは、秀吉の大坂城を見本として、地域支配の拠点として瓦・石垣・天守などの最新技術を駆使した城を築き、豊臣政権による安定支配を視覚から訴えようとしたのである。そのため、主要街道に面した部分と重要箇所に石垣を採用し、あたかも西国城郭のように総石垣の城に見えるような工夫を凝らしたのであろう。県内に配置された豊臣系大名は、割り普請で石垣構築を割り当てられており、構築に関わる技術者や構築に対する基礎的知識は持ち合わせていたはずである。それにも関わらず、総石垣の城が存在しないのは、石材調達が困難を極めたとするのが妥当である。少ない石材を有効利用したために、重要箇所や見栄えを意識した石垣使用となった可能性が高い。石垣からも、瓦葺き建物導入と同様の目的が垣間見える。

まとめ

県内城郭出土瓦の文様構成や製作手法の共通点等から、豊臣政権の強い影響が明らかとなり、豊臣系大名による近世化が解明できた。また、石垣の使用も豊臣系大名の手によったことが判明してきた。

駿河・遠江諸城郭の瓦は、軒丸瓦が三つ巴紋、軒平瓦が均整唐草紋、コビキがAという共通点があった。文様構成は、秀吉の姫路城周辺の播磨にまで系譜を遡るのである。一族もしくは配下という共通項が存在しないにも関わらず、同型瓦が使用されているのは、対徳川に備えた共同作業の産物だったのである。

一部安土城に系譜を求めることも可能な瓦が存在する理由は、中村が水口岡山城、堀尾が佐和山城、山内が長浜城というように、旧領が近江ということが大きな要因ではないだろうか。さらに、彼らは豊臣秀次付きの宿老（関白様御家中衆）の身分である。秀次は、清洲城を居城としていたが、前任地は近江八幡山城である。この城は、焼け残った安土の建築部材を運び、城下町まで安土から移転している。近江に残っていた安土城を築いた技術を再組織したことも考えられないでもない。天正十八年といえば、畿内ではすでにコビキがAからBに転換し、五年程の歳月が過ぎていた。

家康の移封に伴って、駿河・遠江で大改修が実施された城は、七城である。七城全ての城の瓦をまかなうことは、無理だったのであろう。瓦を焼くということは、当時の最新技術だったはずである。たとえ、駿河・遠江全武将の協力体制がしけたとしても、やはり絶対数の不足は免れなかった。そこで、各自が独自に工人集団を把握する努力をしたことも想定しなければならない。また、対徳川戦略の一環である以上、秀吉からの協力があったことも考えられる。秀吉が、瓦に対して協力する近道は、自らの陣城として築いた石垣山一夜城の道具類等を特権として与えるとか、貸し出すことではないだろうか。それがあったために、石垣山一夜城と同型瓦が、駿府・浜松・横須賀各城から出土するのである。新領地で、工人集団を組織することも手段の一つであろうが、豊臣系武将達は、新領である旧徳川領には、瓦を焼くという技術が無いことも事前に解っていたはずである。従って、移封にあたり技術を持った近江からの工人を、政権からの許可を得て指導者として若干連れ出したことも考慮に入れる必要があろう。モチーフが播磨系、技術はコビキAという駿河・遠江各城郭の瓦は、石垣山城で使用された秀吉のモチーフを踏襲し、技術は近江から搬入したために起こった出来事とすることが、最も妥当ではないだろうか。いずれにしろ、瓦当文様の同型については、何らかの協力体制なり、同一工房の関与がない限り、認められない事象ではある。

豊臣政権にとって、政権を揺さぶる脅威は、絶対的武力を背景にした徳川家康と家臣団である。小田原征伐後の後北条氏滅亡というシナリオの裏には、家康の関東封じ込めがすでに盛り込まれていた。関東に封じ込めることに成功した秀吉は、自らの居城の割普請と同様に、駿河・遠江各武将の協力体制で、その西上ルートの封鎖にかかったのである。最新鋭の城を築くことは、家康の西上を遅らせるための手段と共に、豊臣政権の成立を家康旧領の人々に知らしめる意味も持っていた。こうして、天正十八年の豊臣系大名の入封によって、駿河・遠江各城郭が、天守・石垣・瓦葺建物を持つ近世城郭に生まれ変わったのである。

《参考文献》

竹内理三編　一九八一　『増補続史料大成　家忠日記』臨川書店

高槻市教委　一九八四　『摂津高槻城本丸跡発掘調査報告書』高槻市教育委員会

若林淳之他　一九九二　『静岡県史　資料編9近世一』静岡県

村上　直　一九九二　「豊臣氏の甲斐支配と甲府」『甲府史市　通史編第二巻近世』甲府市役所

加藤理文　一九九三　「東海地方における織豊系城郭の屋根瓦」『久野城Ⅳ』袋井市教育委員会

加藤理文　一九九四　「豊臣政権下の城郭瓦」『織豊城郭』創刊号

中井　均　一九九四　「織豊系城郭の特質について―石垣・瓦・礎石建物―」『織豊城郭』創刊号

木戸雅寿　一九九四　「安土城出土瓦について」『織豊城郭』創刊号

戸塚和美　一九九四　「掛川城出土の瓦について」『織豊城郭』創刊号
山本宏司　一九九四　「駿府城出土赤瓦について」『織豊城郭』創刊号
加藤理文　一九九五　「石垣の構築と普及」『織豊城郭』第三号
加藤理文　二〇〇三　「瓦の普及と天守の出現」『戦国時代の考古学』高志書院

二元政治下における「駿府」
――人と情報の結節――

鍋本　由徳

はじめに―問題の所在―

本稿は、十七世紀初頭、いわゆる「二元政治」期における駿府の位置づけを、東西結節の視点から解明しようとするものである。

日本は一般的に「東日本」「西日本」と大きく二分される傾向がある。その二分法を、十七世紀日本、殊に慶長・元和期「二元政治」における大御所家康・将軍秀忠の支配区分論に適用させる見解がある[1]。そこで示される東西区分では、おおむね「家康は越中・飛騨・美濃・三河・遠江・駿河・伊豆以西、秀忠は越後・信濃・甲斐・相模以東」とされる[2]。この区分は「家康＝西国支配、秀忠＝東国支配」の構図をより明確にした点で評価されるものであるが、必ずしも学界での定説ではないものといわざるを得ない[3]。

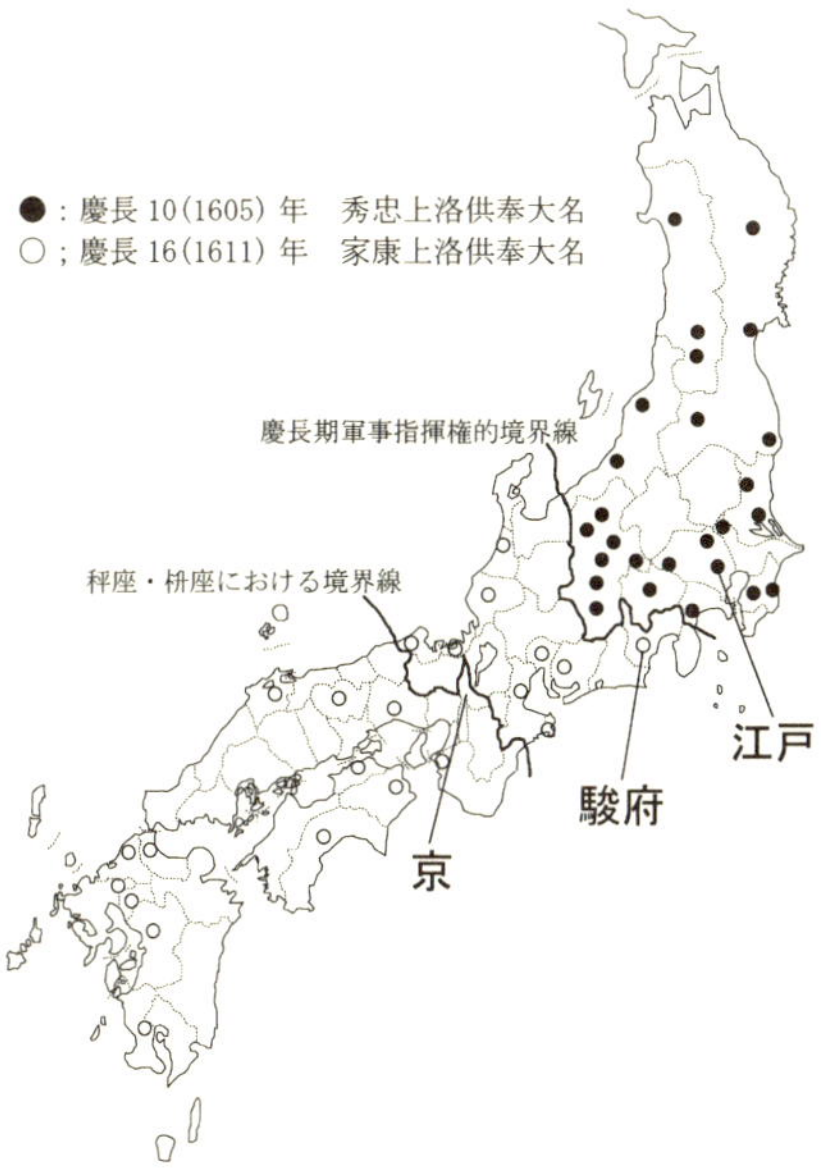

図１　近世初期における東西区分

　ところで、日本を東西に区分することは、現代特有のものではない。たとえば、寛文期の秤座・枡座の境は制度として確立した東西区分であり(4)、また史料からも、史料一にみられるように、十八世紀に成立した地方書である『地方凡例録』において、「関東・関西」の区分に関する記述がある(5)。

【史料二】

関東《クハントウ》・関西《クハンザイ》と分るハ、往古は逢坂の関より東三拾三国を関東とも坂東《バンドウ》とも云ひ、同く関より西三拾三国を関西と唱えし処、逢坂の関廃絶して今ハ箱根の関より東常陸国《ヒタチノクニ》まで八ヶ国を関東と唱へ、当時上方筋・関東筋と国々を分け取扱ふにハ左の如し、

関東方ハ　武蔵　相模《サガミ》　上野《カウツケ》　下野《シモツケ》　上総《カツサ》　下総《シモフサ》　安房《アハ》　常陸《ヒタチ》

　外に　伊豆《イヅ》　甲斐《カイ》　陸奥《ムツ》方今五国に分る　出羽《デハ》方今二国となる

　此四箇国を入て拾二箇国を関東方といふ、

上方ハ　山城《ヤマシロ》　大和《ヤマト》　河内《カハチ》　和泉《イヅミ》　摂津《セッツ》

　外に　近江《アフミ》　丹波《タンバ》　播磨《ハリマ》

　此三箇国を入て上方と唱へ、五畿内三州といふ、

右之外東海道筋《スジ》・中国筋・四国・西国・北国筋ともすべて上方筋と唱へ、上方・関東と二ツに分るときは、右の拾二箇国ハ関東方と云ひ、其外の国々は都て上方筋と云て取扱ふことなり（後略）

これらから理解すべきことは、東西区分は、政策レベル、国郡制レベル、時期によってさまざまな見解が存在していることである。

　そこで、本稿では「東西」を次のように設定することとする。まず東は「関東」を、そしてその西方を「西国」と

設定し、時期を十七世紀初頭に置き、かつ「関東」と「西国」との境目として駿河国を置く。より具体的に示せば、家康駿府入城期から秀忠死去、すなわち二度の「二元政治」の幕政動向を背景にしながら、「関東」と「西国」との境目にある駿府の政治的位置づけを把握することを本稿の目的とする。

一　人や情報の集積地としての駿府

家康・秀忠「二元政治」における駿府は「家康隠居地」として把握される。たとえば、『黒田家譜』に「家康公去年既に駿府の城地を御巡見有て、今年四月より駿府《すんぷ》の御城を築き給ふ。七月三日駿府の御城成就しければ、家康公御移徙《わたまし》あり。是より以後駿府に御在城、即是御隠居所なり。」とあるように[6]、家康の隠居に対する認識は、十七世紀後期には既に一般化していたと思われる[7]。その一方で駿府は、慶長十四（一六〇九）年以後、駿河・遠江両国を領有する徳川頼宣の居城でもあった事実を忘れてはならない。しかし、当該期の駿府城は家康の居所として強く意識され、後述するように、諸大名・公家をはじめ、さまざまな人物、情報などが結集する場として位置づけられたのである。

では、駿府の政治的位置づけについてみてみよう。当時の幕政が大御所家康と将軍秀忠の二者によって運営されたことは、既に知られていることである。しかし、その分析は法令発布の主体、あるいは軍事指揮権の範囲に焦点があてられており、移動する大名や公家たちの意図から導かれるものではなかった。以下、大名・公家・外国人による駿府伺候に着目していくことで、東西の結節としての駿府をみていくこととしよう。

1　武家・公家の駿府伺候

武家の駿府、江戸への伺候は、大名の意思のみならず、家康の意向によって左右される場合があった。史料二は『譜牒餘録』にある中川久盛の事例である。(8)

【史料二】

私祖父中川内膳正久盛十四歳の時、慶長十二丁未年、内膳正父修理大夫秀成召れ、駿府江罷下候之処、先台徳院様〈徳川秀忠〉江御目見可仕之旨依上意、江戸江致祗候、台徳院様江初而御目見仕候之處、官位被仰付名を内膳正と改可申旨上意被成下、其上御盃致頂戴、来国光御腰物拝領仕候、其後駿府江致祗候、権現様〈徳川家康〉江御目見仕候、官位名を改候ニ付鬼栗毛と申御馬一疋拝領仕候、以上

ここからわかることは、久盛はまず駿府の家康へ伺候したが、家康から「先台徳院様江御目見可仕」と、先に江戸へ伺候するように命ぜられたことである。つまり、久盛には駿府伺候を先行させる意図があったが、家康によって江戸伺候が優先されたのである。(9)

このような武家の動向は、争論でも見ることができる。一例を挙げれば、慶長十五（一六一〇）年、越後国堀忠俊の家老同士の争論では、堀忠俊室の実父本多忠政が「婿ノ忠俊カ家臣諍論ニ及ハヽ、主ノ忠俊カ身上危カラン事ヲ慮テ、本多上野介正純、安藤帯刀直次、成瀬隼人正正成等ト相議〆、」と、江戸ではなく、家康の出頭人である本多正純へ相談を持ちかけている。(10)これは忠俊の室が家康養女であったことによる。この争論はその後、家康・秀忠両御所の御前で裁許されており、表向きは将軍の立場を尊重した形となっている。(11)

次に、江戸からの使者はどうであろうか。家康と秀忠の間で頻繁に江戸・駿府を往復していたことは、その行動から明らかであるが、幕府が懸案を抱えた場合、その多くは江戸から駿府へ使者が派遣され、駿府から江戸へ向かうことはないのが通例である。次の史料三は、慶長十四（一六〇九）年、若狭国京極忠高家中の不行跡の処理に関する記

事である。(12)

【史料三】

去比より若狭国古京極宰相（京極高次）息男（忠高）家中之者共、無貨次任雅意由有其聞、依之自江戸以使者可被改と也、彼使者は鵜殿兵庫と云者也、去月下旬に江戸御出、是皆駿府より依下知給也、宰相は当年夏、於駿府頓死、息男は在江戸成けれとも、将軍息女若狭にましまし依為聟、父被相果し時、則若狭江被帰国

この記事に出てくる鵜殿兵庫は秀忠付家臣であり、駿府の家康の指示を受けた上で、江戸より駿府へ向かうことになったという。そして、京極忠高は在江戸であったが、処理については家康の指示を受けていることが窺える。その他、慶長十八（一六一三）年、家康の娘婿にあたる池田輝政が死去し、遺領相続については江戸から土井利勝が江戸よりの使者として派遣された例がある。(13) 次の史料四は、池田家の記録である『池田家履歴略記』に記されたものである。(14)

【史料四】

右京（若原右京）主殿（中村主殿）兼々奢侈にして仕置も宜しからすと聞へけれは神君（徳川家康）甚御怒有て安藤右京進（対馬守重信）・村越茂介（村越直吉）両人使士として姫路に来、時に二月十五日也、池田の御一族并老臣物頭共に列座にて右京主殿御不審之義共御穿鑿あり（中略）其時丹羽山城入道廣人先祖末座より進み出、上意の御前にて高声無礼也と叱す、右京眼を見でし何徳入無礼とは何事そ、故殿御在世に我等に対し左様の言いはるへき哉、今更指出我等を折檻たてこそ無礼と云、丹羽言葉なく引退、右京申ひらきは右のことく、悉く立たれとも、国政のため始終然るへきものならすとて、将軍家（徳川秀忠）より播州御改易也、主殿も同罪なり

仕置の使者として、江戸から安藤重長、駿府から村越直吉が派遣されたが、彼らの派遣は、池田家家老若原右京・中村主殿の不行跡を糺すためであるとされ、そして若原・中村両者の処分が秀忠によって行われた点が特徴で、将軍秀

忠の権力が徐々に西国へ浸透し始めていることを示唆する。しかし、その背後には江戸の使者が駿府へ向かったことからわかるように、駿府の家康が介在していることは想像に難くない(15)。

ところで、公家・門跡・豊臣秀頼使者など、在京・在大坂の者たちの動向はどうであろうか。彼らが幕府へ伺候する場合、その多くは歳首祝賀である（表1）。公家・門跡による歳首祝賀のほとんどは京都所司代板倉勝重への伺候となっており、駿府あるいは江戸へ使者を送る例がほとんど見られない(16)。ここで在京の者たちによる家康・秀忠の表現をみてみたい。次の史料五は『お湯殿の上日記』にある慶長十三(17)（一六〇八）年二月の家康・秀忠の記事である。

【史料五】

十六日。はるゝ。女御の御かたよりくさ

表1　公家・門跡・豊臣秀頼・徳川秀忠の幕府への歳首祝賀（慶長13年～19年）

年月日	場所	主　体	対象	備考（使者）
慶長13年正月１日	駿府城	徳川秀忠（名代）	家康	酒井家次
慶長13年正月２日	駿府城	豊臣秀頼（名代）	家康	織田頼長
慶長13年正月11日	京　都	公家・門跡	板倉勝重	
慶長14年正月１日	駿府城	豊臣秀頼（名代）	家康	使者不明
慶長14年正月１日	駿府城	徳川秀忠（名代）	家康	使者不明
慶長14年正月10日	京　都	公家・門跡	板倉勝重	
慶長15年正月１日	駿府城	豊臣秀頼（名代）	家康	伊藤治時
慶長15年正月１日	駿府城	徳川秀忠（名代）	家康	大久保忠常
慶長16年正月１日	駿府城	豊臣秀頼（名代）	家康	伊藤治時
慶長16年正月１日	駿府城	徳川秀忠（名代）	家康	酒井家次
慶長16年正月10日	京　都	公家	板倉勝重	
慶長17年正月１日	駿府城	豊臣秀頼（名代）※1	家康	薄田兼相・大野治房
慶長17年正月１日	駿府城	徳川秀忠（名代）	家康	本多忠朝・神尾守世
慶長17年６月20日	京　都	公家・門跡	板倉勝重	
慶長18年正月１日	駿府城	豊臣秀頼（名代）※2	家康	速見守久
慶長18年正月１日	江戸城	豊臣秀頼（名代）	秀忠	大野治房？
慶長18年正月１日	駿府城	徳川秀忠（名代）	家康	酒井家次
慶長18年正月９日	京　都	公家	板倉勝重	
慶長19年正月２日	江戸城	豊臣秀頼（名代）	家康・秀忠	薄田兼相
慶長19年正月10日	京　都	公家	板倉勝重	
慶長19年正月11日	京　都	摂家・門跡	板倉勝重	

注）本表は『朝野舊聞裒藁』をもとに作成した。大名の拝賀については除外。
※1 慶長17年秀頼からの名代参府について大野主馬助説があり（『家忠日記追加』）、『朝野舊聞裒藁』編者は「江戸への賀使なるや」との按文を付けている。
※2 慶長18年秀頼からの名代参府について駿府への使者が大野主馬助説（『慶長日記』）があるが、『慶長年録』では、訂正を施している。

のかちんまいる。するかのしやうくんよりねんとうの御れいとて。御むま。たちおりかみ。御はたいせんひきまいる。
廿八日。雨ふる。あさ御さか月まいる。ゑとのしやうくんよりねんとうの御れとて御さわしゝう御つかいにしん上。らつそくせんしやう。しろかね百まいしん上あり。

この記事は、朝廷が歳首の祝儀を受けたことを記しているが、興味深いことは、秀忠への将軍職移譲後も、朝廷・公家のなかでは、家康を〝駿河の将軍〟、秀忠を〝江戸の将軍〟と認識していたという点である。将軍職移譲後も、家康を将軍として表現する記事が見られる点からも、家康が持つ権限の強さを物語っているといえよう。[18]

最後に豊臣政権の主体者である豊臣秀頼についてみておこう。秀頼から幕府への使者派遣は、管見の限り慶長十三（一六〇八）年以降である点に特徴がある。なお、この年は家康が駿府城へ入って越年した最初の年にあたる。そして秀頼使者の伺候は駿府でとどまっており、慶長十八（一六一三）年頃まで江戸へ向かっていない。なお、慶長十八年の駿府・江戸への使者は、江戸へは大野治房、駿府へは速見守久が派遣され、同一の人物が駿府を経由して江戸へ向かっていない。[19]このようなことから、秀頼の意識は、将軍秀忠ではなく家康に向いていたと理解できる。

以上のように、国内の武家などがもたらす情報、幕府の情報は駿府を中心に集積され、そして各方面へと拡がっていくのである。

2　外国人からみた駿府・「駿府政権」

前項では国内の武家・公家などを対象にしたが、当時日本に滞在していた外国人はどのような動きを見せたのであろうか。次の史料六は慶長十八（一六一三）年、イギリス人ジョン＝セーリスがイギリス国王ジェームズ一世の書翰を携えて駿府へ伺候した時の記事である。[20]

【史料六】

予はイギリス風の礼式に従って、皇帝《（家康）》に進みより、予らの王の書翰を陛下に渡した。陛下はそれを手に取って、その額の方へいただき、彼の背後にかなり隔たって坐っていた通訳に命じて、船長アダムズをして、予に対して遠路ご苦労、ようこそ来られた、どうぞ一両日休憩せられよ。その間にイギリス国王への返翰ができるであろうといわせられた。次に彼（皇帝）は、予が江戸にいる彼《（秀忠）》の子息を訪問する意なきかを尋ねられたので、予はそのつもりであることを答えた。（中略）

［九月九日］予は皇帝の許可を得たい箇条書すなわち請願書〈箇条の数は十四……筆者注〉を彼に渡したが、彼はそれを簡単にすることを望んだ。［九月十日］箇条書が簡単にできたので、予はアダムズ君の手でこれを秘書官に送り、皇帝の手に渡された。皇帝はそれを快諾した。（後略）

この記事から、家康はセーリスに対し、江戸へ向かう意思の有無を尋ねている。[21] また書翰は家康が受領し、そのまま返書の指示を出したことがわかる。九月には家康に対し交易に関わる請願書を提出し、その件について即時に家康から許可を得た。セーリスはその後江戸へ赴き将軍に謁見したが、その時は儀礼的な挨拶にとどまり、商館の案件に直接関わることはなかったのである。

以上のように、外国人にとっても、当時の日本の政庁所在地は家康のいる駿府であり、江戸ではなかったのである。よって海外情報も駿府に集められていたのである。[22]

二　関東守衛としての「駿府」

1　駿府の地理的位置

前節では、人の動きから駿府が人と情報の結節地点であったことを政治的動向からみてきた。次に、駿府のあり方を地理的な側面から考えてみよう。駿府は、陸奥から薩摩までに至る列島のほぼ中間地点に位置する。そして、「気候温暖にして東南に久能山を置き、西に対しては大井川と堅城として知られる田中城、さらに宇都谷峠・日本坂の隘路を控えた東海道の要衝であり、大御所として今後の政局に当たるには絶好の地」と評価される地点である(23)。

そこで、前掲図1の慶長末期の軍事指揮権分布に着目すると、列島は東西に区分され、「駿府政権＝西国」「江戸政権＝東国」が成立するようだが、駿府はその範囲の東端に、江戸は西端に位置している点に注意する必要があろう。西国支配をするのであれば、

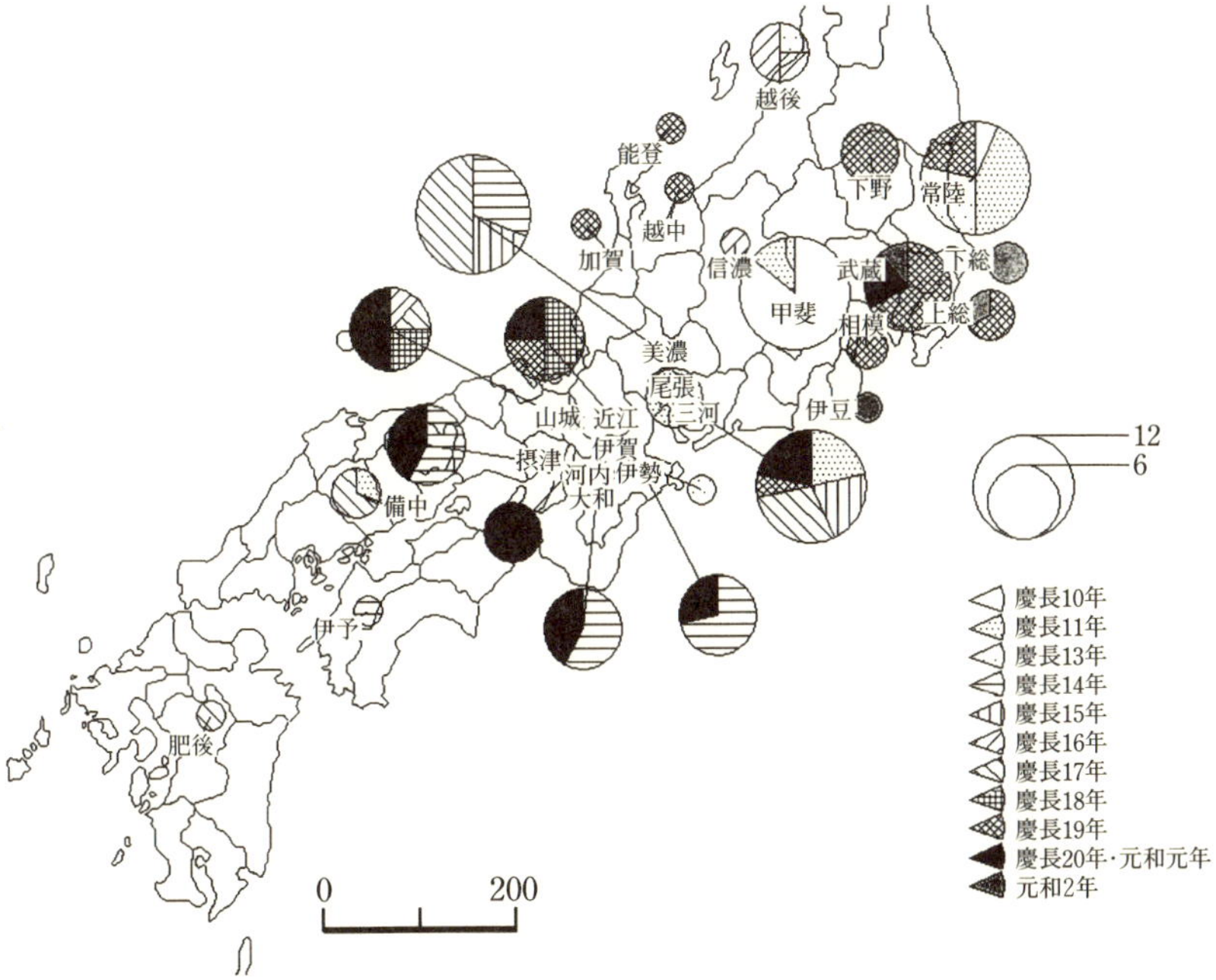

図2　大御所期家康知行宛行地域

なぜ駿府を中心にしなければならないのであろうか。この点を解明する上で、従来の軍事指揮権によって立論される東西区分論では説明しきれない。また、将軍家と武士との主従関係を示す領知宛行の観点に立っても、武家の領知を基準にした東西支配領域設定は適切ではないといえよう(24)（図2）。

ここで、将軍居所である江戸との関係から、駿府を捉え直してみたい。家康が駿府城へ入った後の慶長十四（一六〇九）年、駿河国田中城主酒井忠利は、武蔵国川越へ転封した。この理由として、『寛永諸家系図伝』には次のようにある(25)。

【史料七】

同十四年、大権現（徳川家康）、台徳院殿（徳川秀忠）に仰せけるハ、今《いま》より後御出馬《しゆつば》の時、江戸の常留守《じようるす》たるべきものは備後守なり、そのこゝろをもつて召《めし》つかハるべし、云々。是に依て九月、田中をあらためて又川越にうつり、二万石を領す。

この記事によれば、将軍秀忠が江戸を留守にする時に、江戸常留を任せるためであるという。この事例は、忠利を江戸城の留守居にするためには、駿河国ではなく、関東へ転封させる必要があったこと、言い換えれば、江戸城を直接守衛するためには駿河国ではなく、伊豆国を超えた関東へ入る必要があったことを窺わせるのである。このような状況から判断すると、伊豆国・駿河国は〝関東の西端に接する国〟として位置づけられる。なお、当該期の伊豆国は御料・旗本知行所で占められていることから(26)、伊豆国への入国は徳川領国へ入ることとほぼ同意義と理解でき、駿河国は、まさに関東守衛の〝障壁〟、つまり、西国牽制の関門として存在していたと想定できる。

2　徳川政権と豊臣政権との関係

徳川政権が全国政権として確立するための当面の課題は、豊臣政権の存在、そして豊臣恩顧大名の動向である。徳川政権は慶長十年代に、近江国彦根城、丹波国篠山城、同国亀山城、そして尾張国名古屋城を天下普請によって築城し、徐々に豊臣包囲網を構築していった[27]。近江国は慶長五（一六〇〇）年以降井伊氏が入っていたが、佐和山城を改めて譜代大名井伊直継が彦根城に入った。篠山城は山陰道の要枢に築かれて同じく譜代大名松井松平康重が入り、亀山城にはやはり譜代大名岡部長盛が入った。彦根・亀山両城は京を見据え、篠山城は山陰道への睨みであり[28]、いずれも譜代大名が配置された西端であり、西国の豊臣恩顧大名を牽制する性格を有していた。そして名古屋城は、慶長十二年以来尾張を領国とした家康九男徳川義直の居城として築城されたのである[29]。

これらの動向と、慶長十四年の頼宣駿府入城とを併せみると、これらの配置は、東西の境目を段階的に設定したということもできよう。すなわち、豊臣恩顧大名が東進し江戸へ向かうまでに、譜代大名を配置した畿内近国の諸城、次いで徳川一族の居城となる名古屋城、そして最後に家康がいる駿府城を超えなければ関東へ入ることはできないのである。

この点は、かつて豊臣政権が東海道筋に中村一氏、山内一豊、田中吉政らを配置した理由と正反対の見方となる。すなわち、豊臣政権が徳川氏の西進を抑える重要拠点として東海道を意識したことに対し、慶長後期の江戸幕府は、豊臣恩顧大名の東進を抑える重要拠点として東海道を抑えたのである。それゆえ、関東、ひいては江戸へ入る前の重要拠点であるとの認識から、家康自身が駿府に入ったのである。

以上のように、駿府は、全国政権的側面において幕政推進の中心地でありつつ、関東を守衛するための〝障壁〟として存在するという二面性を持っていたことがわかる。そのようなことから、前節でみたように、家康は西国から江戸へ向かう者の流れを一旦駿府で留めたのである。このことから、駿府を東西結節の地点として置いた理由が理解できるのである。

この状態は、大坂の陣を経て、家康が死去するまで維持されたが、家康死後「二元政治」が解消されるとともに駿府の意義が失われることを意味しない。幕政の中心地としての意味を失った後も、関東守衛の拠点としての意義はそのまま維持されることが期待されたと考えられるのである。

三　家康死後の駿府

先述したように、家康・秀忠「二元政治」期の駿府は、幕政推進の中心地であるとともに、地勢的に関東を守衛する性格を持つものであった。それは、豊臣政権の存続を意図する者の関東侵入を防ぐための〝障壁〟となったことを意味する。ところで、家康の死後、その性格はどのように変化したのであろうか。この点について、駿府に在城した大名や城番のあり方から探っていくこととしたい。

1　徳川頼宣の紀州転封と駿府

元和二（一六一六）年、家康の死去により、駿府にいた幕閣たちをはじめとした諸士は、江戸へ向かう者と、徳川頼宣のもとに残る者に分かれ[30]、幕府政庁としての駿府は消滅した。また、尾張藩主である義直は母子ともに駿府城を出て名古屋城へ移っていった。しかし、徳川頼宣が元和五（一六一九）年七月まで城主であった。その頼宣が名実ともに駿府城主となることは、頼宣が駿河・遠江領国の領主として独り立ちすることを意味する。しかも、その在城が家康の遺命であるとすることから[31]、家康は駿府藩を一藩として独立させ、家康死後も、駿府に徳川将軍家に近い一族を配置し続けようとする意図を見出すことができる。その点で、駿府の持つ性格は、家康の生前同様、〝関東守衛の障壁〃として西国を牽制し続けるものであったといえよう。

このことは、頼宣の紀州転封とその後の駿府のあり方から理解することができる。史料八は、頼宣の紀州転封に関する『南紀徳川史』所収の記事である。(32)

【史料八】

一夏　将軍家(徳川秀忠)台徳院殿に従て御上洛　将軍家安藤帯刀(安藤直次)に御内意ありけるは紀州は上方之要害之西国の咽喉の地也至親の人を被為置度被思召聞頼将年若しといへとも相応の任に被思召也然れ共駿府は　神君(徳川家康)御遺命の封国なれは御遺命に相違せるなりと心を残し恨を含るゝ事あらは国替之儀は難被仰出思召との御事也　公御答には当家の御ためにおゐて身命を不可惜と奉存上は駿府に心を残す事聊以無之如何様共、上意に任せて上方西国鎮守之事随分駑鈍を可尽由被仰上　将軍家御悦ありて五万石の御加増にて紀州に勢州の内を合て五拾五万石として被進

この記事から、広島へ転封する浅野長晟のあとに紀伊国へ入る大名として、頼宣付の安藤直次は主家である頼宣を推薦した。それに対し、当初秀忠は、頼宣を駿府に置いたのは家康の遺命であるとの理由から、頼宣転封に躊躇していたことを窺わせるのである。

頼宣の紀州転封が決定した結果、駿府城へ誰を入城させるかが次の課題となった。しかし実際には大名を配置することはなく、駿府城には遠江国横須賀城主松平重勝をはじめとした城番が配置され、以後、徳川忠長が入封するまで交替で駿府城を守衛することとなったのである。なぜ駿府城に城番を置いたのかは明確ではないが、秀忠に何らかの考えがあったと思われる。それは、以後の流れから、駿府には徳川将軍家あるいは一族を配置すべきであるとの秀忠の意図が想起されるためである。

2　徳川忠長の入城と秀忠の意図

頼宣転封後、駿府城には城番が入ったが、その後に入城した大名は家光の弟徳川忠長であり、やはり徳川将軍家の一族であった。家康死後の駿府に期待されたことは何であったのか。この点を解明するためには、秀忠・家光「二元政治」期の幕政状況と小田原との関係を踏まえていくことが鍵となる。

　まず幕政・駿府・小田原の関係を時系列でみてみよう。表2は、家康期から家光期までの駿府城と小田原城の城主を示したものである。駿府城と小田原城とが連動していることがわかる。つまり、駿府藩が成立していれば小田原城には城番が置かれ、逆に小田原藩が成立していれば、

【表2】　二元政治期小田原・駿府城入城者表

	家康	秀忠	家光	小田原	駿府	備　考
慶長10年				大久保忠隣	内藤信成	4月秀忠将軍就任
慶長11年						
慶長12年	家康・秀忠 二元政治期					家康入城7月
慶長13年					徳川家康	
慶長14年						頼宣入封12月
慶長15年						
慶長16年					徳川家康 徳川頼宣	
慶長17年						
慶長18年						
慶長19年						
元和元年				城　番		
元和2年						家康死去4月
元和3年					徳川頼宣	
元和4年		秀 忠 親 政				
元和5年						頼宣転封7月
元和6年				阿部正次	城　番	正次入封10月
元和7年						
元和8年						
元和9年						家光将軍就任7月
寛永元年						忠長入封8月
寛永2年		秀忠・家光 二元政治期		城　番	徳川忠長	
寛永3年						
寛永4年						
寛永5年						
寛永6年						
寛永7年						
寛永8年						
寛永9年						秀忠死去7月、忠長改易10月、正勝入封11月
寛永10年			家光 親政	稲葉正勝	城　番	
寛永11年						

駿府城には城番が置かれているのである[33]。

さて、幕政では、元和九（一六二三）年、秀忠は将軍職を辞して大御所となり、再び「二元政治」体制となった。そして翌寛永元（一六二四）年、駿府城に徳川忠長が入り、駿府城は再び大名居城となった。一方で小田原城は城番となったことが重要である。

このタイミングは将軍家の動き、すなわち秀忠の隠居地設定とに関係がある[34]。次の史料九は、寛永元（一六二四）年七月に細川忠利から忠興付家臣の続重友へ宛てた書状である[35]。

【史料九】

尚々、小田原ハ御隠居所ニ罷成候、阿備中殿（阿部正次）ハ岩つき（岩槻）へ被遣候、内々ハ駿河御隠居所と御座候処、将軍様（徳川家康）被成御訴訟、御若年ニ御座候間、少もちかく被成御座候様にとの儀にて、小田原に罷成候、曽又左（曾我尚祐）・桑　左（桑山貞晴）・石（石川政次）　八左状を以被申上候、以上

幸便御座候間致言上候、

一、甲斐中納言様（徳川忠長）へ、遠江・駿河両国被進候、御知行高者五十万石之由御座候、両国之高不足御座候付而、相模之内にてたしをハ被進之由御座候事、

一、今迄駿河之御城御番衆八十人之馬乗、番頭衆共被付進候事、

一、懸河（掛川）之城ニハ朝倉筑後（朝倉宣正）、浜松之城にハ鳥井土佐（鳥井成次）被為置由候事、

一、豊後之御横目衆為替、小栗又市・加藤平内両人、驢而被罷下之由候事、

一、奥州会津へ為御横目、曽我喜太郎被遣候、此外相易儀も無御座候、此等之趣可有披露候、恐々謹言

七月十四日（寛永元年）

続少助《（重友）》殿

史料九からわかるように、秀忠は駿府に隠居地を置こうとしていたが、将軍に出来る限り近い方がよいとの理由で、小田原に隠居地を設定した。それにともない、相模国小田原城主阿部正次が武蔵国岩槻城へ移り、小田原城が城番支配となった。その後間もなく、駿府城へ忠長が入城したとの流れになる。

その忠長が入城した理由であるが、それは駿府が持つ特質にある。秀忠が駿府に隠居地を構えようとしたことは、秀忠が家康期の再現を企図したことの現れである。しかし、実際に秀忠が駿府へ入城することはなかった。それゆえ、かつて家康が頼宣を駿府城に据えたように、駿府には徳川将軍家に近い家格の者を城主として置くことが望まれたのである。そのことは、十七世紀初頭の駿府城主が徳川家康、徳川頼宣、徳川忠長と徳川一族で占められていたことからも明らかである。これらのことは、幕政が確立しはじめる元和・寛永期に入っても、駿府が関東守衛の重要地点であったことを示しているのである。

3　徳川忠長の除封とその後

寛永九（一六三二）年正月、秀忠が死去し、続けて同年十月、徳川忠長が除封された。この忠長除封にともなって、忠長家臣の処遇が決められるのであるが、以前から指摘されるように、彼らは大きく二分される。次の史料一〇は、「駿河亜相附属諸士姓名駿河在番大御番姓名」に書かれた一部である[36]。

【史料一〇】

幕府より附属せるの輩ハ、武蔵・相模・伊豆の三ツの国のうちに其身を退けて御下知を待へしとの事なりけれハ、その所縁を求めてひそまりてそ居たりける、是をそのころ東はらひとそいひあへりける、又、忠長卿自分に扶持

せらるゝ所の諸侍ハ荒井の関所を際りて西の方に追逐せられてけり、是をのちに西はらひとぞ云ひにける、
ここで注目すべきことは、まず、幕府から付属された者は「東はらい」として東へ向かった上で幕府からの下知を待ち、忠長自身で抱えた者は「西はらい」として西へ追放されたという点、次に、その境目が「荒井（新居）」関であったという点である。新居は東海道のほぼ中間にある遠江国の宿場町であり、関所が設けられていた。つまり、この姓名書が書かれた時、「東はらい」「西はらい」の東西の境を新居関に置いたのである。これは幕政のレベルとは異なった観点での東西の境目を認識していたものということになろうか。

忠長除封後、駿府城は再び城番となり、以後、幕末まで大名が入ることはなかった。前述したように、秀忠が駿府城に忠長を入れたことは、駿府に関東守衛の性格を持たせるためであった。秀忠は関東との結節要地として駿府を重視していたのであるが、家光が忠長を除封したことによって、三度、幕府は結節要地の変更を必要としたのである。そして、関東を守衛する役割は駿府から小田原へ移っていくことになるのである。そのことは、これまでのパターン同様、駿府城は城番となり、小田原城には稲葉正勝が入ったことから十分に理解できよう。以後、幕政における東西の結節点は駿府から小田原へと移り、関東守衛は小田原藩が担い続けることとなったのである。(37)

おわりに――今後の展望――

以上、慶長から寛永初年にかけての駿府の位置づけを、政治史的側面を中心に考えてきたが、まとめると以下のようになろう。

まず、家康・秀忠「二元政治」における駿府は、徳川領国である「関東」を防御するための最終的な〝障壁〟であ

り、それは将軍家が直接居所とすることで、豊臣系大名への最終的牽制となった。そのため、西国から関東へ入る者は駿府にて家康への伺候が求められ、また大名もそれを是とした。ただし、家康の意思によって、江戸を優先させることを指示されることもあった。これは将軍権力強化のために家康がおこなったパフォーマンス的意図によるものと考えられる。

家康の死後、家康・秀忠「二元政治」が終焉するとともに、幕府政庁としての駿府も終焉を迎えた。しかし、頼宣がそのまま駿府に在城したことは、駿府藩としての独立を意味し、これまで同様に〝関東を守衛する障壁〟となることを期待されたものであった。そして、頼宣が紀伊国への転封希望を出すにともない、将軍秀忠は、関東守衛を慶長十九（一六一四）年以来城番が置かれていた小田原に担わせるため、譜代大名阿部正次を入封させた。ついで、秀忠・家光「二元政治」期に入ると、秀忠は家康の大御所期同様、一族である徳川忠長を駿府へ入れ、小田原城を再び城番とした。これは、家康が頼宣に求めていた駿府藩として東西結節点としての役割を担わせることを企図したものと思われる。

秀忠の死後、再び「二元政治」は解消し、家光は忠長を除封して駿府藩を廃藩した。これまで駿府城には徳川一族が入っていたのであるが、以後、関東を守る最西端は小田原となり、駿府は城番時代へと突入したのである。

このように駿府は、慶長から寛永初年にかけて、小田原とともに関東守衛のための要地、つまり、関東侵入を防ぐための〝障壁〟だったのであり、それは小田原・駿府と交互にその役割を担っていたのである。

最後に、東西区分について考える上で考慮しなければならない点がある。本稿では駿府という「点」に主軸を置いて検討を加えてきたが、その境目は冒頭でも述べたように、視角によってさまざま存在することである。本稿では触れられなかったが、慶長十二（一六〇七）年に駿河国田中から武蔵国川越へ転封した酒井忠利は、元和二（一六一六）

年八月、白井渡・厩橋・五料・一本木・葛和田・河股・古河・房川渡・栗橋・関宿・七里ヶ渡・府川・神崎・小見川・松戸・市川の関に関わる手形を発給しており、ここから関所管轄の面において、東国とそれ以外とを分けていたことがわかる[38]。そして、箱根関所の設置が元和五（一六一九）年であり、その管轄を小田原藩が担ったことから勘案すると、箱根関から荒井関の間、すなわち、伊豆・駿河・遠江三国が東国と西国との間で緩衝地帯として存在するのではないだろうか。関東と西国の境目として、駿府と小田原の間が動いていることと併せ、東西を区分する空間として、伊豆・駿河・遠江をとらえることもできるのではないかと考える。この点については今後の課題としておきたい。

註

（1）森晋一「慶長期幕政について―大名統制における家康・秀忠の「二分統治」―」（『海南史学』二二号、一九八四年）での見解に拠るところが大きく、現在、家康・秀忠「二元政治」期の大名統制上の二分統治の前提となっている。しかし、「二元政治」自体の具体的検討は十分ではない以上、無批判に適用することはできない。

（2）家康・秀忠の区分については、研究上でも若干の差異がある。東西区分に言及した主な見解を挙げておけば、福島貴美子氏によれば、東国は「関東以北全般」（「江戸幕府初期の政治制度について―将軍とその側近―」『史艸』第八号、一九六七年）、森晋一氏は「家康は越中・飛騨・美濃・三河・遠江・駿河・伊豆以西、秀忠は越後・信濃・甲斐・相模以東」（前掲「慶長期幕政について―大名統制における家康・秀忠の「二分統治」―」）、高木昭作氏は「秀忠は関東・甲・信の譜代と出羽・越後などの外様」（『幕藩体制の成立と構造［上］』山川出版社、一九八四年）、辻達也氏は「家康は京都・江戸で誓詞署名した外様・東海・美濃・伊勢・志摩の譜代・外様、秀忠は関東・甲信越の譜代と外様小藩」（『江戸幕府政治史研究』続群書類従完成会、一九九六年）となる。いずれも上洛供奉・誓紙署名などによって立論され、大名個々の動向や大名の行動意図を踏まえたものではない。見解の統一が見られないことは、註1で指摘したように、大名統制上の東西区分が未確定であることを示す。

（3）鎌田道隆「初期幕政における二元政治論序説」（『奈良史学』第一〇号、一九九二年）では、「二元政治」における西国支配とは、京都を見据えた政治形態の一つであると評価する。なお、筆者はかつて徳川秀忠家臣と西国大名細川忠興・忠利親子との交渉過程を通じて、「大名支配」を支配領域で機械的に区分することを批判し、支配を受ける大名の意識と行動は、案件に応じて家康・秀忠を使い分ける当時の大名像を紹介した（拙稿「慶長期における徳川秀忠家臣と西国大名―細川忠興・忠利を事例として―」（『史叢』第五七号、一九九七年）。

（4）藤井譲治「秤座・枡座における東西分掌体制の成立」（『日本歴史』三七六号、一九七九年）。

（5）『地方凡例録』巻之一上（『地方凡例録』上巻、〈日本史料選書〉、近藤出版社）二八頁。

（6）『黒田家譜』巻之十四（『新訂黒田家譜』第一巻、文献出版、一九八三年）四七二頁。

（7）『黒田家譜』中の「長政記」は三代光之（寛永五年～宝永四年）の時に成立している。また、家康が隠居したにもかかわらず、幕政の主導権を掌握し続けた形態を「二元政治」として、江戸初期幕政の特徴としてとらえられている。しかし、大名当主が家督を次代へ譲渡しつつも「御屋形様」として実権を保持したことは、戦国・織豊・江戸時代を通じて見られる現象である。たとえば細川忠興・忠利父子の場合、忠利の行動は忠興の意思が大きく介在していることは『細川家史料』所収の往復書簡から明白であり、また平戸の松浦鎮信・隆信父子の場合も、慶長十一年正月二十七日条に両者併記の知行宛行状が発給されている事例がある（『御家世伝草稿』一、松浦史料博物館蔵）。つまり、「隠居」は政界からの完全なる引退を意味するのではなく、法的主体を次代に据え、徐々に権力を移譲させていく手段としての一形態であると理解しなければならない。大嶌聖子「家康の隠居」（『日本歴史』七〇二号　二〇〇六年十一月）で、家康の駿府移徙と元和の伊豆国隠居計画を権限移譲の段階として把握している。

（8）「譜牒餘録」巻二九（内閣文庫影印叢刊『譜牒餘録』中巻、国立公文書館、一九七二年）二七〇～二七一頁。

（9）一方で家康は武家の駿府越年を期待していた節も見られる。『当代記』巻五、慶長十四（一六〇九）年正月条に「元日、甲申、駿河江戸士出仕如毎年、美濃國伊勢國先方衆、於駿河無越年、大御所無興し給」（『当代記・駿府記』、続群書類従完成会、一四四頁）とあるように、美濃・伊勢両国の諸将が駿府で越年しなかったことを快く思っていない例がある。

(10)「家忠日記増補」（『大日本史料』第十二編之七）二頁。

(11)大名間争論をはじめ、幕政に関わる重要案件の決定では、江戸あるいは駿府に家康・秀忠両者が揃っていることが少ない。慶長十三年の永楽銭通用禁止、慶長十七年の岡本大八事件・キリシタン禁制、慶長十八・十九年の坂崎直盛・冨田信高争論裁許など。

(12)『当代記』巻五、一五六頁。

(13)『駿府政事録』（写本　著者架蔵本）。

(14)『池田家履歴略記』巻四　放若原右京中村主殿　（池田家文書　岡山大学附属図書館架蔵マイクロフィルム）。

(15)その他、慶長十六（一六一一）年、加藤清正遺領の相続に関わる動きを見ると、八月四日に安藤重信を使者として家康に意見を窺い、同二十四日に加藤虎之助が駿府にて御礼を済ませている。その後、十月十六日に伊勢国安濃津城主藤堂高虎が監察として、そして江戸よりは牟礼郷右衛門・小澤瀬兵衛両者が目付として肥後国へ赴いた。十二月十五日に、藤堂高虎が監察報告のため駿府の家康へ伺候するが、家康から江戸へ言上すべき指示が下された。そして翌十七年六月二十七日に江戸年寄本多正信他三名から加藤忠広家臣へ下知状が出されている。この事例も、駿府からの指示によって江戸の秀忠が動いているものである。

(16)慶長十二年正月に大炊御門経頼・烏丸光宣・日野資勝らが江戸へ向かっている例があるが、この時は秀忠・家康両者へ挨拶している（史料纂集『慶長日件録』、続群書類従完成会、五〇頁）。

(17)『お湯殿の上日記』（『続群書類従』補遺三、続群書類従完成会）三八八・三九〇頁。

(18)『お湯殿の上日記』慶長十四（一六〇九）年正月十六日条（四一九頁）以後、家康を「前しやうくん」「しやうくん」と、家康を「前将軍」と記す例が見られるようになる。

(19)『慶長年録』慶長十八年正月朔日条（内閣文庫所蔵史籍叢刊六五）三六二頁。
(20)『セーリス日本渡航記』（新異国叢書六、雄松堂書店）一七二～一七三頁。
(21)同様の事例は、慶長十二（一六〇七）年にイエズス会副管区長フランシスコ・パシオの駿府訪問で、秀忠訪問を勧められた事例がある。この際も、家康による詳細な指示が出されが、秀忠からは挨拶程度で終了している。なお、秀忠との謁見に際し中心になって動いていたのは本多正信であり、パシオは正信に諸事を預けている（「一六〇七年の諸事」、『十六・七世紀イエズス会日本報告集』第Ⅰ期第五巻、同朋舎）一三二～一四八頁。
(22)拙稿「慶長期における外国人の政権理解」（『戦国史研究』第五一号、二〇〇六年）。
(23)『静岡県史』通史編3・近世1（静岡県、一九九五年）一六六頁。
(24)註2で挙げた諸研究上では、家康・秀忠からの大名への同一二重文書、特に領知宛行状の文言の差異を家康・秀忠の支配領域の立論根拠とするが、そのパターンも一様ではなく、また本稿で述べるように、大名の動向は必ずしもその区分に沿ったものではない。
(25)『寛永諸家系図伝』第一（続群書類従完成会）二二三頁。
(26)豊臣政権下において内藤信成が韮山一万石を領有したが、慶長六年に駿府へ転封し、それ以後大名が配置されていない。
(27)いわゆる「天下普請」の築城動向については、白峰旬『日本近世城郭史の研究』（校倉書房　一九九八年）第一編第二章を参照されたい。氏の視点は普請形態・動員状況に重点が置かれている。
(28)「丹州ハ山陰ノ農地タルニ八上ノ城地ハ要害悪シキニ依テ是ヲ廃シ其近辺篠山ニ城築クヘキノ沙汰ナリ」（『公室年譜略』、上野市立図書館、二〇〇二年、一九二頁）、また亀山については「丹波国亀山ノ城ハ　帝都ノ近辺山陰道ノ要タル故」（『同書』、二一一頁）とある。
(29)名古屋城が義直の居城として築城されたとはいえ、義直は幼少のため家康・頼宣とともに駿府にいた。義直自身が入城するのは元和二（一六一六）年七月の時である。

(30)『本光国師日記』所載の細川忠興宛崇伝書状案に「駿府纏参上被申候衆。何も御屋敷可被下ニ付而。神田のだい。川を吉祥寺之きわへ掘替。玄蕃殿。立左近殿などのうしろのつゝミをならし。皆々屋敷可被成様ニさた御座候」(『新訂本光国師日記』第四、続群書類従完成会、一二三頁)とあるように、駿府から江戸へ移った者は秀忠より改めて屋敷地を拝領し、秀忠家臣として付属した。

(31)『南紀徳川史』に「一『四月十七日　公薨シ玉フ』御書付　御遺命ありけれは其侭駿府城に住居し給ふ」(『南紀徳川史』第一冊、名著出版、五三〜五四頁)とあるのはその一例となる。

(32)『南紀徳川史』第一冊、六七頁。なお、『東武実録』にも「命有テ云ク頼宣今領スル所ノ駿遠二州ハ是　大神君ノ　御賢慮有テ頼宣ニ賜リ置所也何ンソ我レ今マ是ヲ改メン」(内閣文庫所蔵史籍叢刊一、一〇四〜一〇五頁)とある。

(33)元和五年十月十五日細川忠興書状では、「一小田原大炊殿へ被遣之由、前かと纏其沙汰にて候つる、左様にも可在之と存候事」と、小田原城には土井利勝が入るのではないかとの憶測が流れていた(『細川家史料』一、大日本近世史料、二六〇頁)。

(34)秀忠の小田原隠居計画の経過については、中根賢「大御所徳川秀忠の小田原隠居所計画—第一次・第二次番城時代の検討を通じて—」(『小田原市郷土文化館研究報告』二五、一九九三年)を参照されたい。

(35)細川忠利書状案(『細川家史料』九、八七〜八八頁)。

(36)『静岡県史』資料編9・近世1(静岡県、一九九二年)八二頁。

(37)家光期における小田原藩の役割については、下重清『幕閣譜代藩の政治構造』(岩田書院、二〇〇六年)に詳細に述べられ、筆者もその見解に同意する。

(38)『東武実録』巻第二(『東武実録』〈一〉)二一〜二三頁。

Ⅱ　地域と交流

静岡県の中近世の水運
——戦国期駿遠地方を中心に——

北村　啓

はじめに

今回の報告では、「静岡県の中近世の水運」と題したものの、中世・近世を横断的に扱うことはできず、中世のうち、主として戦国期の駿河・遠江両国の海上交通についての発表となった。中世交通史、とくに水運の研究では、すでに有光友学氏の「戦国前期遠駿地方における水運」(1)によって、研究成果と課題が詳細に記されており、本報告もこれに頼るところが多かった。そこで報告の内容をまとめる前に、この分野を考える上で留意しておいた方がよいと思われる文を、有光氏の論稿から次に引用する。「その（静岡県史資料編中世三）三千七百点以上に及ぶ史料の内に、水運に関わるまとまった史料は残念ながら見いだせない。各大名の発給文書や旅人の紀行文、あるいは、戦記・軍記物のなかにみられる断片的な記事や文言をつなぎ合わせていくしか、そのことを明らかにしうる条件はない。そのゆえ、水運といいながら、その実明らかにしうるのは、僅かにその根拠地ともいうべき浦・湊の地理的存在や、その間を航行したであろう船の存在状況を指摘するにとどまることである。」

有光氏の論稿は、このあと史料に基づいて各水運の拠点である湊について検討されている。本稿では、この内容を参考としながら、別の視点から問題点を指摘していきたい。まず、第一章で、永原慶二氏の「伊勢・紀伊の海賊商人

図1　戦国前期遠駿地方の浦・湊図

注1．本図は大略を示したものである。
　2．海岸線・河川は現況のものである。
　3．本論で触れた地名・寺社名のみ表示した。

出典：有光友学「戦国前期遠駿地方における水運」

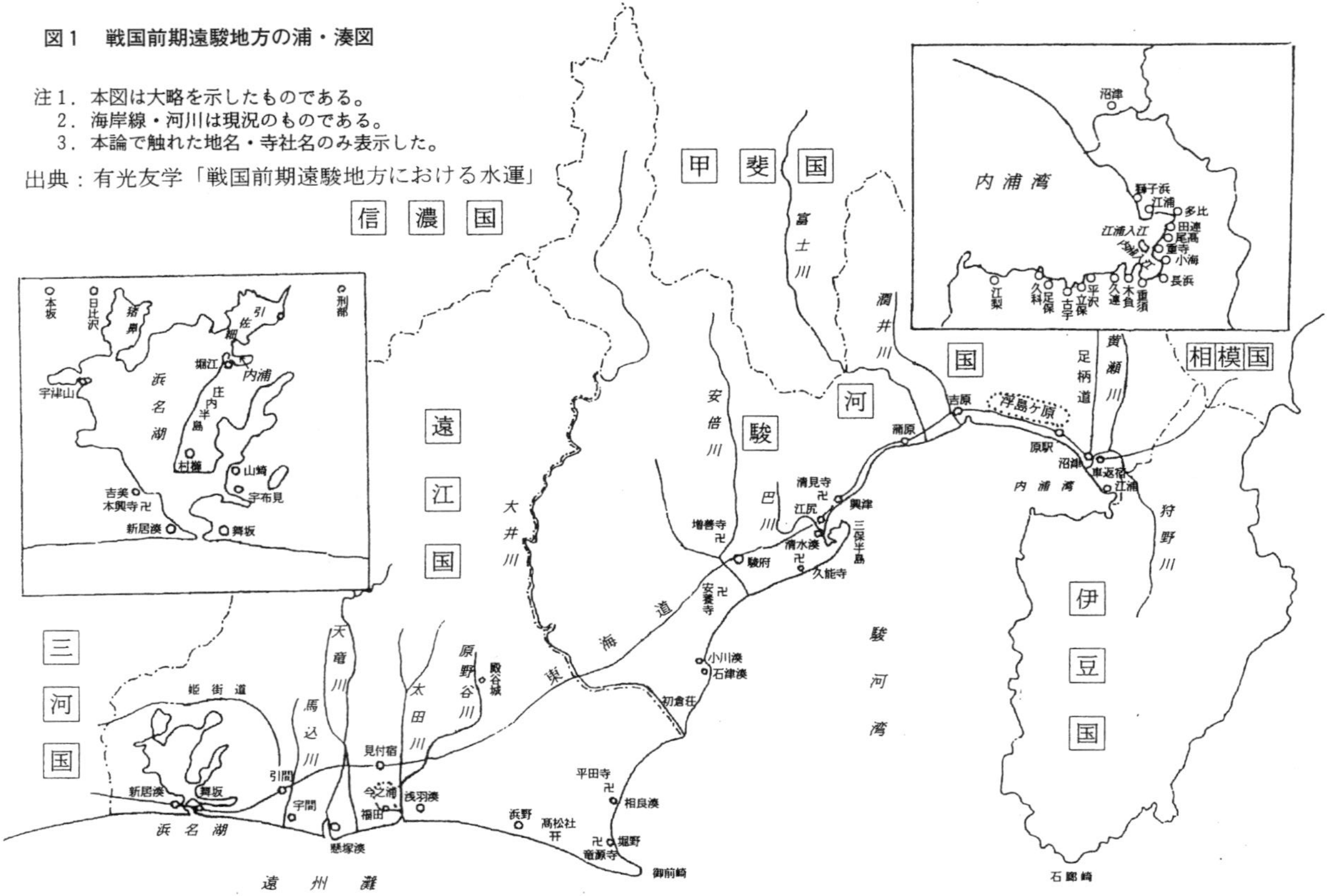

と戦国大名」から、伊勢より関東までの海上交通の様子を把握し、日本国内における東西交流の視点で、先行研究のまとめと考察を行いたい。ついで、第二章で、駿河湾内の地域水運を、中世江尻湊に焦点を当て考察する。第三章では、第二章と関連づけて、寺尾家文書・吉原湊の矢部氏について、問屋の問題をふまえて考える。また、駿遠両国の諸湊の特徴についても考察してまとめとしたいと考えている。

一　伊勢から関東への海上交通と商人

この章では、駿河・遠江を含む広域の水運についての研究を、永原慶二氏の論稿「伊勢・紀伊の海賊商人と戦国大名」[2]よりまとめ、本稿の主眼である駿河・遠江両国での地域水運とのつながりを示唆していきたい。

まず、伊勢の大湊について、伊勢湾を囲む生産地からの諸物資の集積地であり、東西交流の拠点、兵糧供給の基地、大型船の造船地であるとしている。綿貫友子氏の「『武蔵国品河湊船帳』をめぐって」より、船名の多くが伊勢大湊付近の地名をとっていることから、大湊と品川との深い結びつきを確認している。

さて、その大湊～品川の廻船と、途中の駿河・遠江との関係であるが、すでに南北朝初期、大湊に近い鳥羽の悪止道妙（建武三年に死去）は、少なくとも四艘以上の「関東渡海船」を保有し、弟定願を駿河の江尻に駐留させて手広く商業活動を行っていたとあり、南北朝期から「関東渡海船」と駿河の江尻湊との関係を見ることができる。

戦国期に入って、後北条・今川・武田は、「海賊商人」を自国へ招致した。彼らは、多額の貫高を給付され、水軍として活躍し、一方で、海上輸送部隊、東西間の遠隔地取引商人としても活躍していたと言うことである。つまり、彼らは、本来「関東渡海廻船」活動をしていた、遠隔地取引商人という性格を持っているのである。

戦国期の史料から、「関東渡海廻船」と考えられる、つまり、伊勢（大湊）とのつながりを考えることのできる史料も、この論文の中で取り上げられているので、ここでふれておきたい。

○葛山氏元判物（弘治三年三月二十四日）

口野郷之内江浦へ着岸伊勢船之儀、其外雖為小舟、於諸商売不可有横合、並問屋之儀も申付上、代官かたへ礼等之儀者可為如前々、（以下略）

ここでは、直接後北条氏が買い付けた兵糧などを積んだ御用船ではなく、商取引目的で随時入津する伊勢廻船であったことに注意しなければならない、と述べられており、伊勢廻船と駿河湾内の湊（浦）とのつながりを見て取れる。

また、次の史料についても取り上げられている。

○永禄九年今川氏真判物「今宿法度之事」

一　毎年各江売渡絹布以下、為其価請取米穀並当国諸損亡之年従勢州関東江買越米穀受用之時者、年来友野座方令商買云々（以下略）

これは、伊勢から関東へ売却される米を、駿河が凶作のため、途中で「受用」することを示したものと推測され、伊勢米の関東への売却・移出が行われていたと述べられている。

以上の史料から、永原氏は、戦国期の伊勢と後北条領国とのあいだに一定の海上交易関係が存在し、伊勢廻船が駿河・伊豆等に来航していたことは明らかであったとされている。

他にも、今川水軍として興津氏をとりあげ、興津氏が遠江にまで勢力をのばしていたことなどにもふれている。

以上、まとめると、伊勢から関東へ向かう廻船は、頻度は不明であるとしても、ある程度駿河・伊豆を経由、もしくは目的地として来航していたということがわかるであろう。しかし、これだけでは、まだ駿河・遠江の地域的な水運について考えたことにはならない。また、遠江と駿河との水運でのつながりも不明である。それについては、中心となる湊、江尻をみながら考えていきたい。

二　中世江尻湊と清水湊

駿遠両国の水運の中核となったのは、いずれの湊なのか、これについては不明な点が多いが、江尻湊についての記述がいくつかあるので、この章ではこれを引用し、先行研究などに依拠しながら検討していきたい。

①今川心省範国書状（円覚寺文書）(3)

円覚寺庄主より、駿河国中所々寺領年貢等をとし々々江尻津より鎌倉へおくり進せられ候なる、もし方々の地頭方よりわつらひをなす事候ハヽ、御分へ仰られ候へと、心省申て候、さやう事ハし候ハヽ、わつらひとゝまるやうにはからハるへく候、一向たのみたてまつり候也、謹言

永和二年十月廿六日　　心省（花押）（今川範国）

斉藤尾帳（張）前司殿

これは、永和二年（一三七六）、今川範国が鎌倉円覚寺領荘園の年貢米を江尻津から円滑に津出しされるよう命じた文書である。これより、江尻津は、年貢の集積と鎌倉への積み出しの湊の役割を果たしていたことがわかる。

②(4)

（花押）（今川氏輝）

江尻商人宿之事

右、毎月三度市、同上下之商人宿事并屋敷弐間、可為如前々者也、仍如件

享禄五

八月廿一日

③（5）（今川義元）（花押）

江尻商人宿之事

右、毎月三度市、同上下之商人宿事、并屋敷弐間、可為如前々者也、仍如件

天文五丙申

十月十五日

④（6）（今川義元）（花押）

江尻商人宿之事

右、毎月三度市、同上下商人之宿、橋之東西共并屋敷弐間、如前々免諸役畢、次同屋敷之内酒家甕四、桶三并就之諸役免許畢、仍如件

天文十一壬寅

十二月十六日

②から④の史料は、いずれも寺尾文書として著名な史料である。川崎文昭氏によると、戦国時代の清水湊は、現在よりも上流で、江尻湊とも称された、とある。(7) また、ここにある「商人宿」の文言については、「当時の商人宿は、諸国の商品・諸物資の集散する商品流通の拠点に存在した。ここに宿泊した商人は商取引をまとめ、情報交換し、有無を通じたのであった。（中略）酒造を行う豪商でもあった。」とされている。一方、阿部浩一氏は、商人宿＝問屋の立場をとっており、「問屋とは、異なる日に開かれる各地の市から市へと遍歴する商人を相手とした宿泊施設である商人宿から発達したもの」とまとめられており、(8) 問屋の源流としての可能性を指摘されている。以上の研究に対して私はここで論をはさむことはできないが、いずれにせよ、商人宿があるということは、江尻宿が交通の要衝であることを物語っていることに間違いはない。

江尻は、陸上交通と海上交通の両者にとって大切な場所のようである。年貢の集積と積み出し湊の役割、商人宿に対する大名権力からの保護といった史料から、推測の域を越えないものの、陸上・海上交通に共通する交通の要衝として位置づけてもよい地域と考えられる。

次章では、江尻（清水）をはじめとして、駿河・遠江との海上の交通について考察したい。

三　駿河・遠江水運の問題点

この章では、駿遠両国の水運について詳細に検討し、問題点を指摘していきたい。まずは、⑤の史料から見ていく。

⑤今川義元判物（寺尾文書）(9)
（今川義元）
（花押）

清水湊爾繋置新船壱艘之事

右、今度遂訴訟之条、清水湊・沼津・内浦・吉原・小河・石津湊・懸塚、此外分国中所々、如何様之荷物・俵物以下相積、雖令商買、於彼舟之儀者帆役・湊役并出入之役、櫓手・立使共免許畢、縦自余免許之判形相破、至于其時、為一返雇、臨時之役等雖申懸之、不限時分他国之使已下、別而可令奉公之旨申之条、為新給恩令扶助之上者、不可及其沙汰、然者以自力五拾貫文之買得有之云々、分限役、是又一返之役・臨時役等免許畢、年来為無足令奉公之条、永不可有相違、雖然以判於諸役仕来湊者可勤其役者也、仍如件

永禄参庚申年
三月十二日

中間
藤次郎

（波線は筆者による）

⑤の史料は、永禄三年（一五六〇）、今川義元が、中間藤次郎に、新しく清水湊に繋ぎ置く船の役を免除する、という内容の文書である。同様のものが半年後に今川氏真より再び出されている。

この史料について、池亨氏が『沼津市史研究』で次のように述べられている。(10) 駿河湾における水運の中心は、江尻・清水にあり、沼津は従属的な位置にあった。寺尾家文書には、清水の海運業者の今川氏分国内での営業範囲に沼津が入っている、等の記述をされている。

ところで、ここで注意しておきたいのは、波線部である。県史に従いこのように・（中黒）をふったのだが、果たして正しいのだろうか。この史料から、新船壱艘が諸役を免除される主だった湊が波線部であるといえようが、「石津

湊」については、二つに分け、「石津」と「湊」という湊と考えるという可能性がある。旧浅羽町にはかつて「湊」と呼ばれる村があったようで、例えば、永禄三年七月二十日の氏真判物[11]にある「湊堀通」、前後するが寛正六年（一四六五）八月二日の親元日記[12]にある「遠州河井・堀越・中村・湊」などがこれにあたる。まず、「石津湊」と読む可能性が十分考えられるが、その場合は、「湊」がついていることから、石津が清水に匹敵するだけの大きな湊であることが必要である。しかし、前掲有光氏の論文から見るに、記述は少なく、むしろ万里集九『梅花無尽蔵』で記されている小河の繁栄を考えると、湊とつけるのであれば小河よりも大規模な湊ということになり、そこまで言及するには現時点の史料では説明がつかない。そう考えると、「石津湊」の湊とは、湊村の湊を指すと考えるのが妥当だろうと思われる。

これをふまえて波線部を整理すると、清水湊・沼津・内浦・吉原・小河・石津・湊・懸塚となり、遠州に二カ所、駿河湾の西岸に清水を入れて三カ所、駿河湾北側に吉原、さらに東には沼津・内浦と二カ所の湊を今川氏は主要な湊として考えていたとしておきたい。

ところで、ここであげた主要な湊のうち、次の吉原に関してはかなり史料が残っている。それは主に支配者である矢部氏に関するものであるが、富士川の渡しとして陸上交通の拠点であり、さらに湊を近くに持つことで、陸上と海上の交通の結節点として、江尻湊と同様、注目しておくべき場所である。⑥の史料を見ておきたい。

⑥
一駿河国吉原道者商人問屋之事、今度矢部将監遺跡仁相定之上者、兄弟親類其外自余之輩、雖望之不可許容、如前々不可有相違事
一吉原渡船之事、縦湊江雖下之、如年来可相計、是又自余之族雖令競望、不可及沙汰事

（中略）

右条々領掌、永不可有相違者也、仍如件、

天文廿三

九月十日　　　治部大輔（花押）

矢部孫三郎殿

ここで波線部に注目したい。これをどう読んだらよいだろうか。「道者」「商人」「問屋」と三つに分けるのか、それとも「道者」と「商人問屋」とに分けるのか、そのあたりが研究者によって統一されていない。阿部浩一氏はこの問題に触れ[13]、商人宿から問屋が形成されたという論をもとに、読み方は「道者問屋」「商人問屋」と読まれている。詳細は阿部氏の論文を読んでいただければわかるが、ここでは戦国期においても吉原宿が江尻宿のごとく繁栄していたことをここで確認するにとどめる。

以上、駿河国、特に江尻と吉原について検討した。一方、湊村や懸塚湊などの遠州の史料については、これほどはっきりとしたものはないが、遠州と水運の関係を二点ほど紹介して、この章の結びとしたい。

一つ目は、遠州の商人が駿河湾の対岸、伊豆において名が出るケースが見られることである。江奈（現松崎町）の船寄大明神には、天正七年の棟札がある。ほとんどが江奈村氏子による五〜二〇〇文の出銭である。その中で、「遠州商人甚左衛門」八文という文言が見えるのである。この遠州商人についての実態は不明だが、駿河湾を渡っての地域間の交流があった可能性を示唆しているのではないかと考える。

二つ目は、懸塚湊についてである。天文十年（一五四一）今川義元朱印状によると、遠州高松社の神主に、高松社造営の材木の運送を、天竜川から懸塚湊まで認めている[14]。これは、すでにこの時期に天竜川を使った南北交通があり、懸塚は東西と南北の結節点の一つであったことを示すものである(15)。

おわりに

本報告では、東西交流の結節点としての現静岡県地域、ここでいう駿河湾・遠州地域の水運について検討した。ここで本報告のまとめをして、この報告を終わりとしたい。

第一章では、永原慶二氏の論文から、伊勢大湊より関東の品川までの水運について見ることで、駿遠地域の水運研究を広い視点から見ることとした。第二章では、江尻湊の果たした役割について検討し、第三章では駿遠地域での水運に関する問題点について検討した。

先行研究をほとんどこえることができなかったが、いくつかの問題点を明確にすることはできたと思っている。「道者商人問屋」「清水湊・沼津・内浦・吉原・小河・石津湊・懸塚」の文言の読みはどうか、という点について、今後の研究が待たれる。

最後に、この報告のため、多くのご教示をしていただいた、静岡県地域史研究会の先生方に深く感謝して、この論文を結ぶこととする。

註

(1)『横浜国立大学人文紀要』第一類哲学・社会科学　第四十二輯（一九九六年）所収。

(2)同著『戦国期の政治経済構造』（岩波書店、一九九七年、　第Ⅱ部　第一）。

（3）『静岡県史』資料編中世二、九〇九号文書。
（4）『静岡県史』資料編中世三、一一八〇号文書。
（5）『静岡県史』資料編中世三、一三九八号文書。
（6）『静岡県史』資料編中世三、一六〇七号文書。
（7）川崎文昭「江戸時代の清水湊と廻船問屋」（『清水港開港百年史』一九九九年）。
（8）同著「戦国期東国の問屋と水陸交通」（『戦国期の徳政と地域社会』吉川弘文館、二〇〇一年。初出は一九九六年）。
（9）『静岡県史』資料編中世三、二七三六号文書。
（10）池亨「戦国・織豊期の沼津―特に地理的位置をめぐって―」（『沼津市史研究』第二号、一九九三年）
（11）『静岡県史』資料編中世三、二八〇三号文書。
（12）『静岡県史』資料編中世二、二四七〇号文書。
（13）註8同論文。
（14）『静岡県史』資料編中世三、一五六四号文書。
（15）この点については、森田香司氏にご教示いただいた。

近世後期西遠地域における文化・情報伝播

鈴木　雅晴

はじめに

静岡県地域は、江戸と京都・大坂のほぼ中間に位置し、両大都市圏を中心に展開された文化や情報の通り道として、陸路は東海道の宿駅やその沿道の村々、また沿岸を航行する船の寄港地として発展した湊では、東西の文物が往来する人々によってもたらされたことは容易に想像が出来る。

民俗学や地理学では日本の東西区分を探る試み作業がなされてきたが、民俗学の分野では様々な民俗儀礼や習俗に現れた事象から日本の東西のラインを引く作業が行なわれてきた。地理学では、植生区分に左右される土地利用方法や、農業生産方法などから同じく東西の区分を試みてきた。そうした作業からは、太平洋岸では現在の静岡県・愛知県を中心とした地域に日本の東西の線引きができるという報告がなされているが、大河川や山脈、また人為的区画である国境や、支配システムの上で設置された関所などを、明確な分岐点として線引きすることはできず、様々な東西の線引きが入り乱れ、帯として東西の区分がなされている。つまり、西でも東でもない地域ともいうことができる。

近年では天竜川と豊川に挟まれた地域をひとつのまとまった地域として捉えなおそうとする試みや[1]、東京と京阪地域の中間としてではなく、日本列島という視野に立って、「中日本」という概念によって当地域が日本列島の中での

東と西、南と北のなかでどういう位置にあったのかを考え直す動きが出ている。(2)

本稿では、そうした他分野の成果を考慮に入れながら、遠江国でも天竜川西岸から三河国までの範囲でくくられる西遠地域、その中でも浜松藩域を中心として、近世後期に見られた文化や情報伝播の諸相を探るものであり、当該期における浜松藩域の政治・経済の地域性と関連付けながら考察を行なうものとする。

一　浜松藩の商圏

浜松藩とその周辺地域における文化や情報の伝播経路について考察するうえで、まず、その商圏を確認しておく。(3)近世において、各藩主は経済政策の一環として、城下町に商工業者を集住させ、その経済活動によって城下町の繁栄を企図した。そして、それら商工業者の経営を安定化させるために様々な特権を付与していた。浜松藩においては、十職三品と称される商工業者の集団があり、彼らには領内における専売権または独占権が与えられていた。十職とは、大工・木挽・畳師・瓦師・檜物師・鍛冶屋・塗師・桶師・紺屋・屋根屋の職人を指し、それに準ずる職人として仕立師を含む場合があったようである。これら十職に該当する各職人集団に対しては、他所から同職の職人が入り込み領内で活動することを禁止する排他的区域が定められていた。そうした独占権のおよぶ範囲は、各職によって若干の差異はあったものの、概ね東西は天竜川西岸から浜名湖東岸地域まで、北は浜松藩領内限り、南は遠州灘に面する地までであった。また、魚・塩・糀を三品として、それを扱う商人に対しても専売権が認められていた。魚については十職の独占権がおよぶ範囲とほぼ同一であったが、天竜川東岸から浜名湖の今切口を越えて新居宿までを範囲とする糀、そして塩については天竜川中流の北遠地域にまでその専売権が付与されていた。

また、商圏の成立する地理的条件の一つに交通網および交通圏の要素があげられる。浜松宿の交通圏については「旅籠町杉浦日記」に記載された近在人馬賃銭割(4)から推定して、宿の中心部からおよそ十二キロメートルの範囲であったとされ、これは十職三品の独占権・専売権のおよぶ範囲とほぼ同じであった(5)。

こうした商圏の概要を踏まえて、浜松藩およびその周辺地域で行なわれていた商取引の実際の様子を見ていくこととする。

【史料一(6)】

口上覚

一穀物高直ニ相成候儀、恒武村仁右衛門去巳十一月より、笠井丸一屋惣太郎・松屋徳三郎・上石田村彦右衛門・下石田村常蔵等を手先として、当国川西・東三州辺迄高直ニ買取、江戸表江積出シ、今以何米ニよらす高直ニ買集候段、仁右衛門不届之致方、殊ニ町家江者　御上様ヨリ御憐愍之御下米茂被下置候時節柄をも不相弁、御廻米と名付、近日三千俵茂積出シ候之風聞、然ル時者追々高直ニ相成、一同及渇命候儀無覚束候ニ付、来ル近日三ケ田原江参会之上、仁右衛門江及相対、買留之穀物家財共ニ永備致し度候、仍而如件

午五月

これは、天保五年（一八三四）の史料と推定され、天保の飢饉に起因すると思われる米価の高騰に目をつけ、米穀の買占めを行なった在郷商人を糾弾するために、長上郡有玉下村の秋葉燈籠に貼り付けられていた檄文を、同村の庄屋が書き写したものである。これによれば、米の買占めが行なわれたのは、天竜川西岸から遠江に隣接する東三河地域にかけてであったことがわかり、浜松から見て天竜川の対岸となる見附宿近郊での取引はなされていなかったものと思われる。

次に示す史料は、東海道の脇往還であった本坂道の宿場で、浜名湖北岸の交通の要衝でもあった気賀において、文政十年（一八二七）に二と七を定日とした六斎市の再興が図られた際、その顚末を記した「気賀市再興始末書留」[7]である。その中に、廻状によって市の再興を周辺地域に周知することを計画した記述がある。

【史料二】

一去戌十二月御代官河合友右衛門殿御宅へ三左衛門罷出候節、内意之趣、町市之儀、当時取立如何可有哉勘弁致し候様被申聞候ニ付、同廿四日町勘定席ニ而、右之趣頭分江相談いたし候処、市相立候ハヽ繁昌いたし可申と皆々存候事、尤来春相談いたし可然哉之一統評儀也

一亥正月五人組頭呼出被申談候は、町市之儀年久敷絶候処、当時相立候ハヽ、追々繁昌も可致哉ニ存候、小前一統存寄如何候哉、篤と相調へ可申出旨申談候事（中略）

一同夜商人江談シ、庄内・浜名・新居・浜松へ向而市為知、村方名書留左之通、尤山中は助郷村々江頼候而可宜哉、中郡ハ笠井市へ出、為知ハヽ相知レ可申趣に談申候也

新居ヨリ浜名新城へ向ヶ村名

新居・新所・入出・尾奈・大知波・鵺代・日比沢・三ヶ日・岡本・宇志・駒場・大谷・津々崎・野地・都筑・佐久米・大崎・新城

庄内ヨリ浜松へ向ヶ舞坂迄

呉松・堀江・内山・和田・村くし・宇布見・白州・大山・和地・平松・細田・左浜・人見・浜松・舞坂

以上

気賀宿の住人は、市の再興を知らしめるために二通の廻状を出した。その一つは、浜名湖が遠州灘と繋がる湖口の

西岸に位置した新居宿から始まり、そのまま浜名湖の西岸の村々を通って北上し三ヶ日周辺を経由して東三河の新城まで到るもの、もう一通は浜名湖東岸を経て浜松を通り、舞坂を終着点とする廻状であった。新城は豊川流域の陣屋町で、信州と吉田方面との物流に利用された豊川の水運と、中馬街道を馬荷で送る陸運との中継点として賑わった。気賀から新城へは、赤石山系末脈の山道を越えて行かなければならないが、そうしたことを勘案しても新城との商取引が重要であると考えられていたのであろう。浜松と新城のほぼ中間に位置する気賀では、商取引の相手としてこの両地域を意識していたことは明らかであり、浜松宿とその近郊の商人らは気賀市を連接地として、三河商人のもたらす情報や文化に接する機会を得ていたと想像される。

また、図1は浜名湖北東岸に位置した和地村の在郷商人で、油の取引をおもに行なっていた牧田家に残された史料を基に、同家の行商人が取引のために出向いた地を示したものである(8)。これによれば天竜川と浜名湖に挟まれた浜松周辺地域を主要な取引先としていたことは明白であるが、吉田・二川・牛久保など東三河方面にも活動場所を広げていたことが見てとれる。牧田家は、菜種の取引で三河地域とのつながりが強く、その取引のために浜名湖や豊川の水運を利用していたようである。そして、三河で仕入れた菜種から菜種油を絞り、天竜川からほど近い笠井村の市で商い、また、笠井村の市では綿などを仕入れていた(9)。

以上のように、西遠地域の中でも浜松藩を中心とした地域での近世後期における商圏を概観したが、それは天竜川と浜名湖に挟まれた地域を中心として、東三河にまで展開していた。もちろん、天竜川東岸の見附宿周辺地域との取引がなかったわけではない。笠井市では市の発展のために天竜川渡船の船賃を負担して、商人の往来を促進させていた(10)。しかし翻ってみれば、天竜川という地形的な要害と、その渡船を管理していた村の存在が活発な交易の妨げとなっていたということである。

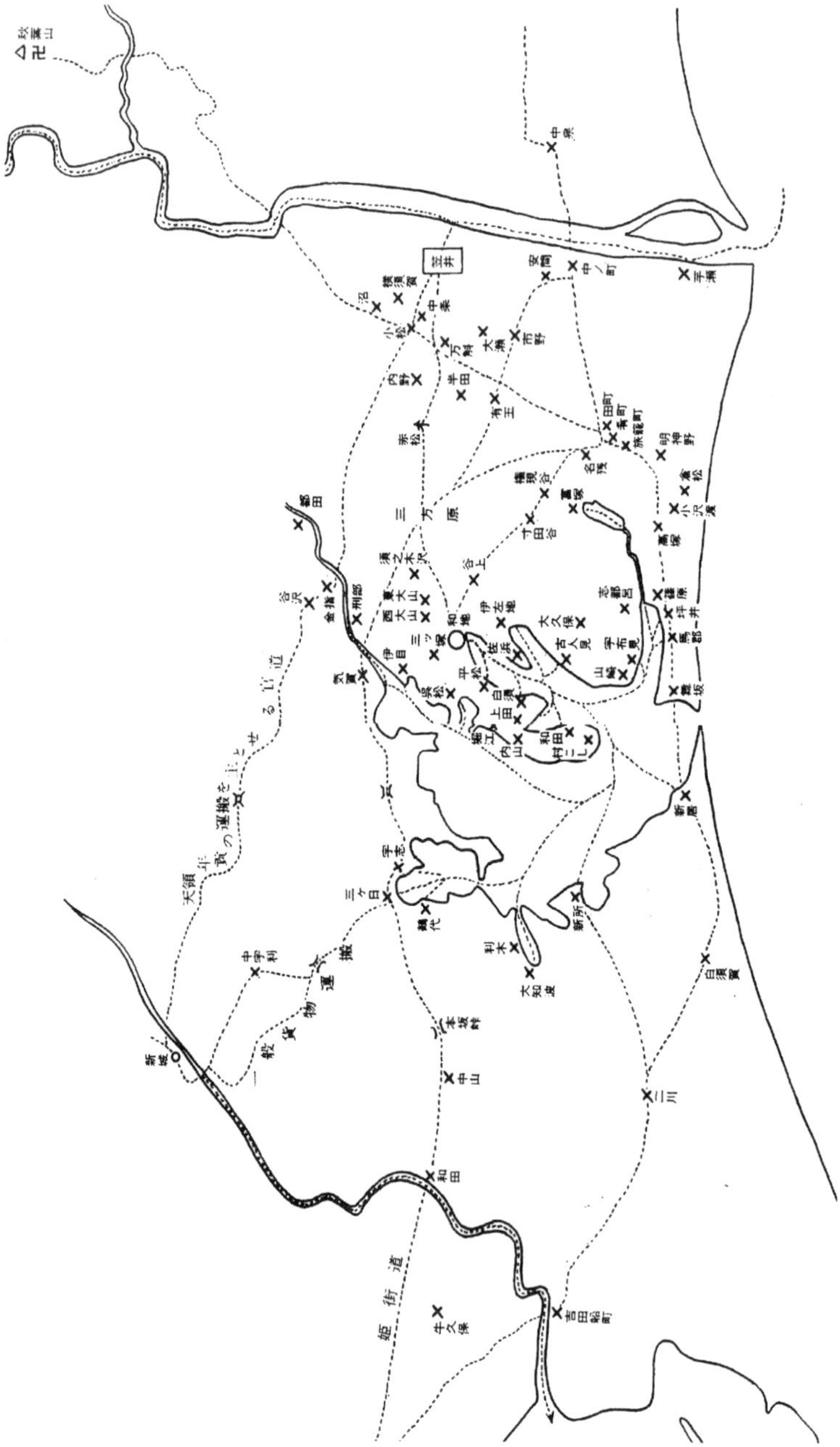

図1　幕末期西遠地域の商品流通圏

二　西遠地域における文化・情報の伝播経路

浜松宿から約四キロメートル西方に位置する入野村に住し、天保・弘化期に同村の名主を勤めた人物に竹村広蔭がいた。(11)竹村広蔭は、寛政五年（一七九三）に生まれ、青年期には国学の道に傾倒し教養を身につけていた。広蔭が誰の門人であったかは定かではないが、十二歳年長で本居宣長の門人だった竹村尚規が広蔭の本家に居たことから、広蔭の国学への入門にはその影響があったとも想像される。しかし、広蔭は家督を相続したと思われる文政四年前後から学問的な活動から遠ざかってしまう。その理由も明確ではないが、当時の遠江における社会状況の一つに、上層農家が経営難に陥っていたことが指摘されており、遠州国学の担い手であった上層農がそのような状況に直面したことで、遠州国学の停滞を招いたとされる。(12)広蔭についてもそうした理由があったのかも知れない。

さて、老年期を迎えて、庄屋役を退き家督も譲って隠居の身となった広蔭は、再び文化的活動に着手し、歌集「門田の八束穂」二巻を編み、また「変化抄」・「農家心の鞭」を著している。(13)このうち「変化抄」は、十九世紀前半における浜松藩を中心とした地域の社会経済史を探るうえで頻繁に利用されている史料である。(14)その内容は、農業・漁業・衣食住・器具・風俗・習慣・祭礼・行事・自然環境など多岐におよび、一七七の項目にわたって広蔭が見聞した、当時の社会情勢の変化をつぶさに書き留めており、庶民生活の実態を探るうえでも貴重な史料である。ここでは、「変化抄」に記載された内容を中心に検討することで、近世後期の西遠地域における文化や情報の伝播経路について考察を行なっていく。

【史料三】(15)

古来より無之候照降傘と申ハ、西国御大名様方御家中様御さし御通行ニ御座候処、文政年中より始り候と申人有之、年限不詳、此辺ハ天保十三年之比より人々専用候様ニ相成候、当時ニ而者是を雨てむと言

【史料四】(16)

はむてん流行ニ候歟、文化十年之比参宮往来多人数揃通り候を見掛ケ候様ニ存候、文政元年之比ニ吉田店之者着用致候を見申候、同五年之比より男女にかきらすきる様ニ相成、扨段々と花麗に相成候事、不及筆頭候事

当然のことながら、東海道の宿駅となっていた浜松では、そこを行き来する人々によってもたらされる各地の習俗や文化・情報を目にする機会に晒されていた。史料三は、「変化抄」に記された事項のうち晴雨兼用の照降傘、そして史料四は半纏について、東海道を往来する旅行者が媒介となって浜松にそれらが持ち込まれた例である。照降傘については西国大名の家中の者が使用していたということであり、はじめ西日本で主に使われていたものが浜松にも広まって来たものであると思われる。

半纏については伊勢参宮の集団が揃って着用していたものであった。半纏は、蝙蝠半纏などをはじめとして、時期によって異なった意匠の半纏が流行しており、ここではどういった意匠の半纏を伊勢参りの一行が着用していたのかはっきりしない。また、ここで述べられている半纏がどの地域から発信されたものかも明確ではないが、華麗で奢侈品のひとつとされていた半纏を、参詣者が旅行中に買い揃えるということは不自然であり、おそらく江戸方面から伊勢参りに向かう人々が着用していたものを目にしたのであろう。

さて、東海道の沿道では、このように東西の文物が行き交っていた様子が分かるが、それら流行の品を目にしてから、それらが浜松藩周辺地域で受容され定着するまでにはいくらかの時間を必要としていたことが、ここで挙げた照降傘と半纏の事例から見てとれる。

【史料五】(17)

嘉永元年より、町方奉公人女日傘に三枚裏雪駄に鹿の前掛ヶ、文政十年之比無之、紫にやままひ糸わりの縮緬之紐にて候、外江供に出候節抔者、櫛笄、ちやうせむやばすにては気にいらす、鼈甲にてハ不行届、ふしやふしや銀之笄にて出掛候様ニ相成、自然と在方迄も見まね移り、可然家にてハ女ハ物見遊山又ハ親類江もだされぬ様ニ相成、只々内ニ居候より外無之様ニなり困り果候世之中と相成、別而娘持ハ心配、向後ハ如何ようになり申べき歟

これは若い女性の衣裳や装飾品が華美になってきた様子を書き留めた一節である。これによれば、町方つまり浜松宿の奉公人の女性が華美な恰好をしはじめ、「自然と在方迄も見まね移り」と著されているように、そうした風俗が次第に在方へ波及していくと広蔭は言及している。

照降傘や半纏の例なども併せて考えると、東海道の宿駅であった浜松の町方が各地の文化や情報と接する第一の窓口であった。しかし、そうした文物が即時取り入れられるわけではなく、数年の時間を要した後に定着しているのである。半纏の事例で見れば、伊勢参詣者の姿を見てそのまま半纏が浜松に広まったわけではなく、隣接する三州吉田宿の商人が先行して着用していたものが、浜松へも漸次拡大してきた様子が示されている。そして、次の段階として浜松宿で流行し始めたものが、その近郊農村へと波及していったのである。これは、浜松だけでなく、江戸と京都・大坂の中間に位置した東海道沿道の地域でも同様な経過をたどって流行の文化や情報が浸透していったのであろう。

【史料六】(18)

鉄瓶ハ、享和年中本家尚規京都に而流行に候哉、古手求帰り候、此辺珍敷存、余方ニ一向無之候、文政九年新居木堂和尚之世わニ而吉田より古手買申候、其比もいまた余り近辺に見不申候、天保五年之比より専家々に有之候様ニ相成候

広蔭の本家の人物で国学者であった竹村尚規が、当時の浜松では珍しかった鉄瓶を京都で買い求めて持ち帰ったことを記した記事である。この時の竹村尚規が何の理由で京都に出掛けたのかは明らかではないが、国学が隆盛した浜松では、遊学のため京都に上る人物も多かったようである(19)。

さてこれは、浜松宿を伝播経路としないで、在地へ直接的に文物が持ち込まれた事例である。鉄瓶も次第に生活の中に浸透していったことが見てとれるが、ただし、伝播経路が近隣の消費都市を省いた場合には、それを生産し供給し得る商品流通網が近隣地域において確立されていないことから、それが拡大していくことの困難さを窺い知ることが出来る。ここでは、広蔭が新居宿の僧侶に依頼して、わざわざ吉田宿から鉄瓶を求めている様子が述べられているのである。このように、国学が隆盛した浜松では、京都方面から直接在地にもたらされた文物などがあったと思われるが、中にはあまり浸透せずに廃れてしまったものもあるのではないだろうか。

【史料七(20)】

享和年中ハ菓子、当村田方御見分之節、浜松より取候、是元来浜松ニ無之、三州牛久保より卸ニ参り候、銘々盆に上下それぞれに差出、以前者かや位之處、一間に菓子盆に差出たる由老人申、文化七年之比より浜松にも中菓子出来始り、段々おりと申箱にて差出、文政四年水野越前守様御代尾州より参り尾張屋清兵衛ト申、上菓子製始メ候、尤水野様より御拝借金出候より専極上製出来候、是浜松之始りに候、其より上おりに相成、尾張屋伝来之菓子屋所々に有之候様に相成、当時宮坂屋・丸屋色々珍菓専仕出し候、先年京御菓子司と看板、又者暖簾ニも有之候得共、其節之上之菓子当時之中菓子ニ御座候、其中菓子屋町々夥敷有之候様ニ相成候

【史料八(21)】

舞坂海苔ハ文政二年之比に始り、試に始メ、同六年に窺済に相成由、信州あらゐ村森田屋彦之丞と申方に、大森

> 居住之三次郎と申者勘当受、右彦之丞方ニ居候と相成居候処、彦之丞三次郎同道ニ而角屋甚太郎方ニ泊り、其節石囲外に海苔付有之候を見付、柴差シ試度申ニ付、役人任其意候處、海苔付風味尤よろしきに付、夫より諸人に伝、製法伝授致し候、是元祖ニ御座候、今以森田屋彦之丞悴海苔仕入ニ参り、角屋へ泊り候由ニ承り候、気之毒なる事ハ右三次郎儀、其後大森之某に帰参願出候處、所之産業を他所へ伝法致候故帰参不叶之由ニ而落着不知由ニ承り候、扨当時にてハ家々製し、年々五六百両以上之所之うるおひと相成、是全ク国益と相成、伝法人三次郎を何とか祭り候て宜敷事と存候

史料七・八は商業資本によって文化や情報がもたらされた事例である。まず、菓子についてであるが、文化七年（一八一〇）までは浜松には製菓を商売とする店は無かったようであり、それ以前は三河の牛久保から菓子屋が販売に訪れていた。そして、上等な菓子については、水野忠邦の振興策によって尾張から菓子屋を招き、浜松でもその製造が開始されたのであった。このように浜松での製菓業については三河や尾張からの影響を受けていたことが明らかである。

次に、文政二年に浜名湖で海苔の養殖が開始された顛末についても、「変化抄」には詳しく記されている。天和・貞享年間に海苔の養殖を成功させ、最高級海苔を生産することで知られていた江戸の大森では、その技術を門外不出として、他地域との競合が発生することを避けていたようである。しかし、海苔養殖の技術が、信州の商人森田屋彦之丞とかつて大森に暮らしていた三次郎という人物の手によって、舞坂の人々に伝習されたのであった(22)。江戸前の海苔養殖に関する情報が、信州の在郷商人を介在して伝えられたのは、貨幣経済が在地にも浸透したことによって在郷商人の活動が活発になってきた当該期の状況と深く関連していると考えられる。

三　藩主の移封による影響

関ヶ原の戦によって徳川家康率いる東軍が勝利すると、実質的に覇権を握った家康は、論功行賞を名目として、江戸と京都・大坂を結ぶ東海道が横貫する駿河・遠江の要地から豊臣系大名を一掃し、新たに徳川一門および譜代大名を入封させる配置替えを実施した。以後これにより、幕藩体制下における駿遠両国には、一門および譜代大名を領主とする藩が配置されることとなった。

浜松藩は、敷地郡および長上郡をおもな藩領域とし、時期によって推移するが三〜七万石の石高であった。藩の成立とされる堀尾氏から廃藩時の井上氏までの間、十一家が領有し十二度の国替が行なわれ、頻繁に領主交替がなされた[23]。一般に封地への定着度の低いとされる譜代藩のなかでも、その典型であったと言うことが出来る。これは浜松藩に限らず遠江と駿河の諸藩においても同様の傾向であった[24]。幕藩体制下での、そうした浜松藩の性格によって頻繁に行なわれた領主の交替が、文化や情報伝播の面において同地域にもたらした影響について見ていくこととする。

【史料九[25]】

浜茶と申は、是迄一向存不申候處、文政三年之より、水野様後家中唐津にて用ひ来候と相見え浜辺通り芝間にいてて人々取被成候ニ付、それより始り、所々用ひ候様ニ相成、当時にて者浜辺は取つくし、畑に作り候様ニ相成候

浜茶とは、河原の砂地などに自生するマメ科の一年草カワラケツメイの枝や葉そして莢などを細かく刻み、蒸した後に乾燥させたものを、茶の代りとして煮出して飲用したもので、地域によっては豆茶・弘法茶・合歓茶などとも呼ばれている[26]。明治三十八年（一九〇五）からの二年間、見付（現磐田市）に生活した民俗学者の山中共古は、その著書

『見付次第』に「浜茶製法、彼岸後五日に苅取り、押切りにて六七分にきり、せい籠にてむし上け、日隠にて干して用ゆるあり。（中略）これに番茶を混したるもの見付にて飲用とす[27]」と記しており、明治末頃の磐田地域で浜茶が飲用されていたことが確認できる。同じく天竜川河口東岸の竜洋でも浜茶を代用茶として飲用していた[28]。現在、浜茶を飲用する習慣は浜松および周辺地域ではあまり聞かれないが、かつては同地域において広範に飲用されていたようである。

広蔭の記述によれば、浜松周辺でその飲用が行なわれ始めたのは文政三年頃からであり、広蔭はその背景に陸奥棚倉へ転封となった井上家に代わって、肥前唐津から浜松藩に入封してきた水野家との因果関係があることを指摘している。つまり水野家の家中では前封地の唐津在城期から浜茶を飲用しており、浜松に入封後も家中の者が海岸近くに自生していたカワラケツメイを採取して茶の代わりにしていたところ、在地にも浸透していったと記している。また、自生していたものを採り尽し、畑に栽培してまで飲用するほどに急速にしかも広範に浸透していった様子が窺えるのである。

次に、民具についての事例をとり上げる。「変化抄」には、食品を蒸す際に使用する蒸籠について言及した一節がある。

【史料十[29]】

万八蒸籠と申ハ、文政二年浜松池町彦十男与惣治と申者簾張商売候、右簾張ハ文化初年之比迄ハ浜松に無之、皆名古屋より参り近辺廻り候處、浜松に多人数有之候様ニ相成、右名古屋一人も参り候人無之、当時にて者浜松より所々江出候様に相成候、彦十者其内之一人にて他国廻り候節見候歟、自心の工夫に候か、又者水野様老人に承り始メ候か、是万八蒸籠の祖に候、他所ハしらす浜松近辺ハ一統相用候様に相成、且町在共に餅搗に蒸籠御座候処、右万八ニつ御座候得者、薪もいらすに小取廻して間に合候て、有来候蒸籠ハいらぬよふに相成候、右万八と申いはれハ、世人物事に事実少く虚千にして実三つ有るを、千三つと言、右弥惣千三つにましたる人に付万八と言、是字也、実は虚をいつたより早く出来ると言義は万八蒸籠と名付候、町人彦十と呼人無之、常に万八ト呼

この前半部分では、簾張りの職人について若干触れられている。簾張りについては、文化初年の頃までは名古屋辺りから浜松地域へも廻村して来ていた職人にその製造を依頼し、需要が満たされていたようである。その後、浜松にも簾張りを生業とする職人が発生し、次第にその数を増して、名古屋から廻村してくる簾張り職人は駆逐され、反対に浜松から周辺地域へ簾張りに出向くようになっていった。そして、その職人のひとりである彦十によって、それまで使用されていた蒸籠とは異なる万八蒸籠が持ち込まれたというのである。浜松周辺地域では昭和中期頃までは万八蒸籠が使用されていたようで、定着した生活用品であった。広蔭の推測するところによれば、彦十が簾張り職人として他国を廻っているときに見かけて持ち帰りその製作を始めたものか、彦十自身が考案したものなのか、また、水野家家中の人物によってその製法を伝習されたかのいずれかであり、その明確な出所については明らかではない。民俗学の分野で行なわれている民具調査の成果を丹念に当たることで、万八蒸籠が使用されてきた地域を明らかにでき、その伝播経路を推測する手掛かりとなるが、本稿では深く掘り下げることが出来なかった。しかし、ここで注目すべきは、広蔭がその出所の一つの可能性として、水野家家中に由来することを挙げていることである。広蔭は、商人や職人の商取引行為によって他地域から文物がもたらされることを考慮に入れながらも、藩主の移封に伴って流入してきた藩主家中の人々が、新たな文化や情報をもたらす主要な媒体の一つであることを認識していたのである。

浜松宿の宿勢についてみると、文化十年には町数二十四町・家数千七百十軒(30)、天保十四年には、町数は文化期と変動はなく、家数千六百二十二軒・人数五千九百六十四人という状況であり(31)、その人口はおよそ六千人前後を推移して

いたと思われる。ただし、この人数には武家の人数を含んでいない。あいにく浜松藩の武家人数の明細を記した史料は残されていないが、文化十四年に行なわれた水野忠邦の浜松藩入封時の様子を記した「御家中御名前并御高御扶持記録」[32]によれば、城代の水野平馬以下二百七十五家が水野忠邦の移封に伴って浜松へ移動してきている。また、慶安二年（一六四九）に幕府が定めた軍役規定を基に算定すると家臣団実数千百七十五人で、それに家族や奉公人を加えると約三千人の武家人口が居たともされる[33]。これよりも少なく見積もったとしても、浜松城下に居住する総人数のうち、武家人口は二割から三割に及んでいたのではないかと考えられる。こうした状況下で、藩主の転封によって全く異なった文化圏に根付いた生活様式を備えた人々が突如として流入してくることは、浜松宿とその周辺に生活していた人々にとって、相当な衝撃を持って受け入れられたであろうことは容易に想像できるのである。

広蔭が「変化抄」に記述しなかった、つまり広蔭の目に変化したと映らなかった習俗のなかには、水野家以前の歴代浜松藩主の入封にともなって他地域からもたらされ、広蔭の生活した時代には、かつてから浜松周辺地域で行なわれてきた習俗であるかのように認識されていたものがあった可能性もあるのである。

おわりに

近世後期における浜松藩域とその周辺地域では、商業取引において三河や尾張といった西との結びつきが強かったことが挙げられる。これは、文化や情報の伝えられてくる方向性としても、同地域との経済活動にともなって東漸してきたものが多かったと言えるであろう。また、東海道を往来する旅行者や商人が列島の東西から持ち込む文物を目にする機会に触れても、それを即時的に吸収することはなく、近隣地域から漸次波及してきた様子が窺えた。これは当時の商品流通体系に影響させられていたからであると考えられる。

さて、幕藩体制下における文化・情報の伝播経路については、先述したように、東西から漸次もたらされるものが多かったが、浜松藩のように領主の転封が頻繁に行なわれた地域においては、領主の移動にともなって地域性の異なる遠隔地からの文化や情報が突如として移入される状況にあったと言うことであり、大きなインパクトとして居住者の目に晒されたであろう。これは浜松藩にかぎらず、幕藩体制下において譜代大名が配置された駿河・遠江両地域の地域的特質であり、そうしたことによる文化や情報の伝播経路が存在したことを捉えておく必要がある。

水運を左右する河川や海、船舶の停泊を可能とさせる河岸や港を築造するための地形的条件、また陸運を阻害する山地や大河川が周辺に位置するかなどが、地域間の交流を粗密にする要因として考慮しなければならない。しかしながら、そうした地形的要因だけに文化圏の較差を求めるのではなく、幕藩体制下では政治的な側面においても留意する必要がある。

本稿では、浜松藩域を中心とした西遠地域での近世後期における文化・情報の伝播について考察を行なってきたが、遠江の中でも見付・袋井宿を中心とした中遠地域、掛川周辺の東遠地域、また西遠地域と隣接する東三河での文化や情報がどのようにもたらされていたのかについて比較検討することができなかった。また、史料的制約もあり本論中においても関連史料を提示して「変化抄」に記された情報を深化させるまでには到らず、これは今後の課題としたい。

註

（1）藤田佳久『豊橋・浜松地域の展開と両地域の連関に関する研究』（愛知大学中部地方産業研究所、一九九一年）、愛知大学綜合郷土研究所編『天竜川・豊川流域文化圏から東西日本をみる』（名著出版、一九九五年）。

(2) 静岡県民俗学会編『中日本民俗論』(岩田書院、二〇〇六年)。
(3) 浜松藩における商圏については、佐々木清治「近世城下町の商圏」(『商経研究』一六号、一九六六年)で戸口・交通・生産力等の視点から詳述されている。
(4)『浜松市史　史料編二』(一九五九年)所収、九五~九七頁。
(5) 前註(3)佐々木論文。
(6)「諸用記」(『浜松市史　史料編三』(一九五九年)所収、一四六頁。
(7)『細江町史　資料編七』(一九八七年)、一九三~一九七頁。気賀市については「都田村年代手鑑」(『浜松市史 史料編二』所収、二二六頁)に、寛保二年(一七四二)に始まったと記述がある。
(8)『浜松市史　二』(一九七一年)、二九八~二九九頁より引用。
(9) 前註(8)二九六~三〇〇頁。
(10) 前註(8)二九四頁。
(11) 竹村広蔭については、高田岩男「西遠地方の国学徒竹村広蔭とその思想」(木代修一先生喜寿記念論文集編集委員会編『知識人社会とその周囲』雄山閣出版、一九七五年)、斎藤新「「変化抄」と「農家心の鞭」を読み直す」(『静岡県近代史研究』二八号、二〇〇二年)などに略歴が紹介されている。
(12) 高田岩男「遠州における国学の受容とその展開」(『史潮』六六号、一九五八年)。
(13)「変化抄」については『浜松市史 史料編四』(一九六一年)、「農家心の鞭」は『静岡県史 資料編14近世六』にそれぞれ所収されている。前註(11)斎藤論文では、「変化抄」成立の背景について詳細に検討がなされ、「変化抄」が上層農民の見た社会変化を書き留めた性格の史料で、その底流には広蔭がその中で記しているように「世につれ人々薄情ニ相成」という思想が存在していることを指摘している。
(14) 曾根ひろみ「浜松藩弘化三年打毀し」(『歴史評論』三二五号、一九七七年)など。

(15)「変化抄」前註（12）四二八～四二九頁。
(16)「変化抄」前註（12）四一二頁。
(17)「変化抄」前註（12）四三五～四三六頁。
(18)「変化抄」前註（12）四一七頁。
(19)長上郡有玉下村庄屋で国学者でもあった高林方朗は、当時京都所司代であった浜松藩主水野忠邦から歌学の講義のため京都へ招聘され、その時に京都で見聞した習俗なども「二條日記」（岩崎鐵志編『高林方朗　二條日記』浜松史跡調査顕彰会、一九八六年）に記している。
(20)「変化抄」前註（12）三九九～四〇〇頁。
(21)「変化抄」前註（12）四二四～四二五頁。
(22)『舞坂町史 上巻』（一九八九年）七九六～八一二頁には、「変化抄」の記述を、他の海苔養殖に関する史料から関連付けて詳細な検討がなされている。また、森田屋彦之丞についても詳述されている。
(23)三浦俊明「浜松藩領域の形成と宿駅助成金」（『地方史研究』七九号、一九六六年）。
(24)杉山元衛「駿遠諸藩の変遷とその特質」（本多隆成編『近世静岡の研究』清文堂出版、一九九一年）。
(25)「変化抄」前註（12）四〇三頁。
(26)浜茶は、管見によれば岡山・津和野・高知・青森といった地域で飲用されていたようであり、比較的西日本に多く見られるようである。青森の事例については、北前船の交易によってもたらされたと言われている。
(27)後藤総一郎監修『見付次第／共古日録抄』（パピルス、二〇〇〇年）。
(28)『竜洋町史　民俗編』（二〇〇五年）。
(29)「変化抄」前註（12）三九七～三九八頁。
(30)「旅籠町杉浦日記」前註（4）九一～九二頁。

(31)『東海道宿村大概帳』（吉川弘文館、一九七〇年）。
(32) 浜松市史編纂室筆写史料。浜松市立中央図書館架蔵。
(33) 前註（8）九一頁。

近世後期有力町人の動向と都市運営
――駿府を事例に――

青木　祐一

はじめに

元和二年（一六一六）に徳川家康が死去し、寛永九年（一六三二）に藩主徳川忠長が改易されて以降、近世の駿府は城代と町奉行が支配する幕府直轄都市として幕末まで続く。一般的に駿府は「家康の城下町」として語られがちであるが、近世の駿府は家康が死んで終わった訳ではなく、その後は町人たちの手によって脈々とその営みを続けていたのである。本論では、このことをむしろ強調したい。

近世中期以降、駿府の都市運営は「年行事」と呼ばれる駿府独自の制度によって担われていた。また、近世後期になると、茶商いなどで経済力をつけた有力な町人が登場する。特に本論で取り上げる、野崎、野呂、萩原、北村の四家はその代表的な存在である。彼らは、年行事を構成する町頭層であり、明治になると戸長などを経て市政に参画し、近代静岡の政治家、実業家として名を馳せていく。これら四家の有力町人に対して、文化一三年（一八一六）に安倍町の町頭である野崎彦左衛門が褒賞されるのを皮切りに、幕末にかけて、彼らの町政への貢献が「奇特」であるという理由で、幕府から褒賞がおこなわれる。本論では、この四家に対する褒賞の事例を取り上げ、近世後期における駿府の都市運営の状況を明らかにした上で、近世駿府の独自性、駿府固有の在り方はどのような点にあったのかということを考えたい。

近世都市の基本単位は町（チョウ）という組織である。町は、通りを挟んで向かい合った両側の家屋敷に住む町人の生活共同体であると同時に、構成員である家持町人の家屋敷・財産・信用を互いに保証し合う組織であった(1)。家持町人によって町という組織の意志が形成されている在り方からは、借家層や下層民は排除されていた。このような近世初頭の町のあり様が近世中後期を通じて変容していく。以下、この町と町人の変容について、研究の蓄積が厚い三都の事例を紹介したい。

まず江戸の場合、吉田伸之氏の研究によれば、大商人による町屋敷の集積により、町と家持町人はその役割、共同性を大きく低下させ、「商人の論理」に吸収されていく。代わって、大商人資本とその対極の「其日稼者」と呼ばれる人々による下層社会が広範に展開する。つまり、大商人対下層民という対立の構図として江戸の社会が描かれている(2)。

一方京都では、塚本明氏の研究によれば、上層町人である家持は、一つの町の問題だけではなく、都市の公共的な領域における課題について解決していく能力を身につけ、その結果として支配体制の変化も含めて、都市行政に深く関与していく過程が明らかにされている(3)。

また大坂では、西坂靖氏の研究によれば、火消組合という町同士の結びつきが、火消しという本来の機能を越え、触の伝達回路や家持町人の利益を代表する枠組みとして機能する。このような町同士の自律的な結集の形態が、「惣町結合」として高く評価されている(4)。

三都にそれぞれ特徴があるように、地方都市にはその都市独自の特質があるはずである。では、地方都市である駿府ではどうなのか。駿府という都市を特徴づけるものは年行事という町人による都市運営制度にあると筆者は考える。

そこから、駿府の町人、年行事がどのように都市を運営していたのか、年行事を支え主導したのはどのような人々だったのかという問題点が出てくるのである。(5)

そこで、本論の課題として、以下の三点を挙げておきたい。

①褒賞の記録から読み取れる有力町人の行動と意識はどのようなものか

②奉行所側はどのような意図に基づいて、何故彼らを褒賞したのか

③有力町人は都市運営にどのような形で関与し、年行事制度とどのような関係をもっていたのか

一　駿府の都市構造と年行事

まず、駿府町方の空間構造と内部構造について、基本的なことを説明しておきたい（【図1】参照）。駿府城の南側に広がる碁盤目状の街区が、呉服町筋、両替町筋をはじめとした、駿府の中心地である。この碁盤目状の部分から東海道が東へ伝馬町・横田町などを経て江戸へ向う方向と西南へ本通・新通などを経て京都に向かう方向に走り、また西へ安西を経て安倍川上流方面に向かう街道が延び、それぞれの道筋沿いにも町が形成されている。この碁盤目状の街区とそこから延びる街道沿いに続く町並みとの組み合わせが、駿府城下の空間的な構造である。(6)また、碁盤目状の街区の西側、安西との間に「明屋敷」と呼ばれる部分があるが、これは家康在城時には武家地だった部分で、駿府藩が消滅して武家人口が減少した後は畑地となっていた地域である。駿府城の大手門前には駿府町奉行所があり、碁盤目状の街区の中には、後述のように町人の結集の場である町会所（マチカイショ）＝雷電寺が位置していた。

次に町政機構について述べる。近世初期の駿府では、町年寄が町政を行っていた。(7)町年寄は、呉服町一丁目の友野

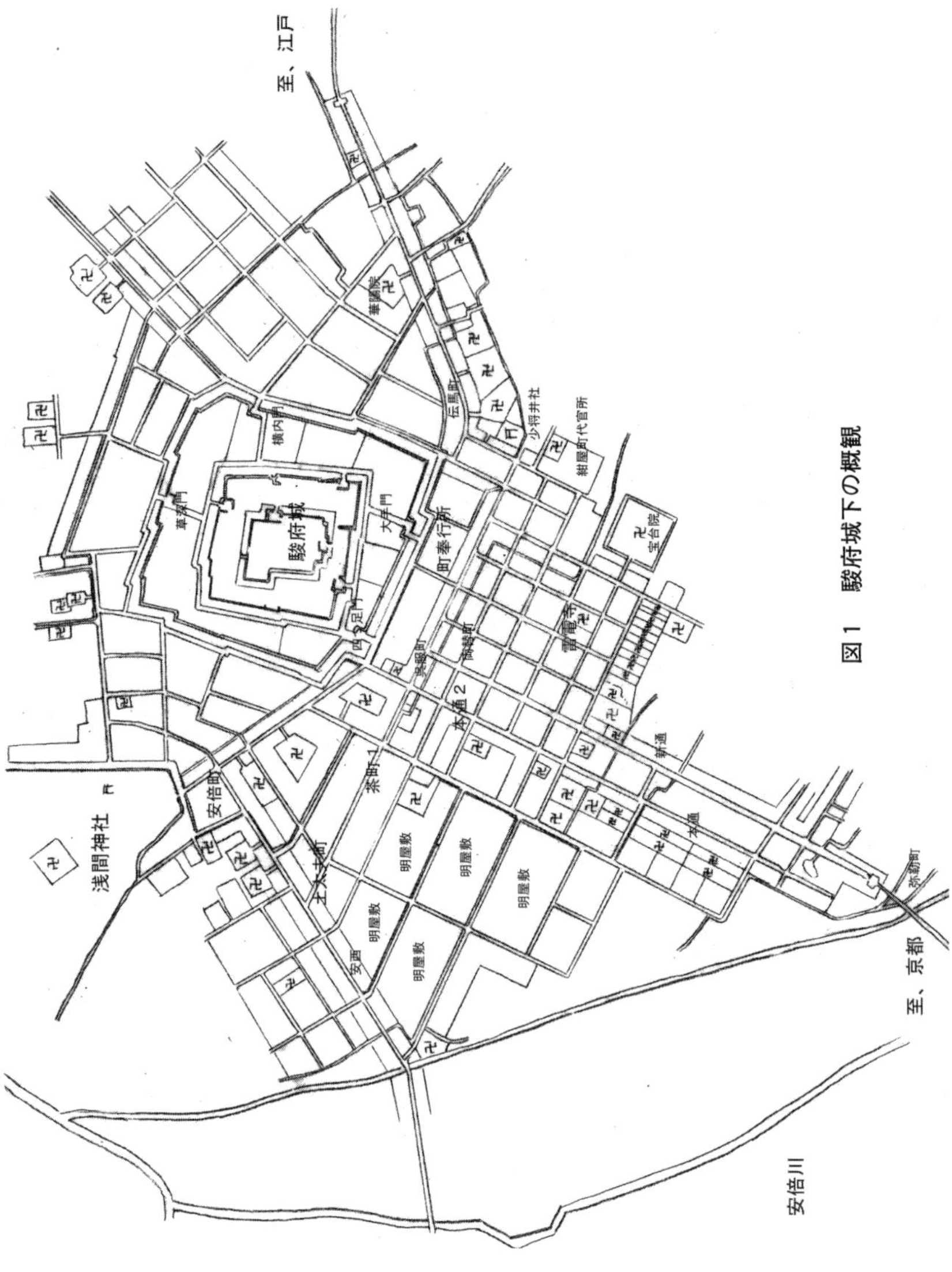
至、江戸
華陽院
伝馬町
少将井社
紺屋町代官所
宝台院
横内門
草深門
駿府城
大手門
町奉行所
四足門
呉服町
両替町
雷電寺
本通2
新通
茶町1
安倍町
浅間神社
明屋敷
本通
弥勒町
安西
至、京都
安倍川

図1　駿府城下の概観

与左衛門、両替町一丁目の松木新左衛門、呉服町二丁目の大黒屋孫左衛門の三家のうちから町奉行が任命した。また、他に町年寄家三家を含む「長崎仲間」と呼ばれる特権的な商人が一一家存在していた(8)。こうした初期豪商により駿府町方は運営されていたと考えられるが、一七世紀の末頃になるとこれらの家は相次いで没落し力を失っていったようである。これら初期豪商に代わって、駿府の都市運営は中小規模の一般家持町人たちによって担われていくことになる。

町年寄や「長崎仲間」といった初期豪商に代わって、駿府の町政を担っていったのが、町頭と年行事である。町頭というのは、駿府の個別町ごとにおかれた町の代表者である。駿府には俗に九六の町があったと言われているが、このうちの六二町が二一の組合をつくり、三〇〜九〇日交代の輪番で、当番の町頭が駿府全体の都市運営をおこなうという仕組みが年行事である。先述のように初期豪商の経済力低下に伴い、一七世紀後半からその活動が確認できる。年行事は、町として勤める一種の「役」であり、町頭層による比較的フラットな運営体制であったと筆者は評価する(9)。また柴雅房氏は、年行事の記録である「万留帳」を網羅的に分析し、『静岡市史』で若尾俊平氏が注目した年行事について、都市の意志形成という観点からこれを「惣町結合」であると高く評価している(10)。七間町三丁目と下石町三丁目の境の土地に雷電寺という寺院があり、ここに町会所がおかれていた。町会所とは駿府町人のための公共的な施設であり、町頭が集まって寄り合いが行われたり、年行事が使用する文書や物品が保管されていた(11)。

天保期以降になると、「百人組合火消」というものが登場する。これはそもそも文字通り、火消のための組織であったが、大坂の事例で西坂氏が明らかにしたのと同様に、駿府でも火消組合の枠組みが、都市としての意志決定の枠組みとなっていたことが確認できる(12)。この「百人組合火消」も町頭層によって担われており、都市の意志形成の上で年行事を補完する機能を果たしていた。

二　「表彰取調帳」にみる有力町人への褒賞

次に、分析の対象とする「表彰取調帳」について説明しておきたい。[13]この史料には、合計八件の記録が合冊されている。前半の三件は天明から寛政期にかけての孝行者への褒賞の記録である。その後に、文化一三年（一八一六）閏八月の安倍町町頭・野崎彦左衛門を始めとして、萩原四郎兵衛、野呂伝左衛門、北村彦次郎の四名に対する褒賞の記録が収録されている。前半の三件が孝子褒賞であったのに対して、後半の四件は対象者が「奇特」であるという理由による褒賞である。[14]

町人に対する褒賞に関して池上彰彦氏は、「孝義録」などにみられる、「孝行」「忠孝」「貞節」として幕府から褒賞された孝子褒賞の事例の分析を通じて、褒賞の対象であった江戸の都市下層民の生活実態を明らかにしている。[15]一方坂本忠久氏は、天保改革期に改革に協力的な家持町人が「奇特」として褒賞される事例に着目し、近世後期には池上氏の取り上げた孝子褒賞という教化政策と、奇特者褒賞という二つの都市政策が並立していたという見解を示している。[16]本論で取り上げる駿府の事例は、どちらかと言えば後者の家持町人に対する奇特者褒賞に属する事例である。

では、駿府における四件の奇特者褒賞について、具体的にみたい。表1に、褒賞の概要をまとめたが、紙幅の関係により、一つ目の野崎彦左衛門の事例のみを詳しく見ることとする。

【史料1】

御白洲ニおゐて彦左衛門殿江被　仰出候御書付之写左之通

安倍町

表1　有力町人に対する褒章の概要（『表彰取調帳』より作成）

	年代	名前	町名	肩書	褒章者	褒章の理由	褒章の内容
①	文化13年閏8月	野崎彦左衛門	安倍町	町頭	駿府町奉行井上左門	・3代にわたって町頭役を無給で実意に勤める ・町内、近隣町、近在村方の困窮者・長寿者への援助など、長年にわたる奇特な行為	・永々苗字御免 ・褒美銀10枚 ・永々番所縁側差免 ・取次者へ鳥目5貫文宛
②−1	弘化2年12月	萩原四郎兵衛	土太夫町	町頭	駿府町奉行戸田寛十郎	・養父に対する孝行 ・町頭と明屋敷名主を実体に勤める ・日常の奇特な行為	・一代苗字御免 ・褒美銀10枚 ・奉行から銀1枚
②−2	弘化4年6月	萩原四郎兵衛	土太夫町	町頭	駿府町奉行三好大膳	・府中宿の運営に貢献 ・町方困窮者への援助 ・その他の奇特な行為	・子孫迄苗字御免 ・褒美銀10枚 ・奉行から銀1枚 ・子孫まで番所縁側差免
②−3	嘉永元年10月	萩原四郎兵衛	土太夫町	町頭	駿府代官寺西直次郎		・御用向きで役所へ出頭した際に「縁側勤」を申し付け
③−1	嘉永3年10月	野崎彦左衛門	安倍町	町頭	駿府町奉行三好大膳	・久能山へ野呂伝左衛門と合わせて千両を献上 ・町方、宿方、在方の困窮者への長年の援助 ・孝行者、長寿者への施し ・日常の奇特な行為	・褒美銀10枚 ・奉行から銀1枚
③−2	嘉永3年10月	野呂(桑名屋)伝左衛門	本町2丁目	組頭	駿府町奉行三好大膳	・久能山へ野崎彦左衛門と合わせて千両を献上 ・町方の困窮者への援助 ・町内への助成金の提供 ・孝行者、小児への施しなど、日常の奇特な行為	・永々苗字御免 ・奉行から銀1枚
④	安政3年12月	北村彦次郎	茶町1丁目	町頭	駿府町奉行貴志孫太夫	・父や継母への孝行、召使いへの憐れみ ・町頭として町内取締が良い ・町方の困窮者への施し ・町方・宿場・川場への助成金の提供 ・安政地震に際し復興資金の提供 ・長年の孝心、奇特な行為	・永々苗字御免 ・褒美銀10枚 ・奉行から銀1枚 ・永々番所縁側差免

町頭　彦左衛門

其方儀三代引続町役実意ニ相勤、其上年来品々奇特之取計有之候ニ付江戸表江相伺候処、為御褒美銀拾枚被下
永々苗字名乗候様従御老中方被仰下候間難有可存候

永々番所縁頬差免　　野崎彦左衛門

（中略）

右之通申渡候間其旨可存候、且右之趣惣町中、江尻宿、丸子宿、清水町、弥勒町江不洩様年行事より可申聞候
子閏《（文化一三）》八月廿七日

これは、「表彰取調帳」中の野崎彦左衛門に対する褒賞の記録の冒頭部分である。野崎彦左衛門が褒賞された理由として挙げられているのは、三代引き続いて町頭役を「実意」に勤めており、長年にわたる「奇特」な行為があるためとされている。褒賞の内容としては、永々苗字御免、永々番所（奉行所）縁側差免、褒美銀十枚が与えられている。そして、この褒賞の内容が年行事を通じて、駿府町奉行の管轄下である駿府町方および江尻宿、丸子宿、清水町、弥勒町といった隣接する地域へ触れられた。また別の箇所には、野崎の居住する町である安倍町町内からの野崎の行状に関する届け出があり、三代にわたって町頭役を無給で勤め、町内・家内の取締が良く倹約に励んでいること、町内や近隣町、近在村方の困窮者へ援助をしていることなどが記載されている。さらにこの事例では、野崎の困窮者への援助を取り次いだ取次人四名からの届け出も添えられており、困窮者・長寿者への援助の具体例が列挙されている。これら取次人はいずれも安倍町周辺の町の町人であり、これら取次者四名へも褒美として鳥目五貫文ずつが与えられている。

他の三件の事例でも、町役人を「実体」に勤めており、町方・宿場・川渡場へ助成金を提供したり、久能山への上

納金、困窮者・長寿者への援助といった日常の奇特行為に対する褒賞であることが記されている。また褒賞の内容としていずれの事例でも、永々苗字御免、永々番所縁側差免、褒美銀十枚が与えられている。

では、この褒賞はどのような目的でおこなわれ、どのような意味を持っているのか。まず、この褒賞は駿府町奉行から老中へ伺いを立てた上で行われており、幕府＝公儀によっておこなわれた褒賞という意味がある。そして、その理由として史料中には父母などへの孝行という要素も記されてはいるが、それよりはむしろ「奇特」という要素が強く出ている。つまり、都市の維持や運営への貢献に対する褒賞と位置づけられるのである。こうした、町役人や有力町人に対する「奇特」を理由とする褒賞は、京都、大坂では見られない事例である(17)。

以上のように、町役人の勤め方が「実体」であるとか、都市機能維持のための助成金提供、日常的な窮民救済活動に対する褒賞は駿府独自の都市政策と評価することができるであろう。駿府町奉行としては、都市機能の維持や困窮者対策が課題として認識されており、これらの課題の解決に協力する町人を政策の代替者として、また町人の手本として褒賞していると考えることができる。

また、四件に共通して与えられている「番所縁頬差免」という特権の持つ意味であるが、京都の町代、大坂の惣年寄といった惣町レベルの役人は公事日・訴訟日に町奉行所へ出頭し、裁許の場へ陪席する格式が与えられていた(18)。つまり、奉行と同席で町人へ裁許を申し渡すという形式がとられていたのである。町奉行所の縁側に上るというのは、これと同様の意味合いをもつものと考えられる。しかし、駿府の場合、裁許の場に町人が陪席するというような事例が「万留帳」などでは確認できない。そのためここでは、奉行所で申渡などを受ける際に一般町人のような白洲ではなく、一段上の縁側で受ける格式を与えられたと考えておきたい。

三　有力町人の行動原理と年行事、町奉行との関係

ここでは、「表彰取調帳」以外の史料から、有力町人の行動と、年行事、町奉行との関係を主にみていきたい。

1　慶応二年の上納金

ここで使用した史料は、慶応二年（一八六六）二月の「御進発御用途御金上納名前帳」である。[19] この史料は、第二次長州戦争時に駿府町人が幕府へ上納金を納めた際の帳簿で、町ごとに上納者の名前と上納金額が書き上げられている。上納者は八三町の七五八人、上納金額は合計一万両余りとなっている。

上納者のうち、一〇〇両以上の高額上納者は二三名いるが、野呂整太郎（本通二丁目）、北村彦次郎（茶町一丁目）、野崎延太郎（安倍町）の三名が、それぞれ五〇〇両で最高額となっている。また、高額上納者の居住町を見ると、呉服町、両替町といった従来の中心地と並んで、茶町、安倍町、安西といった、先に【図1】で確認した西側地域に居住する町人の名前が多く確認できる。つまり、近世後期の茶業の進展に伴って、駿府町方中心部（呉服町、両替町筋）から茶生産地である安倍川筋に近い西側地域（茶町、安倍町、安西）への経済力の移動がみられ、町人の経済力の格差が地域格差を伴って進行していると考えられる。二節で見た四家のうち、野崎、北村、萩原の三家については、茶問屋・茶商人であったことが確認できる。つまり、近世後期の褒賞の対象となった有力町人は、近世後期に茶商いなどによって経済力をつけた者と考えることができる。

もう一点この史料から確認しておきたいことは、町頭の出金額が町内で最大とは限らない例も多いということである。一〇〇両以上の上納者二三人のうち、町頭である者は四人に過ぎない。つまり、経済力がある者が町頭に就くとは限らないということである。近世社会では経済力と政治的発言力は直結するものではない。しかし、他にも高額の上納者がいる中で、この四家については、町頭層であるということと、上納額が駿府の中でも抜きん出ているという点でたいへん特徴的である。

2　都市維持策への貢献

安政の大地震（嘉永七年〈一八五四〉一一月）や慶応の大火（慶応二年〈一八六六〉三月）の際に四家をはじめとする有力町人の名前が、施行の世話取扱人や惣代として、また金や米の提供者として確認できる[20]。これは、江戸でも見られるような災害時・非常時における下層民への施行と同様の事例と考えられる。従来これら下層民への施行行為は、打ち壊し防止のための下層民対策として説明されてきた[21]。駿府でも天明七年（一七八七）五月、天保七年（一八三六）八月に米屋が打ち壊しにあう騒動が発生しており、有力町人による打ち壊し対策のための施行行為と見ることも可能である。

しかし、二節で見たような四家の困窮者への援助は、災害などの臨時的なものではなく、同一人物に対するかなり長期にわたるものも含まれている。また、下層民だけではなく、家持町人や町場・宿場の維持という名目での資金提供もみられ、これらの行為は単なる「下層民対策」ということでは、何故そのような行為をしているのか説明がつかない。そこで、私はこれを「都市を維持するための行為」として捉えたい。都市機能を維持するための長期にわたる資金提供は、彼ら有力町人が駿府こそが自らの経営基盤であり、その維持こそが自らの経営の安定につながるという都市全体を見通した視点を持っていたことをうかがわせる。このような町人のあり方は、近世都市社会をみる上で、改めて見直されるべきではないだろうか。

3　年行事制度の中での有力町人の役割

それでは次に、有力町人は年行事制度の中でどのような役割を果たしていたのか、一つだけではあるが事例を挙げたい。(22)

【史料2】

亥五月二日年行事当番被　召出御掛星野弥五右衛門様より御口上ニ而被　仰渡候者、一橋中納言様明三日当所御泊ニ而御通行御継立人足弐千人程之所、千弐百人者府中宿并助郷村々ニ而御賄出来候得とも、残而八百人程助郷村々人足差支ニ付相当之賃銭差出候間当町方ニ而人足八百人差出呉候様助郷惣代共より府中宿役人江申出候趣ヲ以右宿役人共より願出候ニ付、早々町方江相談示右人足差出候様可取計、尤宿役人共より茂右之段可申出ニ付精々可差出旨被　仰渡候ニ付、町惣代共江茂談示之上御請奉申上度旨ヲ以引取組合相談之上町惣代中江触達候処、即刻参会及談判候処下方ならす儀ニ付四組年番、且安倍町丁頭野崎彦左衛門殿、茶町壱丁目丁頭北村彦次郎殿等相招評議可然与之儀ニ至り、（後略）

これは、文久三年（一八六三）五月の一橋慶喜の駿府通行に際し、助郷人足が不足したことから、助郷村と府中宿（伝馬町）からの願いによって町方からも八〇〇人の人足を出すように町奉行所から申し渡しがあった際の対応を記した記事である。申し渡しを受けた年行事は、駿府全体にかかわる問題であるので、自らだけでは判断せず、「百人組合火消」四組の年番と安倍町町頭野崎彦左衛門、茶町一丁目町頭北村彦次郎ほかを呼んで対応を相談している。

後略部分では、年行事は「町方惣出会」（すべての町頭が集まる寄合）を招集した上で、「後例市中弊窮之基」「自然御由緒柄江茂差響」という理由で一旦はこの申し渡しを拒否する。しかし、町奉行所からの再三の申し渡しに対し、さらに相談した結果、前例とならない形で一〇〇人の人足を無賃銭で供出するという決定を行い、返答書を提出している。

この事例からは、野崎、北村といった有力町人が火消年番と並んで、年行事だけでは解決困難な問題について、年行事から相談を受ける立場であったということがわかる。つまり、一町人、一町役人としてではなく、駿府町方全体にかかわるような大きな課題を解決する役割を担い、またその役割を期待されるような存在であったということである。近世後期の駿府では重要事項の決定の際には、年行事、四組の火消年番、有力町人らによってまず合意形成がはかられ、その上で町方全体としての意志が決定されるという流れが存在していたのである。とは言え、有力町人らの意志だけで駿府町方の運営が左右されていたというようには必ずしも見ることができない。最終的な意志決定は年行事制度の枠組みで行われており、提出された願書には年行事と四組の火消年番は連署しているが、野崎、北村は連署をしていない。あくまで、年行事に対して非公式な形で助言を行う役割を果たしているとみることができよう。

最後に、有力町人、町奉行所、年行事、それぞれの論理をまとめておきたい。駿府の有力町人は、江戸における三井のように「町の論理」を無視して自己の経済活動に邁進するような大商人資本とは異なり、あくまで町役人として行動し、都市維持の担い手としての自覚を持っていると評価することができよう。また、町奉行所にとっては、彼らの経済力を積極的に都市維持策に活用することで、幕府の都市政策の代替者としての役割を担わせようと意図していたと見ることができる。一方、年行事を構成する町頭層にとっては、年行事の平等性という形式はあくまで維持しつつも、彼らの経済力や指導力に期待するところがあったであろう。

では、これら有力町人は何故このような視点を持ち得たのであろうか。この問いへの全面的な答えとはならないが、ひとつの要素として野崎彦左衛門に関しては、町人道徳を説いた石門心学の影響が指摘できる。駿府では、文化元年（一八〇四）頃に牧野靫負、天保一二年（一八四一）六月に加藤靫負、弘化四年（一八四七）に三好大膳の各駿府町奉行が、道話文庫や道場を設立している[23]。その際、町方では野崎彦左衛門が資金面でこの活動を支えていたことが判明する。野崎の行動の背景には、こうした思想の影響もあったと考えられるのである。

おわりに

幕府崩壊後、北村、野崎、野呂といった有力町人は駿府に入った新政府軍の御用達を申し付けられている[24]。その後成立した静岡藩においては、商法会所・常平倉の役人へと登用された[25]。明治三年（一八七〇）一〇月には月番交代町年寄＝年行事が廃止され、固定制の町年寄、副年寄が有力町人から任命される。さらに、明治五年（一八七二）一月に戸長制度が導入されると、萩原、野崎、野呂が戸長に任命される[26]。

また、明治三一年（一八九八）三月の「静岡商業会議所会員名簿」によれば、野崎彦左衛門、北村五郎兵衛、萩原太郎次郎はいずれも銀行業として記載され、特に野崎彦左衛門は第一次静岡銀行の頭取を二代にわたって勤めている[27]。彼らは、幕末から明治にかけて、近代静岡の政治家、実業家に成長していったのである。

最後に近世駿府の特質について、筆者なりの意見を述べて本論を締めくくりたい。

近世の駿府は、「町人が守る都市」と言える。その点で、藩領や他の直轄都市とも性格が異なる都市と考えられる。駿府の都市運営は、町頭と年行事によって担われていた。町頭は経済力を持つ者が勤める役とは限らないが、徐々に経済力のある有力町人が町政を支えていくことになる。しかし、有力町人も恣意的ではなく、あくまで町頭として年行事の枠内で活動していることが確認できる。つまり、年行事とそれを支える有力町人の存在が、近世後期駿府の都市運営を特質づけているのである。

彼ら有力町人が町頭であり、年行事であったからこそ、自己利益の追求だけではなく、自己の経営を安定させていく基盤が駿府であり、その都市を維持することが必要だという視点を持ち得たのではないのか。近世駿府の年行事による「都市運営」の経験が、近代静岡の「都市行政」と生かされていったと考えたい。

今後の課題としては、一般町人によって担われた年行事制度による都市運営の実態や特質のさらなる解明、近世後期から幕末にかけて登場する本論で取り上げた四家以外の新興町人の動向といった点を挙げておきたい。

註

（1）朝尾直弘「近世の身分制と賤民」（『部落問題研究』六八号、一九八一年、のち『朝尾直弘著作集』第七巻、岩波書店、二〇〇四年に所収）。

（2）①吉田伸之「町人と町」（『講座日本歴史』六・近世一、東京大学出版会、一九八五年）。②同「施行と其日稼ぎの者」（同著『近世巨大都市の社会構造』東京大学出版会、一九九一年）。

（3）塚本明「近世後期の都市の住民構造と都市政策」（『日本史研究』三三一号、一九九〇年三月）。

（4）西坂靖「大坂の火消組合による通達と訴願運動」（『史学雑誌』九四巻八号、一九八五年八月）。

（5）町人の自らの手によって担われていた都市のあり様を、専門集団としての官僚制による「都市行政」という近代的な概念で表現することに筆者は疑問をもつため、本論では「都市行政」ではなく、「都市運営」という言葉をひとまず使用することを予めお断りしておく。

（6）若尾俊平「駿府町方の町割り・宅地割り」（日本城郭史研究叢書第一二巻『城下町の地域構造』名著出版、一九八七年）。
（7）『静岡市史』近世、一九七九年。
（8）中田易直「駿府と長崎貿易」（同著『近世対外関係史の研究』吉川弘文館、一九八四年）。
（9）①拙稿「明治初年駿府（静岡）における都市運営の変容―年行事体制の終焉と町会所文書―」（菅原憲二編『記録史料と日本近世社会』千葉大学大学院社会文化科学研究科、二〇〇〇年）、②同「近世都市における文書管理について―「駿府町会所文書」を中心に―」（『千葉史学』三九号、二〇〇一年）。
（10）柴雅房「近世都市における惣町結合について―駿府町会所「万留帳」の分析から」（『史境』三七号、一九九八年）。
（11）前掲、註（9）拙稿。
（12）前掲、註（10）柴論文。拙稿「駿府における「百人組合火消」の機能―近世都市における火消の一側面について―」（菅原憲二編『記録史料と日本近世社会』Ⅲ、千葉大学大学院社会文化科学研究科、二〇〇四年）。
（13）静岡県立中央図書館所蔵『静岡市史編さん資料』一〇七。『静岡市史編さん資料』とは、戦前の『静岡市史』編さんの際に収集された資料で、この中に年行事が作成し、雷電寺町会所の土蔵に保管されていた町方の記録、いわば「駿府町会所文書」と呼ぶべきものが多数含まれている。年行事の業務記録である「万留帳」もこの中に含まれている。前掲、註（9）拙稿参照。
（14）本史料に所収された孝子褒賞は以下の三件である。伝馬町孝女・まき（天明八年二月）、両替町二丁目孝子・中川屋清七（寛政二年七月）、茶町一丁目孝子・深見屋多十郎（寛政三年一〇月）。他に、嘉永四年八月に萩原四郎兵衛が、道中奉行より「宿々取締役」に任命された際の書類も含まれている。一つの褒賞ごとに一冊ずつ作成された記録が、ある時期に合冊されたと考えられる。
（15）池上彰彦「後期江戸下層町人の生活」（西山松之助編『江戸町人の研究』第二巻、吉川弘文館、一九七三年）。
（16）坂本忠久『近世後期都市政策の研究』大阪大学出版会、二〇〇三年、第二章「天保期の褒賞制度と都市政策の実施」。

(17) 江戸では名主への褒賞の事例が、安政二年一一月に一件だけ確認できる（『江戸町触集成』第十六巻、一五七六二号）。しかし、その理由については具体的に記されていない。むしろ江戸では、火災の消火に当たった者や、家持による災害時の下層民への施行行為を褒賞する例が、幕末期の町触に多数見られる。
(18) 朝尾直弘「元禄期京都の町代触と町代」（岸俊男教授退官記念会編『日本政治社会史研究』下、塙書房、一九八五年）。
(19) 『静岡市史編さん資料』八九。
(20) 『静岡市史』近世史料三、一九七六年。
(21) 前掲、註（2）②吉田論文。
(22) 『静岡市史編さん史料』七〇、「万留帳」（三五）。
(23) 柘植清『静岡市史余録』一九三二年。石川謙『石門心学史の研究』岩波書店、一九三八年。石門心学については、村上大輔氏（大阪市史編纂所）のご教示を得た。
(24) 国立公文書館所蔵「行在所并大総督府諸道鎮撫使諸往復留」。
(25) 龍澤潤「静岡藩商法会所の設立について―商法会所・常平倉の理念をめぐって―」（『白山史学』三七号、二〇〇一年）。
(26) 前掲、註（9）①拙稿。
(27) 『静岡市史』近代史料、一九六九年。静岡銀行50年史編纂室編『静岡銀行史』静岡銀行、一九九三年。

近世後期における民間宗教者の一考察
――三河の徳本をめぐって――

相馬　伸吾

はじめに

本稿は、浄土宗捨世派の僧である徳本行者（一七五八～一八一八）を中心にとりあげ、徳本の存命中・入寂後に人々が多く建立した「名号碑」[1]という石造物に注目し、三河地域で考察を行った。徳本の名号碑は、徳本が布教した地域を中心に建立されているが、三河では現段階で七四基確認している。[2]

徳本は紀州日高郡久志村（現和歌山県日高郡日高川町）の出身である。五穀を断つ・生涯不臥・厳しい修行・大きな声で称名をしつつ木魚と鉦を乱打する念仏・念仏の功徳による現世利益などが人々に受け入れられ、その噂が全国に広まり、徳本を信仰した人々は「徳本講」を組織し、人々が徳本を招請するという形式で布教を行った。[3] 徳本が布教した地域は近畿や中部・関東を中心に広範に亘っており、それらの地域を中心に、「南無阿弥陀佛　徳本（花押）」と刻銘された名号碑が建立されている。その数は統計的なデータは得られていないが、数千基に及ぶと推測する。近世後期において、人々が一人の人物を称え、石造物を建立し、その範囲が広範に亘っていることなどからも、徳本という人物をとりあげることに意義がある。

徳本の布教活動に関する研究は多くの成果がある。[4] 田中祥雄氏は、徳本が初めて江戸に入府した享和三年（一八〇三）に、寺社奉行からの徳本の経歴確認に対し、増上寺や伝通院が対応した事例や、文化一一年（一八一四）以降の徳本の布教活動を紹介し、徳本は近世浄土宗教壇にとって必要な存在であったことを明らかにした[5]。西海賢二氏は、近世仏教史研究の方法として、教団側からのみでなく民衆側からの視点も重視すべきであるとして、文献史料以外に現在も残っている名号碑や名号軸・伝承・講などに注目し、歴史・民俗・宗教学の立場から徳本を考察している[6]。調査範囲は現況の県単位まで広げ、神奈川・長野県で調査を行い、名号碑は神奈川県で一四一基[7]、長野県で一六五基確認している[8]。和歌山県では、塩路善澄氏が調査を行い、二三一基確認している[9]。

しかし、現神奈川・長野県域は徳本が文化一一年（一八一四）以降集中的に布教を行った地域であり、『全集』の記載も多い[10]。現和歌山県域は徳本の出生地であり、多くの年月を紀伊で布教・修行しているので[11]、両地域とも名号碑が多く建立されているのは自然といえる。つまり、徳本の集中的な布教・修行地に徳本講が簇生し、名号碑が建立される現象が起こった、と今までの成果をまとめることができる。

冒頭で述べたように、三河では徳本の名号碑を七四基確認しており、近世の一国範囲ではあるが、その数は多いといえる。しかし、『全集』には三河に関する記述が少なく、これが注目できる点である。よって本稿では、名号碑から得られる情報や分布、徳本の弟子である徳住上人の活動と徳住の名号碑に注目し、①なぜ三河でも多くの名号碑が建立されたのか、②その中で三河という地域がどのように位置づけられるのかを明らかにすることを目的とする。

一　信仰の契機

1　文化一一年の関東下向

研究史を踏まえ、三河と他地域とを名号碑の基数で比較すると、徳本は三河でも布教をしたのではないか、という仮説をたてることができる。史料からは、二回三河を通過したことが確認できる。

一回目は享和二年（一八〇二）である。『徳本行者伝』に、「同年（享和二年）十一月、関東下向を催さる。宗門の規式なれば、師家の伝法をも乞、かつは東漸の化益もなどおぼしけるより、東海道を経て、江戸に着せらる(12)」（史料中の括弧は筆者、以下同じ）とあり、東海道を使用しているので、三河を通過したことが確認できる。だが、この年の関東下向に関する傍証史料を確認できていないため、詳細は不明である。

二回目は文化一一年（一八一四）である。その様子は四つの史料から確認できるので次に示す。

【史料一(13)】

十九日（文化一一年五月）、京師を発錫せらる。日を経て桑名の渡につき給ふところは、師の下向をいつしか伝えけん。夥群集たとふるものなし。からうじて、御こしを船にのせまゐらす。送り参らせんとて、桑名より船多く漕ぎ出たるに、宮の駅よりも御迎にとて、其来る船みなひとつになりて、七里の海上大かたは御供の船ども連れけり。宮の駅には正覚寺を始めとして、遠近の前後に立ふたがり、十念こひければ、御供の人々は殆行悩みけり。池鯉鮒の駅にては、群集の人々雲霞の如くにて、御輿寸歩も進こと能わざれば、已事得ずして、ある家の檐に登りて、十念を授け給へり

【史料二(14)】

○廿二日、紀州、徳本上人断食にて殊勝の行者也、九才より山に籠り、無学にて念仏のみ也、近年、高名に成、諸人の尊敬多し、委は宗派の人に尋べし。此度、江戸表へ下向にて、今日渡海有て、熱田正覚寺に宿せらる。参詣の人々多し。高座をまふけて称名念仏、高声に唱へ、諸人に御十念をさづけらるゝ。老若群集夥し

【史料三】[15]

夫ニツキ、文化年中、徳本行者初テ江戸下向ノ時キ、岡崎随念寺ニ一宿有。当国の僧俗何宗ニ下（不）限参詣シテ十念ヲ受ラレタリ。参詣ノ中ニ、京都大本山円福寺御隠居信阿弥陀仏岡山ノ尭雲寺ニ居ラレシガ、此ノ日ニ（参）詣有テ、徳本ヲ三（参）拝シテ十念ヲ受ケ玉ヘリ

【史料四】[16]

居士俗名水越与右衛門政盛〈子息十一人ありとぞ〉、額田郡岡崎天台宗六供坊の役人なり、壮年の頃〈文化年中〉同所岡崎随念寺に於て、徳本行者化縁の折節祝宴や催しけん、本願念仏の不可思議なる事を聴聞して、忽ち願生念仏の信行を一向専修に決し、日課念仏を制約し、治生産業繁多の中にも心行を策励しけるに

これらの史料から、文化一一年（一八一四）五月二二日に熱田の正覚寺で一宿し、翌日熱田から池鯉鮒を通り、岡崎の随念寺で一宿して江戸へ向かったことがわかる。[17] つまり、この年の徳本の三河での滞在期間は二川までの道程を考慮しても二・三日であったことが推測できる。

『全集』を参照すると、徳本の布教内容は、主に①座を設ける（説法をする）、②十念授与（「日課誓授之儀」を交わす）という二点である。これと【史料一】から【史料四】の傍線部に注目すると、同内容であることがわかる。つまり、文化一一年（一八一四）の三河通過も布教活動を行っていたことがわかる。また、関東下向という目的だけならば、陸路ではなく海路を使用した方が早い。敢えて陸路を使用したと考えると、関東下向は布教活動も兼ねていたことがわかる。

2　三河での徳本講の広がり

文化一四年（一八一七）における徳本講の形成状況は『徳本行者講中名號記』から確認することができ、それから三河の講の記述を抜粋すると次のようになる。

【史料五】(18)（史料中の番号は筆者）

①
三州碧海郡小垣江村誓満寺
一、大幅名号三幅　講中六百十三人
世話人　小左衛門
清右衛門
栄　七

②
三州加茂郡加納村
一、大幅名号　講中百四十四人
世話人　小左衛門
甚　七
喜代之助

③
三州三谷村
一、大幅名号　講中百五十五人
世話人　惣次郎

④
三州加茂郡日明村
一、大幅名号　講中百七人

世話人　武四郎

平　吉

⑤　三州幡豆郡酒井村誓覚寺

一、大幅名号　講中百人

世話人　且　中

太西利八

尾崎長右衛門

⑥　三州岡崎板屋町講中

一、唐紙半切名号二幅

世話人　忠　吉

長左衛門

⑦　三州佐久島一色村講中

一、唐紙半切　世話人　藤右衛門

⑧　三州佐久島東里村

一、唐紙半切　世話人　講　中

⑨　三州はず（幡豆郡）村巨海村講中

一、唐紙半切　世話人　八郎左衛門

⑩　三州挙母城主内藤山城守殿

藩中講中

一、唐紙半切　世話人　川西市朗右衛門

杉村甚左衛門

この史料は、徳本講の「世話人」が徳本の布教地に代参し、徳本の名号軸を授かった大きさと、各地の講の国名・村名・人数などが記載されたものである。この史料から文化一四年（一八一七）の三河での徳本講の形成状況が確認でき、人数が記載されていない講の人数も含めると一二〇〇名ほど存在したことがわかる。しかし、『名號記』には、文化一三年（一八一六）と翌一四年の二年分しか記載されていないので、実際はもっと多かった可能性がある。

【史料五】であげた中でも、①の小垣江村（現刈谷市小垣江町）誓満寺の人数が六一三名であることは注目できる。この人数は『名號記』に記載されている中では最大であり、大幅名号も三幅与えられている。刈谷市小垣江町紫雲寺には、文政元年（一八一八）に作成された「徳本講人別帳」があり、それには三八名の加盟者の名前が記載されている。同史料には「下組講中」とあり、近世村落段階の小垣江村は上・下・新田の三組に分かれていたので、この下組は【史料五】の誓満寺の講の一部であろう。なお、紫雲寺には徳本の大幅名号軸があるので（【表2】No.13）、【史料五】で確認できる名号軸の一つであろう。また、仮に上・新田組にも徳本講が形成されていたとして、人数も下組と同等の人数であったとしても『名號記』の人数に合わない。つまり、誓満寺の講の範囲は数村の加盟により成立していたことがわかる。これについては【史料五】の②③④⑤にも、誓満寺ほどの規模ではないが、同じことがいえると思われる。

以上の考察により、三河の人々にとっての徳本への信仰の契機となったのが、文化一一年（一八一四）五月の数日間の布教であったことがわかる。【史料一】から【史料三】の人々の群集状況を考慮しても、この年の段階で徳本が多くの人々に認知されていたことがわかる。この布教が契機となり、三河の各地で徳本講が形成され、文化一四年（一八一七）では、各講の人々が徳本の布教地へ代参し、名号軸を授かったのである。

二　名号碑の考察

1　分布からの考察

本章では、名号碑から得られる情報に注目する。前述したように、徳本の名号碑は三河で七四基確認しており、【表1】からその分布は広範に亘っていることがわかる。【表1】の類別は、名号碑の銘文を基に分類を行うことにより、名号碑が建立された背景に、どのような人々が関わっていたのかを推測することができる。この名号碑に「講中」や「村中」とあるものは、名号碑が建立された背景にある程度の人々が関わっていたことがわかる。「墓石」は名号碑に「〇〇家先祖歴代之墓」のようにあるものを分類し、これから名号碑を建立した人々の範囲が「講中」や「村中」に比べて狭いことが推測できる。(19) この分類を基に【表1】の「講中」や「村中」とある名号碑の建立されている所在地と【史料五】で確認した講の所在地を比較すると、「講中」は現豊橋市（№８９1112、以下括弧内の数字は【表1】の№をさす）や豊田市の足助（495051545657）・旭地区（63）に分布しており、「村中」も豊田市の下山（60）・小原（61）・旭地区（6264）に分布していることがわかる。これらから、三河の徳本講の広がりは、前掲した【史料五】にみられた以上に広がっていたことがわかる。無類別の名号碑でも、大きな名号碑があるので、その範囲はより広かったことが推測できる。

次に、【史料五】で確認した各講の地域に注目すると、①②③④⑤⑨の地域には、同地域に名号碑が建立されていることがわかる（それぞれ、24 40 6 36 1 30が該当する）。また刈谷市小垣江町では四基の名号碑を確認しており（22〜25）、【史料五】①の誓満寺の講の構成人数に比例して、集中的に建立されていることがわかる。

2　年月日からの考察

ここでは、名号碑に刻銘されている年月日を基に作成した【表5】の徳本の名号碑を中心に考察していく。【表5】をみると、文政元年（一八一八）の名号碑が九基と多いことがわかる。十月六日は徳本の命日であり、その日を追悼して建立されたものと思われる。つまり、この年月日の名号碑は文政元年以降に建立されたものとみなければならない。他の名号碑も建立された経緯は様々であると思われるので、名号碑に刻銘されている年月日をそのまま信用できない。しかし、名号碑の中には「〇年〇月〇日建之」とある名号碑もあるため、それらの名号碑はその時期の近くに建立されたと推定し、「文政元年」以外の名号碑は、銘文の年月日を考察対象にした。

徳本が入寂した文政元年（一八一八）を基準にすると、存命中に建立されたものと、入寂後に建立されたものとに分けることができる。

まず、文化九年（一八一二）の二基についてだが、碧南市貞照院の名号碑（以下a）には「国松氏歴代之墓」とあり、豊田市の専蔵寺の名号碑（以下b）には「先祖代々」「天野氏」とあることからａｂともに墓石であることがわかる。先に確認した徳本の三河の布教は文化一一年（一八一四）であり、『名號記』の記載は文化一三年（一八一六）からであるため、三河での布教以前に徳本への信仰が形成されたことになる。徳本は文化二年（一八〇五）から文化一一年（一八一四）の関東下向までは主に紀伊や摂津で活動をしている。無論名号碑を建てるのには名号軸が必要であるので（徳本の名号碑には、独特の筆使いで書かれた六字名号を碑に刻銘するため）、徳本の布教地で授かっていなければならない。『名號記』に記載されているのは各地の徳本講の者が徳本の滞在地に代参しているので、それと同様なことが行われていたと仮定すると、文化九年（一八一二）の段階で、代参が行われていたことになる。

aには、元禄年間から文政年間まで一七名の戒名が刻銘されている。その中に「文政元年癸酉十二月十七日　釋尼敬向」と文政元年（一八一八）に入寂した人の戒名もあるので、後に石碑に手を加えたことがわかる。また六字名号の「南無阿弥陀佛」の部分は「文化九年」やそれ以前の年号の部分よりも深く鮮明に残っている。これらから、墓石は文化九年（一八一二）に建立されたが、徳本の六字名号はそれ以降に刻銘したと推測する。bも同様に、「昭和二十二年十月天野守加筆」とあることから、後に建てかえられた可能性が高い。これらから、一章で述べたように、三河での徳本の信仰は文化一一年（一八一四）以降に形成されたと推測する。[20]

文化一四年と一五年の二基は、それぞれ【史料五】であげた④と②の地域と同じ場所に建立されている。そのため、これらの名号碑は徳本の滞在地で名号軸を授かり、その後各地域で名号碑を建立したと思われる。これらのことから、三河で名号碑が建立され始めたのは文化一四年（一八一七）以降であることがわかる。

徳本入寂後に建立された名号碑は、【表5】をみればわかるように、ほとんどが入寂後に建立されていることがわかる。中でも文政年間から天保年間に建立されたものが多い。その中には、徳本の一周忌や三・七・一三・一七・二三・二七回忌の年にあたる名号碑を確認でき、徳本の入寂月である十月とあるものも確認できることから、回忌を機縁として建立されたものが多いことが推測できる。

以上の名号碑からの考察により、【史料五】にみられた以上に徳本を信仰した人々が存在し、名号碑を建立したことがわかる。また、名号碑が建立され始めたのは文化一四年以降であるが、徳本存命中のものは少なく、入寂後である文政から天保年間にかけて、徳本の回忌を機縁として建立された名号碑が多いことが明らかとなった。

三　徳住上人の活動

1　徳住上人について

徳住上人（一七七七～一八四二、以下徳住と略記）は、徳本の一二人の大弟子の一人である。徳住は三河碧海郡大浜（現碧南市）に、角谷氏の次男として生まれ、豊次郎と名付けられた。九歳の時に出家し、後文化一三年（一八一六）に徳本の弟子となり、名を徳住と改めた。徳本入寂後は文政一一年（一八二八）に現岡崎市九品院を開基し、初代住職となっている[21]。徳住も徳本と同様に名号碑が建立されており、三七基確認している（【表3】【表4】参照）。徳住の生涯は「真阿徳住上人行業雑記[22]」から確認することができ、その布教範囲は三河・尾張・信濃・甲斐・越前・美濃・伊勢・紀伊・伊豆に亘っているが、布教の地域を示すのみで詳細はほとんど不明である。だが、三河での分布をみる限りでは、三河以外の各地でも名号碑が建立されていると思われる[23]。三河での布教も詳細は不明だが、名号碑の分布から、三河の各地で布教を行ったと推測する。この徳住の活動が、前章で確認した徳本の名号碑が入寂後に建立されたものが多いことを考える上で重要になる。

2　徳本行者と徳住上人

【史料六[24]】

（前略）行者（徳本）ノ尊命粉骨砕身ノ慈誡有リシヲ思ヒ、身ヲ玖老勢大非観音之滝ニ雪キ、専念ヲ励ミ（中略）

唯速カニ当果無碍之素懐ヲ遂ント欲。時ニ同国新城大善寺卓瑞和尚と云ヘルアリ。諸寺院方ノ拒障ヲ防ギ、其の所願満足ノ外護ヲナンセラレケル。文政三年辰年十一月廿五日入行ニテ（中略）行者ノ練行ヲ思ヒ断穀一食一碗ノミナリ。単衣不臥ニテ、念々相続ノタメ余言ヲ絶シテ単身口称十万返、日礼三千投滝坐窟座生来ノ汗稽ヲ雪キ、千日満セスンハ誓テ此窟ヲ不出ト。夜サヘ半時ノ眠リモ止メテ勇猛精進に励マレケリ（中略）信刕唐沢阿弥陀寺（禅）徳誉本察和尚等、法縁と評決シ上人（徳住）ヲ迎ント駕ヲモタセ自ラ迎ニ来テ誘レケルハ（中略）願クハ唐沢単誓上人ノ行窟ニ満行を遂ゲ玉へ。我等外護スベシ。請フ、移転セラルベシと有ケルニ（中略）去ホドニ、本察和尚ノ外護心厚ク誘ナハレケルニ其願心ヲ妨ゲズ、信刕へ移転ノ往来駕中ニ鉦ヲ打称名シ坐窟ニ同ジク勤メ、予ト法類トノ心労ヲ顧ミ信刕へ移転セラルベシ（中略）終ニ文政六年午八月十三日（八百五十三日）ヨリ未百五十七日ハ唐沢ニテ満行ナシ玉ヘリ（中略）本察和尚自ラ香炉ヲ取テ松本ソノ外諸方ノ化導ヲ扶護セラレケルヨリ、甲府ニ至リ広大ナル化益ニテ、故行者ノ化導再ビ暉キヌトテ随喜セザル者ナカリキ（以下略）

【史料七】(25)

（前略）出家剃髪し名徳本と申候、右寺に罷在候節も月正寺へ引籠三十日之間、一日に煎麦一合宛食物に仕、食事之節も不座にて常立行道高声念仏励之修行仕候事に御座候、然る所、往生寺に罷在候ては世事も御座候而、念仏修行心儘に難成、仍之翌年同郡十津川ニ二畳敷程の小庵補理候て昼夜不臥、裸身の上麻七条之袈裟計着用仕、一日之食事は蚕豆之粉一合宛殊に独住之儀に付除髪も不仕其儘にて念仏修行仕候、尤八ツ時より草庵之谷河へ下り寒暑とも水垢離仕、其儘石上に相立広懺悔之文相唱へ、夫より庵に帰りては念仏礼拝苦修練行仕候、右礼拝の数日別三千礼、又は五千礼七千礼一万礼程宛仕候、右庵に住居仕候事凡七年計りに御座候（以下略）

【史料六】は、徳住が文政三年（一八二〇）に新城市玖老勢（旧鳳来町）で千日間の別行を行い、その途中で本察和尚が信州の唐沢で別行を満行させるように徳住を誘い、信州での満行後、各地で布教を行った部分の史料である。【史料七】は、文化元年（一八〇四）三月三日付で伝通院の役者が、徳本の経歴について寺社奉行に宛てたものの抜粋である。ここでは、徳本と徳住の修行方法に注目する。

【史料六】傍線bから、徳住の修行方法は①「一食一碗」、②「単衣不臥」、③「日礼三千投」であることがわかり、【史料七】から、徳本の修行方法は①「一日に煎麦一合宛」「一日の食事は蚕豆之粉一合宛」、②「昼夜不臥」「裸身の上麻七条之袈裟着用仕」、③「礼拝の数日別三千礼、又は五千礼七千礼一万礼」であることがわかり、両史料の各番号の修行内容が対応し、同質なものであったことがわかる。また【史料六】には「夜サヘ半時ノ眠リモ止メテ勇猛精進に励マレケリ」とあり、【史料七】には「食事之節も不座にて常立行道高声念仏励之修行仕」とあり、両者とも少しの時間も惜しんで念仏修行に励んでいたことがわかる。以上のことから徳住は徳本と同等の修行をしていたことがわかるので、人々にとっても徳住が徳本と同等の存在であったことが推測できる。

また【表6】は、徳本と徳住の名号碑が同じ場所に建立されている、または名号軸が所蔵されている事例を示したものであり、一〇例ある。これらの内、名号碑は並列されて建立されている場合が多く、名号碑の建立傾向からも人々にとって徳本と徳住が同等の存在であったことがわかる。

【史料八】(26)

（前略）浄恩寺へ御入被成、直ニ一座念仏御説法有之御止宿被成、翌朝七ツ過頃竜泉寺へ御移り、同日三席御勤被成、参詣人夥敷事ニ候、則同寺へ御止宿被成、翌朝七ツ頃御発駕被成、芳養組善徳寺ニ而一席念仏御勤被成、夫より切目ニ而小休被成候由、右ニ付当地講中并南部岩代切目之筋塩屋御泊り迄も皆々御見送り致候由、猶厚信之筋ハ四五十人計若山迄御供いたし候由、依之上下共道中道辻々等へ名号石相立候由申伝へ候この史料は、文化一〇年（一八一三）に徳本が熊野三山へ巡錫した時の記録である。説法をしている記述が確認できるので、熊野三山巡錫の途中で立ち寄った寺は布教も兼ねていたことがわかる。最後の部分に「依之上下共道中辻々等へ名号石相立候由申伝へ候」とあることから、徳本が人々に名号碑の建立を促していたことがわかる。先の【史料六】傍線fからは、徳住の布教が徳本の「化導」が再び輝くようであり、皆が喜んだ旨が確認できるので、布教方法も徳住と徳本は同内容であったことが推測できる。これと【史料八】の記述を考慮すると、徳住も人々に名号碑の建立を促していたことが推測できる。

次に、【表5】の徳本と徳住の名号碑の年月日を比較する。徳住は天保十三年（一八四二）八月二十三日に入寂しており、徳住の名号碑も、建立された時期が存命中と入寂後とに分けることができ、徳住の名号碑は徳本に比べ、多くが存命中に建立されたことがわかる。二章で徳本の名号碑は文政から天保年間にかけて多く建立されていることを確認したが、両者の名号碑が多く建立されている時期が重なることがわかる。この期間に徳住が三河でも布教を行っていることから、徳住が自ら布教を行うと共に徳本の名号碑建立を民衆に説いたことが推測できる。【史料六】と【史料七】で確認したように、徳住は徳本の修行・布教スタイルを正確に継承しているので、布教時に徳本の教えを拡大・継承させようとしたことは史料的には確認できないが、想像に難くない。つまり、徳本の名号碑が三河において多く建立された理由には、徳住の布教活動が大きかったのである。

おわりに

本稿での考察により、三河における徳本について、名号碑の分布を中心に、その影響はかなりのものであったことを明らかにした。名号碑が多く建立された理由は、①文化一一年（一八一四）の関東下向の途中で三河を通過したのが布教も兼ねており、それが三河の人々にとっての信仰の契機となり、②徳本入寂後は、徳住の布教活動により、彼が徳本と同等の存在となり、自ら布教を行う一方で徳本が築いた基盤を継続させ、名号碑の建立を民衆に促したからである。

この三河の事例により、『全集』に記載されている以上に徳本の影響は広まっていたのであり、全国的な徳本信仰圏は更なる広がりがあるはずである。その可能性を示す事例として三河を位置づけることができる。

また、民間宗教者の位置づけとして、徳本は特に多くの弟子を輩出したことに注目する。それは、徳住のように布教を行った存在と、【史料六】傍線aで確認できる徳住の千日間の別行を「外護」した卓瑞和尚や、同史料傍線cdeで確認できる信州での別行やその後の布教を「外護」した本察和尚のような布教者を支えた存在である。彼らが相互補完的に、一方で布教、一方でその布教を支援することにより、布教拡大を図ったのである。これは徳本の布教でも同様であり、「布教者」を支えた存在がいたからこそ、大規模な布教ができたのである。他の民間宗教者と比べると、このような点から徳本の特徴を見出すことができる。

「はじめに」での①の結論として徳住を位置づけたが、人々が各名号碑を建立した経緯は様々であろうから、表面的な理由が得られたにすぎない。また他地域、他の宗教者、浄土宗内、他宗派との比較から、徳本や徳住が近世仏教史や近世（または近代）社会にどのように位置づけられるのかなど、問題は山積している。これらについては今後の課題としておく。

註

（1）紙幅の関係で写真を掲載しなかったが、西海賢二『漂白の聖たち―箱根周辺の木食僧―』（岩田書院、一九九五年）などで掲載されているので、参照されたい。
（2）二〇〇三年度の愛知大学日本史近世田崎ゼミでの調査による。石本・川村・酒井・清水・滝井・寺木・永田・筆者の八名で調査を行った。
（3）西海賢二「聖と民衆―相模の徳本行者をめぐって―」（『民俗宗教』一巻、木曜会、一九八七年、六五頁～九四頁）。また、徳本を信仰した人々は身分に拘わらず広く存在したため、本稿での「人々」の対象は全体をさすことにする。
（4）戸松啓真編『徳本行者全集　六巻研究篇』（山喜房佛書林、一九七六年）。一巻から五巻は史料編としてまとめられており、徳本研究の基本的な文献である（以下『全集』と略記）。近世仏教や念仏聖としての位置づけは、辻善之助『日本佛教史　九巻』（岩波書店、一九五四年、六〇一頁～六〇六頁）や、長谷川匡俊『近世念仏聖無能と民衆』（吉川弘文館、二〇〇三年、四頁～五頁）で行われている。
（5）田中祥雄「徳本と原町一行院について」（『大正大学研究紀要　仏教学部文学部』六二、一九七六年、一二一頁～一四〇頁）。
（6）註（3）西海前掲論文。
（7）註（1）西海前掲書。
（8）渡辺みゆき・西海賢二「聖と民間宗教者―信濃の徳本行者をめぐって―」（『信濃』五五巻、信濃史学会、二〇〇三年、六五九頁～六七二頁）。
（9）塩路善澄『―和歌山での足跡巡礼の旅―徳本行者をたずねて』（正覚寺、二〇〇五年）。徳本の布教や名号碑についての成果は、他にも多くあるが省略する。
（10）『全集』一巻～三巻。

(11) 主に『全集』二巻や五巻から、紀伊での布教や修行の様子を知ることができる。
(12) 福田行誡『徳本行者伝　中之巻』(『全集　五巻』三八頁)。
(13) 同右 (三八頁)。
(14) 『金明録　五巻』(名古屋市蓬左文庫編『名古屋市叢書三編　十四巻　金明録』名古屋市教育委員会、一九八六年、三〇三頁)。
(15) 『念仏貞本日記』(牧達雄『近世往生人伝』四季社、二〇〇四年、三〇三頁)。
(16) 『三河往生験記　下巻』(笠原一男編『近世往生伝集成　一巻』山川出版社、一九七八年、四三八頁〜四四一頁)。
(17) 【史料二】以外は文化一一年(一八一四)以降に作成されており、そのため【史料三】【史料四】は「文化年中」となっているが、いずれも文化一一年の記述であると推測する。【史料一】『徳本行者伝』の作者福田行誡は、徳本の偉業を宗派内に広めることを意図して作成しており、精査な調査をもとに作成したようであり、徳本の正史とされている(田中祥雄「徳本行者全集書誌解説」〔『全集　六巻』五八九頁〕)。【史料三】【史料四】は【史料一】【史料二】との関連性を考えると、文化一一年と解釈するのが妥当と思われる。
(18) 『徳本行者講中名號記』(『全集　二巻』七五頁〜二五二頁、以下『名號記』と略記)。名号軸は、講の人数が五〇名未満は小幅(一尺)、五〇名から一〇〇名未満は中幅(二尺)、一〇〇名以上は大幅(三尺)がそれぞれ与えられた。
(19) 個人で建立された名号碑は、調査から明確になったものは一例のみである(【表1】№59)。
(20) しかし、享和三年(一八〇三)の段階で、徳本は一度関東に下向して布教を行っているので、文化元年・文化二年頃に全国的に徳本の名声が広まったとも推測できる。これについては文化二年から文化一一年までの主に近畿地方での活動が尾張や三河でどれほど広まっていたのかが問題となるが、現段階でそれを示す史料を確認できていない。
(21) 林正雄「徳住上人のこと」(新城市郷土研究会編『郷土』一二五号、新城市郷土研究会、一九八七年)。
(22) 林正雄氏所蔵の複写を使用した。以下、「徳住記」と略記する。

(23) 他地域の徳住の名号碑は、尾張で七基（梶田稔『徳本流名号石考』個人出版、一九七八年）、長野県東筑摩郡で五基報告されている（伊藤曙覧『越中の民俗宗教』岩田書院、二〇〇二年、二一六頁）。

(24)「徳住記」。

(25)「口上覚」（『全集　五巻』四九一頁～四九二頁）。

(26)『田辺町大帳』（塩路善澄「―和歌山での足跡巡礼の旅―『徳本行者をたずねて』の出版報告と徳本行者熊野巡錫の一考察」所収史料抜粋、正覚寺、二〇〇五年）。

表１　徳本行者名号碑一覧表

No.	類別	寺院堂名	宗派	所在地	高さ	年月日	備　考
1	講中	福泉寺	浄土宗	吉良町上横須賀八王子31	260cm	文政2.仲冬	當山現住慈空　願主中野半兵衛
2	墓石	同上	同上	同上	155cm	文政2.6.6	11代黒野次太夫
3	墓石	宝珠院	浄土宗	吉良町吉田石池58	未計測		當寺　調廊斎薩大徳
4	—	利生院	浄土宗	蒲郡市形原町東上野7	230cm	文政元.10.6	
5	墓石	同上	同上	同上	未計測		2代目鳥居安次郎
6	—	真牧寺	浄土宗	蒲郡市豊岡町池田61	91cm	天保15.10.6	17世願空観瑞西堂代
7	追悼碑	庚申堂		蒲郡市竹谷町	110cm	文政元.10.6	
8	講中	普仙寺	浄土宗	豊橋市牟呂中村6-5	78cm	天保5.6	23世尋蓮社恩譽卓酬
9	講中	専願寺	浄土宗	豊橋市馬美塚71	170cm	天保4	世話人・石工・僧名が刻銘
10	—	悟真寺	浄土宗	豊橋市関谷212	108cm	文久4	念譽代　日代葛城源治建之
11	講中	専修院	浄土宗	豊橋市下地西35	62cm		3名の戒名が刻銘
12	講中	西福寺	浄土宗	豊橋市前芝町字東43	90cm		
13	—	法尺寺	曹洞宗	田原市（渥美）和地北屋敷4	140cm		海から引き上げられたもの
14	—	真如寺	浄土宗	田原市（渥美）古田蔵道上131	90cm		
15	講中	九品院	浄土宗	岡崎市鴨田町字山畔9	200cm	文政12.10	多くの人名が刻銘
16	墓石	興蓮寺	真宗	岡崎市亀井町2-34	40cm	弘化3.7	伊賀村渡邊氏
17	墓石	同上	同上	同上	50cm	明治12.11.2	3名の戒名が刻銘
18	墓石	西光寺	浄土宗	岡崎市鴨田町字向山38-1	60cm		5名の戒名が刻銘
19	—	海徳寺	浄土宗	碧南市音羽町1-60	167cm	文政元.10.6	現住等翁建之
20	墓石	貞照院	浄土宗	碧南市霞浦町2-73	160cm	文化9.12	国松氏之墓　7名の戒名が刻銘
21	墓石	常行院	浄土宗	碧南市本郷町3-38	60cm		7名の戒名が刻銘
22	講中	蔡華寺	浄土宗	刈谷市小垣江町南屋敷65	130cm	文政元.10.6	
23	講中	大師堂		刈谷市小垣江町須賀	110cm	文政元.10.6	徳本講170回忌昭和63.12.6
24	—	誓満寺	浄土宗	刈谷市小垣江町地内25	100cm		徳本の事跡の銘文あり
25	墓石	専称寺	浄土宗	刈谷市小垣江町地内161	110cm	天保12.7	林田氏柘植氏35名の戒名が刻銘
26	—	願行寺	浄土宗	刈谷市半城土町乙本郷81	90cm		
27	墓石	実相寺	浄土宗	刈谷市元町2-2	70cm	天保元.7	5名の戒名が刻銘
28	墓石	同上	同上	同上	60cm	大正8.夏	2名の戒名が刻銘
29	—	来岸寺	浄土宗	刈谷市東境町向イ郷2	90cm		
30	講中	福生院	浄土宗	西尾市巨海町宮東48	140cm	文政3.12	
31	—	岩滝寺	浄土宗	豊田市岩滝町萩洞130	136cm		
32	—	天満宮	浄土宗	豊田市百々町3	116cm		
33	—			豊田市平井町8（大塚古墳）	147cm		
34	—	庚鈴院	浄土宗	豊田市古瀬間町安貝津1059	119cm		
35	—			豊田市森町3	55cm		
36	講中	観音堂		豊田市坂上町丸塚60-1	220cm	文化14.春	
37	—			豊田市九久平町横手	270cm	天保11.9	
38	墓石			豊田市松平町（墓地）	124cm		2名の戒名が刻銘
39	—			豊田市大内町大給尻	115cm		
40	—	大松寺	浄土宗	豊田市加納町寄元6	76cm	文化15.2	
41	—	門屋庵		豊田市御舟町大皿田	205cm		
42	—			豊田市東広瀬町上り坂	60cm	文政3.7	
43	講中	薬師堂		豊田市城見町須田口	75cm		
44	—			豊田市中金町如来	190cm		
45	講中	心学院	浄土宗	豊田市野見町10-85	70cm	天保7.2	
46	講中	光明寺	浄土宗	豊田市下市場町5-20	45cm	文政元.10.6	
47	墓石	性源寺	浄土宗	豊田市広川町5-97	55cm	明治31.11.2	
48	—			豊田市舞木町（墓地）	60cm		
49	講中	薬師堂		豊田市（足助）有洞	244cm	文政5.5	願主忍了
50	講中	宝珠院	浄土宗	豊田市（足助）中之御所井之上16	150cm	文政5	
51	講中			豊田市（足助）野林西大野（墓地）	30cm	文政7.10	
52	墓石	専蔵寺	真宗	豊田市（足助）栃本日面38（墓地）	120cm	文化9.12.19	昭和22.10天野守加筆
53	—			豊田市（足助）山ヶ谷浅ヶ谷	125cm	文政元.10.7	
54	講中			豊田市（足助）桑田和	170cm	文政9.10	

表1　徳本行者名号碑一覧表（つづき）

No.	類別	寺院堂名	宗派	所在地	高さ	年月日	備　考
55	—			豊田市(足助)上切山下中根	100cm		
56	講中			豊田市(足助)川面西ノ久保	145cm	文政元.10.7	
57	講中	津島神社		豊田市(足助)桑原田松戻り	未計測	安政5.10.14	
58	—	応声寺	浄土宗	豊田市(足助)久木東洞40	145cm	文政6.4	
59	個人			豊田市(足助)足助篭ノ鳥4	72cm		藤井幸八
60	村中	福寿院	曹洞宗	豊田市(下山)阿蔵仏供田10-3	175cm	嘉永5.9	
61	村中	観音堂		豊田市(小原)西細田釜ヶ洞276-1	135cm	弘化4.12	
62	村中	東安寺	浄土宗	豊田市(旭)下切宮之洞2679	122cm	文政5.5	願主恒譽義道和尚
63	講中	地蔵堂		豊田市(旭)坪崎イダボラ	60cm	文政7.正	徳本の戒名が刻銘
64	村中	堂		豊田市(旭)惣田名々瀬	254cm	文政6.7	若者
65	—			豊田市(旭)伯母沢蔵久保	60cm	文政元.10.6	
66	—			豊田市(旭)閑羅瀬大切	60cm	文政2.7	
67	—	龍渕寺	臨済宗	豊田市(旭)牛地西久保52-4	60cm		
68	—			豊田市(旭)万根横吹	135cm		
69	—	宝林寺	浄土宗	三好町打越嶋乃山30	70cm		
70	—	大善寺	浄土宗	新城市字西入船22	150cm		
71	—			新城市(作手)守義伍領(墓地)	90cm		
72	—			新城市(作手)田原東田原円所	105cm		
73	—			新城市(作手)清岳市場(墓地)	180cm	文政6.6	名号八百万遍供養塔
74	—	石仏公苑		設楽町田口	130cm	文政3.5	田口町　関谷□尓

表2　徳本行者関係資料一覧表

No.	類別	寺院堂名	宗派	所在地	高さ	備　考
1	名号軸	福泉寺	浄土宗	吉良町上横須賀八王子31	125cm	真筆大幅名号
2	名号軸	在家		吉良町上横須賀	未計測	小幅名号
3	名号軸	宝珠院	浄土宗	吉良町吉田石池58	未計測	小幅名号
4	木像	阿弥陀寺	浄土宗	一色町佐久島東屋敷3	未計測	
5	木像	利生院	浄土宗	蒲郡市形原町東上野7	45cm	背面に徳誉書
6	名号軸	在家	—	蒲郡市豊岡町	未計測	中幅名号 徳本の肖像あり
7	木像	観音寺	浄土宗	蒲郡市三谷町六舗63-65	41cm	文化十三星　西田立慶　立康作
8	名号軸	在家	—	田原市(渥美)	106cm	信州ニ而求ム
9	木像	九品院	浄土宗	岡崎市鴨田町山畔9	未計測	西田作
10	名号軸	随念寺	浄土宗	岡崎市門前町91-1	68cm	中幅名号 徳本の肖像あり
11	名号軸	海徳寺	浄土宗	碧南市音羽町1-60	108cm	大幅真筆名号
12	名号軸	同上	同上	同上	未計測	中幅名号 徳本の肖像あり
13	名号軸	紫雲寺	浄土宗	刈谷市小垣江町下137	未計測	真筆大幅名号
14	人別帳	同上	同上	同上	—	文政元12.15　下組講中
15	名号軸	在家	—	豊田市坂上町丸塚	40cm	真筆小幅名号

表 3　徳住上人名号碑一覧表

No.	類別	寺院堂名	宗派	所在地	高さ	年月日	備　考
1	墓石			蒲郡市水竹町下島	47cm		先祖代々
2	—	観音寺	浄土宗	一色町対米蓮池25	70cm	萬延2.春	當所供養主　加藤佐六　登美
3	—	随念寺	浄土宗	岡崎市門前町91-1	未計測	明治21.12	傳馬町　清水増六
4	地蔵カ	海徳寺	浄土宗	碧南市音羽町1-60	43cm		多数の戒名が刻銘
5	—	蔡華寺	浄土宗	刈谷市小垣江町南屋敷65	132cm		
6	—	誓満寺	浄土宗	刈谷市小垣江町地内25	100cm		
7	—	願行事	浄土宗	刈谷市半城土町乙本郷81	80cm		
8	—	長善寺	浄土宗	刈谷市西境町前山244	145cm		
9	講中	西組協会	浄土宗	西尾市巨海町北河原48-2	95cm	天保2.7	
10	—	薬師堂		豊田市坂上町山の神	146cm		
11	講中			豊田市穂積町新屋	178cm	天保5.9	西野村二本木村　發願主桑田周司
12	—	金泉寺	曹洞宗	豊田市東広瀬町神田12	120cm	文政13.3	
13	—	福満寺	浄土宗	豊田市金谷町5-86	86cm	安政6.正	同行中
14	石像	松孝教会		豊田市畝部町宗定	115cm	昭和41.11	法然上人750回忌　願主一向常念
15	講中	同上		同上	80cm	昭和41.11	
16	墓石	性源寺	浄土宗	豊田市広川町5-97	60cm	大正13.12	2名の戒名が刻銘
17	—	薬師堂		豊田市(足助)有洞	79cm	天保7.5	
18	—	薬師堂		豊田市(足助)菅生石亀	150cm		三橋万五郎
19	—	同上		同上	70cm		
20	道標			豊田市(足助)菅生石亀	100cm		
21	—			豊田市(足助)山ヶ谷山蕨	120cm	文政4	
22	—			豊田市(足助)大蔵連尾越洞	150cm	文政4.6	
23	—	十王寺	真宗	豊田市(足助)足助宮平38-1	100cm		
24	講中	西運寺	浄土宗	豊田市(小原)市場大沼633	70cm	天保4	
25	村中			豊田市(旭)榊野井戸入	100cm		世話人當村中　願主久保明　しや
26	三面碑	正授院		豊田市(下山)羽布寺街津	170cm		徳住·慈本·真佛の名号が刻銘
27	—	庚申寺	曹洞宗	新城市字北畑3	220cm		
28	村中			新城市(鳳来)富保岡	155cm	天保13.9	岡郁中　新井忠兵衛
29	村中			新城市(鳳来)副川大石	240cm	文政9.1	大石村　願主池田氏前宣
30	墓石	放光寺		新城市(鳳来)副川	150cm		7名の戒名が刻銘
31	—			新城市(鳳来)副川	135cm	天保2.4	徳住行者此處ニ□□□□□□
32	—			新城市(作手)善夫バンバ平	135cm		
33	—			新城市(作手)杉平	110cm	天保10.11	
34	—			設楽町東納庫大平	130cm	文政14.12	
35	講中			設楽町東納庫堂ヶ平	170cm	天保4.8	
36	—			設楽町清崎小良	165cm	文政7.9	尾州知多郡上半田□貞□
37	村中			設楽町(津具)田中原	200cm	文政9.6	施主□(村カ)中

表 4　徳住上人関係資料一覧表

No.	類別	寺院堂名	宗派	所在地	高さ	備　考
1	名号軸	福泉寺	浄土宗	吉良町上横須賀八王子31	130cm	真筆大幅名号
2	名号軸	宝泉寺	浄土宗	吉良町小牧郷中86	170cm	大幅真筆名号
3	木像	大光院	浄土宗	蒲郡市西浦町丸山18	49cm	
4	木像	九品院	浄土宗	岡崎市鴨田町山畔9	未計測	
5	名号軸	誓満寺	浄土宗	刈谷市小垣江町地内25	178cm	
6	名号軸	紫雲寺	浄土宗	刈谷市小垣江町下137	未計測	大幅真筆名号
7	名号軸	在家		豊田市坂上町丸塚(日明村)	35cm	小幅真筆名号　念仏講所蔵
8	名号軸	在家		豊田市坂上町山の神	30cm	小幅名号　念仏講所蔵
9	名号軸	在家		豊田市坂上町宮下	63cm	中幅名号　念仏講所蔵
10	名号軸	在家		豊田市(足助)室口	37cm	小幅名号　念仏講所蔵
11	名号軸	専願寺	浄土宗	豊橋市馬見塚71	未計測	
12	名号軸	法香院	浄土宗	豊橋市野田町字野田95-1	未計測	

*【表1】～【表4】筆者調査により作成。地域の方々の御教示や、多くの文献を参照したが引用は省略。筆者が直接確認したもののみを掲載したため、実数はより多い。

表5　名号碑年月日対照表

徳本						徳住			
年	数	月日	所在地			年	数	月日	所在地
文化9	2	12月	碧南市貞照院	↑徳本存命中↓					
		12月19日	豊田市(足助)専蔵寺						
文化14	1	春	豊田市坂上町観音堂						
文化15	1	2月	豊田市加納町大松寺						
文政元	9	10月6日	蒲郡市利生院	↑徳本入寂後↓	↑徳住存命中↓				
		同上	蒲郡市庚申堂						
		同上	碧南市海徳寺						
		同上	刈谷市小垣江町大師堂						
		同上	刈谷市小垣江町蔡華寺						
		同上	豊田市光明寺						
		同上	豊田市(旭)伯母沢						
		10月7日	豊田市(足助)山ヶ谷						
		同上	豊田市(足助)川面						
文政2	3	6月6日	吉良町福泉寺						
		仲冬	同上						
		7月日	豊田市(旭)閑羅瀬						
文政3	3	5月吉日	設楽町石仏公苑						
		7月吉日	豊田市東広瀬町						
		12月吉日	西尾市福生院						
						文政4	2		豊田市(足助)山ヶ谷
								6月日	豊田市(足助)大蔵連
文政5	3		豊田市(足助)宝珠院						
		5月	豊田市(足助)有洞薬師堂						
		5月日	豊田市(旭)東安寺						
文政6	3	4月吉日	豊田市(足助)応声寺						
		6月日	新城市(作手)清岳						
		7月日	豊田市(旭)惣田						
文政7	2	正月日	豊田市(旭)坪崎地蔵堂			文政7	1	9月吉日	設楽町清崎
		10月	豊田市(足助)野林						
文政9	1	10月日	豊田市(足助)桑田和			文政9	2	1月吉日	新城市(鳳来)副川
								6月日	設楽町(津具)田中原
文政12	1	10月吉祥	岡崎市九品院						
						文政13	1	3月	豊田市金泉寺
天保元	1	7月	刈谷市実相寺						
						天保2	3	12月	設楽町東納庫大平
								4月日	新城市(鳳来)副川
								7月日	西尾市西組協会
天保4	1		豊橋市専願寺			天保4	2		豊田市(小原)西運寺
								8月日	設楽町東納庫堂ヶ平
天保5	1	6月吉日	豊橋市普仙寺			天保5	1	9月吉日	豊田市穂積町新家
天保7	1	2月	豊田市心学院			天保 7	1	5月	豊田市(足助)有洞
						天保10	1	11月吉日	新城市(作手)杉平
天保11	1	9月	豊田市九久平町						
						天保13	1	9月吉日	新城市(鳳来)富安
天保15	1	10月6日	蒲郡市真牧寺						
弘化3	1	7月中旬	岡崎市興蓮寺						
弘化4	1	12月	豊田市(小原)観音堂						
嘉永5	1	9月吉日	豊田市(下山)福寿院						
安政5	1	10月14日	豊田市(足助)桑原田						
					↑徳住入寂後↓	安政6	1	正月	豊田市福満寺
						万延2	1	仲春	一色町観音寺
文久4	1		豊橋市悟真寺						
明治12	1	11月2日	岡崎市興蓮寺						
						明治21	1	12月	岡崎市随念寺
明治31	1	11月2日	豊田市性源寺						
大正8	1	夏	刈谷市実相寺						
						大正13	1	12月21日	豊田市性源寺
						昭和41	2	11月	豊田市松孝協会
								11月	豊田市松孝協会
小計		43				小計		21	
年月日なし		31				年月日なし		16	
合計		74				合計		37	

*【表1】【表3】より作成。

表６　徳本・徳住の影響が同地にみられる事例

No.	場　所	徳　本	徳　住
1	岡崎市九品院	名号碑・軸	名号碑・軸
2	吉良町福泉寺	名号碑・軸	名号軸
3	豊橋市専願寺	名号碑	名号軸
4	碧南市海徳寺	名号碑・軸	名号碑
5	刈谷市蔡華寺	名号碑	名号碑
6	刈谷市願行寺	名号碑	名号碑
7	刈谷市紫雲寺	名号軸	名号軸
8	刈谷市誓満寺	名号碑	名号碑・軸
9	豊田市坂上町丸塚	名号碑・軸	名号軸
10	豊田市性源寺	名号碑	名号碑
11	豊田市(足助)有洞薬師堂	名号碑	名号碑

＊【表1】～【表4】より作成。
＊１の九品院には名号軸が多数所蔵されている。
＊５の徳住の名号碑は境内から少し離れた位置にあるが、管理は蔡華寺が行っている。
＊９の名号碑は観音堂にあり、名号軸は同地域の念仏講が所蔵している。

温泉観光地の形成と発展
――戦間期の静岡県を事例に――

高柳　友彦

はじめに

本稿の課題は、戦間期の静岡県（伊豆半島）の温泉地を対象として、温泉観光地がどのように形成され、発展してきたのか、その過程を交通網の進展、源泉開発のあり方、加えて、開発に対する行政の対応の側面から明らかにすることにある。

第一次大戦期から一九三〇年代にかけての約二〇年間は、わが国の温泉地利用や観光のあり方が大きく変化した時期であった。鉄道、道路など交通網が全国各地で整備され、また人々の生活水準の向上や生活様式の変化に応じて、一八八四年に約四〇〇万人であったわが国の温泉地の利用客数は一九三九年までに約二六〇〇万人に増加した(1)。それまで一部に限られていた旅行が大衆化し、旅の楽しみ方も大きく変化したのである(2)。温泉地は、それまでの湯治療養の場から観光行楽の場へと変化し、新婚旅行客や修学旅行客など多様な客層を受け入れていくことになった。利用客の増加は、全国各地で開発の進展をもたらし、近世期には見られなかった大規模な温泉地が数多く出現した。

本稿で対象とする静岡県、主に伊豆半島の温泉地は戦間期に交通網の進展を大きな要因として、利用客が増加した代表的な温泉地である。一九二三年公表時の府県別温泉利用客数の順位では、静岡県は、年間約五〇万人で一二位の位置にあった[3]。城崎、道後、別府など西日本の温泉地の利用客数が、東日本と比べて多く、伊豆など都市近郊の温泉地は発展途上の段階であった。その後、静岡県は一九三八年に利用客数一〇〇万人を突破し、温泉観光地としての地位を確立していくことになる。ただ、静岡県のすべての温泉地の利用客数が大きく増加し、発展したわけではなかった。利用客増加に対応し発展を遂げる温泉地と利用客を吸収することができず停滞する温泉地が併存していたのである。こうした温泉地毎の発展の違いは、交通網の進展との関わりだけでなく、温泉が持つ資源の特徴に由来する。つまり、それぞれの温泉地における源泉利用のあり方が大きく関わっていたのである[4]。

源泉は、地下で水脈がつながっているため、わき出している源泉同士が密接な関わりを持つ。また石炭、石油などの鉱物と異なり、再生可能な資源という特徴を持っている。近代以前までの温泉地では、生活に欠かせない資源として、源泉は枯渇、減少しない範囲内で地域住民によって利用されていた。しかし、戦間期以降の交通網の進展による利用客数の増加は、温泉地における源泉利用のあり方を大きく変えることになった。温泉地では、増加した利用客を受け入れるための旅館や別荘建設の必要性が高まり、新たな開発によって湧出量を増加させる必要に迫られたのである[5]。しかし、利用客に提供するため制限なく開発を行うことはできなかった。仮に、必要なだけ開発が行われれば、近隣の源泉の枯渇や湧出量の減少といった事態を引き起こし、地域住民を巻き込んだ紛争を招くからである。したがって、利用をめぐる紛争を回避するため、また、安定的な利用のために、個々の温泉地では、源泉利用を調整していく仕組みが必要となったのである。加えて、近代以降、各府県の行政機構が源泉開発に対する規則を制定し、その秩序のもとで開発が行われるようになった[6]。温泉地の形成、発展に、温泉地での開発に対応する行政機構の政策や規則の展開も深く関わるようになったのである。

以上のように、それぞれの温泉地では、交通網の進展の中、地域発展のために源泉をいかに利用していくのか、源泉利用のあり方を利用客数の変化や行政機構との関わりの中で模索することになる。そこで、本稿では、第一に伊豆がいかにして東京など京浜地域との関わりを深めていくのか、また利用客の増加に伴い、開発がどのように進展したのか、交通網の進展による東京との結びつきと各温泉地の対応について考察する。第二に、開発に対する規則を通して行政機構がどのような役割を担ったのか、この二点から静岡県における温泉観光地の形成とその発展のあり方について考察していく。

一　温泉地開発の進展

1　大戦以前の温泉地

まず、戦間期の温泉地を紹介する前に明治期以降の伊豆の温泉地の展開を概観しておこう。伊豆は、近世期には大名から庶民まで多くの人々が利用する温泉地として名声を博しており、特に、熱海の湯は将軍に献上されるなど、湯の効能には定評があった。熱海温泉、修善寺温泉、古奈温泉などは、近世期から長い歴史を持ち、明治期以降も主要な温泉地として存続していた。温泉地は、一般に旅館内に浴場を設ける内湯形式、共同湯を利用する外湯形式の二つに大別することが出来る。静岡県の温泉地の多くは、熱海を除き外湯形式が一般的であった。修善寺、古奈では一部旅館内に内湯が設けられていたものの、住民による共同湯の利用が中心であった。しかし、近代以降、全国的な内湯の広まりや源泉開発の進展によって伊豆でも内湯を設ける温泉地が増加し、温泉地での源泉利用のあり方も大きく変化していくことになった。開発の進展に対応するため、一八八四年、静岡県は温泉場取締規則を制定した。この規則制定以後、県行政は源泉開発に関わっていくことになる。

日露戦争時には、傷病兵の療養地として多くの温泉地が指定され、熱海や修善寺の旅館は兵士で連日満杯となった。(7)利用客の増加に伴い、熱海温泉では、源泉開発、利用をめぐって町を二分する紛争が生じている。(8)一九〇五年、県行政は、源泉をめぐる紛争を回避する目的で、熱海など規模の大きな温泉地を対象として、温泉場取締規則を改正した。熱海をはじめ伊豆山、修善寺、古奈、伊東、中伊豆の吉奈、南伊豆の蓮台寺など合計七つの温泉地が指定を受け、源泉開発が県行政（警察）による認可制となった。このように、近世期から続く温泉地が伊豆において中心的な位置を占め、明治以降、開発が進んでいくことになる。(9)

ただ、当時の伊豆は交通網の整備が不十分であったため、東京や横浜から気軽に訪れることが難しく、政財界の要人が利用客に多かった。熱海では、交通網を改善する試みとして熱海温泉の有志、東京の実業家が中心となって、一八九六年小田原熱海間に人車鉄道が開通した。(10)しかし、東京から熱海を訪れるには約半日かかり、多くの利用客を輸送することは困難であった。東海道線に近い北伊豆でも、一八九八年下田街道（三島から下田までを結ぶ街道）沿いの三島大仁間に豆相鉄道（その後の駿豆鉄道）が開通するものの、修善寺を訪れるには熱海同様多くの時間を要した。利便性に欠けていたため、利用客の増加には一定の限界があったのである。

しかし、戦間期以降、これら温泉地の利用客数や利用客層は大きく変容していくことになる。次に一九二〇年代以降の温泉地の形成過程を見ていこう。

2　新たな温泉地の形成

表1は、静岡県の温泉利用客数をあらわしたものである。それぞれ、温泉地が属する警察署の管轄毎の統計であり、三島には古奈、長岡、田中には、修善寺、吉奈温泉などが含まれている。温泉利用客のほとんどは伊豆に集中してお

表1　戦前期静岡県温泉客数　　単位：人数

警察署	熱海	伊東	田中(大仁)	下田	三島	静岡	藤枝	その他	合　計
主な温泉地	熱海 伊豆山	伊東	修善寺 吉奈	下賀茂 蓮台寺	畑毛 古奈 長岡	梅ケ島	志太		
1914年	144,724	77,874	165,116	5,007	34,777	11,151	2,134	14	440,797
1915年	134,684	86,905	171,101	4,556	39,197	11,817	1,758	1,404	451,422
1916年	150,800	70,818	196,479	5,272	53,340	13,785	1,767	118	492,379
1917年	182,900	156,120	224,981	6,537	78,279	24,765	2,663	219	676,464
1918年	194,000	136,227	242,541	7,935	74,596	18,756	3,767	342	678,164
1919年	189,000	93,534	197,503	5,801	69,491	28,332	2,795	778	587,234
1920年	168,609	102,554	190,608	7,334	57,609	15,348	2,412	560	545,034
1921年	147,739	91,164	195,238	10,008	59,419	14,213	3,922	1,926	523,629
1922年	140,972	104,656	189,681	21,012	58,659	14,043	5,360	106	534,489
1923年	153,100	82,925	155,421	18,637	58,517	8,947	4,435	2,088	484,070
1924年	58,679	65,833	161,779	19,524	92,356	10,597	4,373	2,368	415,509
1925年	154,386	85,065	138,717	17,458	65,690	11,396	3,286	0	475,998
1926年	180,198	106,450	143,259	25,418	62,442	9,586	3,085	470	530,908
1927年	189,423	138,140	139,122	30,943	65,052	7,703	2,720	677	573,780
1928年	203,467	140,434	140,376	31,608	59,115	9,215	3,240	565	588,020
1929年	184,626	155,926	133,144	33,191	59,450	6,655	3,090	886	576,968
1930年	161,812	95,722	101,815	37,464	54,964	8,302	2,569	926	463,574
1931年	192,699	110,721	83,477	30,178	39,843	4,895	2,394	357	464,564
1932年	226,204	126,804	89,167	36,149	60,521	6,430	2,058	237	547,570
1933年	237,581	136,354	113,292	49,198	81,784	9,407	2,228	424	630,268
1934年	258,562	138,142	114,501	60,135	108,174	9,476	2,721	605	692,316
1935年	320,767	172,418	140,346	66,800	132,390	7,668	3,024	669	844,082
1936年	360,934	166,163	139,489	78,324	138,890	8,954	2,931	1,000	896,685
1937年	359,042	158,945	142,283	75,083	133,803	7,113	2,758	120	879,147
1938年	480,146	150,619	140,183	78,642	153,577	7,917	3,596	951	1,015,631

出典　各年度静岡県統計書。　1893～1904年静岡県警察統計表
1914～19年　熱海と伊東は、警察の所轄が同じであったために、ここでは、それぞれの温泉場の統計を用いる。
熱海…熱海倶楽部株式会社設立書　伊東…各年度新年会誌

り、駿河、遠江の温泉地は、規模が小さかったことが伺える。利用客数は、第一次大戦期の一九一七年から好景気の中で増加していること、加えて増加した利用客数は、二〇年代、恐慌の影響で減少しているものの、一九一〇年代前半と比べても多くの人々が訪れていたことが確認できる。背景には、第一次大戦による好景気の他、大戦期前後における交通網の進展（時間短縮）が要因としてあげられる。三島大仁間の駿豆鉄道は一九一九年に電化し、東伊豆でも小田原熱海間には、人車鉄道に代わって軽便鉄道が開通した。それまで約半日かかっていた所要時間は、六時間前後に短縮され、より便利になったのである。

二〇年代以降、利用客数が停滞する中でも、伊豆半島各地では源泉開発が進展し当初、七ヶ所であった温泉地の指定は、一九二二年までに九ヶ所増加して合計一六ヶ所となった。北伊豆の畑毛、西伊豆の土肥、南伊豆の下賀茂といった古くから温泉が湧出し小規模ながら旅館があった温泉地に加え、一九〇七年に新たに源泉が発見され、開発が進展した長岡温泉など新興の温泉地も出現した。開発の進展は、新たな温泉地だけでなく、熱海や古奈といった古くからの温泉地においてもみられた。古奈では、開発によって「既設温泉旅館営業者は其影響を受け、悉く湧出量が減退したから大恐慌を来している」(11)と伝えられるように、源泉の湧出量をめぐる問題が生じている。源泉開発の進展による温泉地での紛争を受けて、一九二二年、県行政は源泉の安定的な利用をはかるため一九〇五年に制定した取締規則を改正し、進展する開発に対応しようとした。

規則では、源泉開発の認可に関して目的、場所、掘鑿方法、附近温泉トノ距離、試掘期間など（一条）詳細な規定が定められた。また、第一一条では、「公益上又ハ取締上必要ト認ムルトキハ温泉ノ湧出量ヲ制限シ又ハ湧出量及圧力検査ノ装置ヲ命スルコトアルヘシ」(12)と、県行政による湧出量の制限といった規制について定められた。それまで行政の政策のもと、地域社会が主体的に行ってきた源泉利用は、県行政にコントロールされるようになった。県行政は進展する開発によって温泉地の秩序が乱されないように、温泉地の源泉利用を直接的に把握したのである。

しかし開発が進展する一方で温泉地の発展を阻害する事態が生じる。翌一九二三年九月に起きた関東大震災は、温泉地の発展を大きく阻害する事態を招いた。伊豆で最大規模であった熱海温泉では、東京、横浜からの利用客に依存していたため震災による影響で利用客の激減、旅館の廃業などが懸念され、対策として宿泊費を値下げする試みが見られた。同様の試みは、伊東温泉でもみられ、震災は、東伊豆の温泉地に大きな被害を与えた。事実、表1で確認できるように、震災によって熱海、伊東の利用客数は激減し、熱海では一九二三年から一〇万人ほど減少した。一方で、長岡、修善寺が属する三島、田中の利用客数が増加に転じている。このように第一次大戦期以降、交通網の進展にともない、近世期から続く温泉地に加え、その周辺部での新たな源泉開発が進展しはじめるようになった。

二　旅行ブームの到来

1　交通網の進展

被害が大きかった熱海など東伊豆の温泉地は、全国的な旅行ブームの到来や交通網の進展によって震災からの復興を遂げていく。続いて、一九二〇年代後半以降の伊豆の温泉地をみていこう。

一九二〇年代、恐慌期にも関わらず、人々の旅行への関心は高まり、それまでの物見遊山的な旅行から観光行楽目的の旅行が増加した。そうした旅行ブームの到来を支えたのは、旅行を身近に、また手軽に行うため新たに登場した様々な商品であった。その代表的なものとしてクーポン券の登場があげられる[13]。クーポン券とは旅行会社が発行した先払い方式の乗車券のチケットである。それは、先に出発地で費用を支払い、支払いと同時に発行されたクーポン券を利用して旅行する仕組みである。利用者は、先にクーポン券を購入すれば旅行先で何度も乗車券を買う手間が省け、トータルでは割安となっていた。クーポン券の登場は、安価で手軽な旅の実現を可能とし、多くの人々にとって旅行が身近なものとなったのである。

また、人々を旅行に触発させたものとして、各地の観光地や温泉地を紹介した観光案内があげられる。わが国では、近世期から神社仏閣や街道に関する旅行案内は数多く出版されていたが、一九二〇年代以降、観光行楽を目的とする案内や雑誌が数多く出版された。代表的なものとして、鉄道省が発行した『温泉案内』や『鉄道旅行案内』(14)、新たに発行されたジャパンビューローの『旅』、日本温泉協会の『温泉』などの雑誌があげられる(15)。人々は、旅行や温泉に関する情報を旅行関連の出版物から手に入れることで、旅行への関心を高めていったのである。伊豆半島の温泉地に関しても、『温泉の伊豆』『伊豆の番頭』といった温泉地案内が出版され、増刷が繰り返されている(16)。旅行を楽しむことが身近になることで、温泉地を利用する人々も増加し、鉄道省では観光旅行の需要を見越して、週末に東京、大阪から周辺の観光地、温泉地への行楽列車を数多く運行させている。全国的な旅行ブームの到来は、既存の温泉地だけでなく、鉄道資本などによる観光地、温泉地開発を各地で進展させ、栃木の鬼怒川温泉や鳥取の皆生温泉など新興の温泉地が新たに形成されるきっかけとなった。

以上のような旅行ブームを背景に二〇年代後半、伊豆でも利用客数が増加した。東伊豆では交通網が改善され、一九二五年、震災によって中断していた熱海線の工事が完了し、それまで約五時間かかっていた東京熱海間は、直通列車で約二時間半に短縮された。熱海は伊豆の他の温泉地と比べて、東京との大幅な時間短縮、費用低減を実現し、震災以前よりも利用客数を増加させたのである。同じ東伊豆の伊東でも同様の現象がみられる一方で、北伊豆では駿豆鉄道が二四年に修善寺まで開通するにも関わらず、熱海線開通の影響を受け、利用客数は減少した。東伊豆の熱海と北伊豆では、時間、費用共に大きな差が生じ始めていたのである。

2　県行政の役割の変化

交通網の進展に伴う利用客の増加は、より一層の源泉開発の進展を促す結果となった。熱海や伊東では、温泉街周辺部での開発申請が数多く提出されるようになり、旅館だけでなく別荘地開発が進展した。開発の増加によって、新たな源泉利用者と旅館などの既存の利用者との対立が起きるなど、県行政もその対応を迫られた。

県行政は、県会において以下のように開発増加への対応策を述べている。「縣トイタシマシテハ（中略）新ナル営業者ニ許可スルトイフコトニナルト泉源ノ枯渇ヲ来シ既設営業者ノ営業ハ立行カナイ様ニナルノデアリマス（中略）従来ノ営業者ノ利益ヲ保護シ且ツソノ利益ヲ多ク害セザル範囲ニ於テ新ナル温泉ノ試掘ヲ許サナケレバナラヌト考ヘテ居ルノデアリマス（中略）縣トシマシテハ進ンデハコレラ営業者ノ営業ヲ統一スル、又共同経営ニスルトカシテ以テ天恵ノ利益ヲ開発シ温泉場ノ開拓ニ資シタイトイフ考ヲ以テ進ンデ居ルノデアリマス」[17]。県行政は、温泉場内の秩序を安定させることに苦慮し、その手段として源泉の共同開発などを模索していたのである。

政策の具体化として一九二五年、県行政は、各温泉場に組合をつくらせ、その組合を統括する組織を設立した[18]。県は、実質的な温泉の開発や利用に関して、各温泉地の組合に委任し、間接的に温泉の開発、利用の管理を行うことを決定した。温泉地毎に、源泉湧出量や利用のあり方が異なる事情を考慮し、県行政が直接介入することを控え、開発、利用の調整を温泉地自身に委任したのである。

その後、金融恐慌、昭和恐慌など景気の落ち込みとともに、利用客数は減少し、伊豆の温泉地の多くで不景気に陥った。県行政は、伊豆の温泉地を大都市で大々的に宣伝することで事態の打開をはかろうと試みた。その様子は、以下のように伝えられている。「静岡県産業協会並に静岡民友新聞社主催の伊豆温泉めぐり展覧会及び静岡県物産即売宣伝大会、遠州織物宣伝大会は八日より大阪白木屋七階にて開催された。同階上殆ど全部を会場に充て、場の入口に模擬二等列車あり、列車に入れば車窓より伊豆一帯の風景を瞥見し、（中略）通俗的に興味本位、考案をされた温泉地の情景、史跡など絵に作り物にて装いを凝らしたるなど、中々の大仕掛にて、大阪人の興味を弾き（中略）非常に好評にて今回開催の使命を十二分に発揮しつつある」[19]。静岡県の産業協会が、静岡民友新聞と提携し、県の物産展と合わせて、利用客のなじみの薄い関西地区や名古屋の百貨店で伊豆半島の展覧会と称した温泉地の宣伝を行った[20]。それまで温泉地の宣伝は、主に温泉地の組合や個々の旅館が新聞や雑誌に広告を出すのがほとんどであり、他県や東京など都市部への宣伝はあまり行われてこなかった。こうした県行政を中心とする取り組みは、産業協会だけでなく、県の温泉組合によっても行われ、県行政は源泉の資源利用への規制や介入だけでなく、観光地宣伝の担い手としての役割も担うようになった。

しかし、宣伝などによって、利用客が徐々に戻りつつあった一九三〇年、伊豆半島の各温泉地では源泉の荒廃、開発の進展による湧出量の減少、温度の低下といった被害が続出するようになった。多くの温泉地において、湧出する温泉資源が減少、枯渇する事態を受け、各温泉地の組合を統括している県行政は、資源保護への対応を迫られた。一一月に県行政は、温泉資源の保護のため温泉場毎に調査を行い、効率的に温泉を利用するため、源泉を統一して一元的に利用することを模索した。ただ、各温泉地では、個々の源泉利用の事情から多くの問題を抱えていたため、県行政が進めようとしていた源泉統一の計画の実施は難航した[21]。各温泉地の源泉利用に介入していた県行政は、個別に介入するのではなく、伊豆の温泉地全体に関わる資源問題や宣伝といった事態に対処し、個別の事情については、各温泉地の対応に任せるようになった。一方で、各温泉地は進展する開発への対応など、利用客増加に対する様々な取り組みに迫られるようになった。

三　温泉観光地の発展

1　丹那トンネルの開通

一九三四年一二月、丹那トンネルの完成に伴い、熱海三島間が新たに開通した。それまでの東海道線、国府津沼津間は、現御殿場線となり、新たに開通した路線が新しい東海道線となった。熱海三島間が東海道線となったことで、それまで約一〇往復程度であった熱海への列車本数は、四倍以上に増加した。この東海道線の開通によって、これまで、東京、横浜との結びつきが強かった伊豆は、中部、関西地域からの利用客を受け入れることがたやすくなった。特に、日本の大動脈である東海道線の途中駅となった熱海は、その名を広めると共に様々な利用客を吸収していった。新婚旅行で訪れる利用客が増加し、東京発熱海行九時の列車が別名新婚列車と呼ばれていることが伝えられている。(22)

一方、一九三〇年に発生した北伊豆地震によって壊滅的な被害を受けた伊豆長岡や修善寺では、利用客数が減少し続け、東伊豆、北伊豆との利用客数の差がますます広がっていた。しかし、トンネル開通によって東京三島間が約二時間半で結ばれ、北伊豆の長岡、修善寺は、京浜地域との時間短縮、費用低減が実現した。東伊豆の伊東にも、一九三八年に伊東線が開通し、東京伊東間には直通列車が登場している。トンネル開通を契機とする交通網の進展は、伊豆の温泉地発展の原動力となり、利用客数も八〇万人を超えた。

伊豆では、長い間道路網の整備が遅れていたが、一九三〇年代以降、東京、横浜との交通網が進展するのにあわせて伊豆半島内部での交通網、道路網が急速に整備された。伊東を中心に事業を行っていた東海自動車は、一九三二年に下田自動車を買収しこれまで分断的であった東、西、南、北伊豆それぞれの温泉地、観光地をバス路線で結ぶようになり、各地域間を周遊することが可能となった。(23) 東海自動車による路線網の拡大は、丹那トンネル開通と合わせて、伊豆の温泉地、観光地を周遊する観光ルートの形成に重要な役割を果たしたのである。(24)

2　温泉地の対応

交通網の進展に伴う利用客の増加は、各温泉地の旅館、別荘数の増加をもたらした。続いて、主な温泉地の対応についてみていこう。

表1で確認できるように伊豆の温泉地全体の利用客数は丹那トンネル開通以後、増加している。ただ、熱海、伊東、長岡などが急増している一方で修善寺のある田中の伸びが低く他の温泉地と比べると停滞している点、また、東伊豆の交通網の進展から熱川、蓮台寺、下田など南伊豆の利用客数が増加していることが確認できる。このように利用客の増加した温泉地では、受け入れるだけの施設（旅館、ホテル）が必要となり、旅館数の増加、ならびに規模の拡大といった対応が見られるようになった。

熱海では、熱海線開通時の一九二五年、三三軒であった旅館数がトンネル開通後の三六年には約三倍の九五軒に増加した。トンネル開通後には、従来の二階建てではなく、三、四階建ての高層建築が増加し、一九二五年に一八〇〇人であった収容能力は、三七年には五倍以上の一〇〇〇〇人まで増加している。加えて、二五年に五〇軒あった別荘数も、トンネル開通時には五〇〇軒にまで増加した。一九四〇年時の別荘所有者の現住所調査を確認すると市内にある六〇〇軒の別荘の内、東京など、京浜地域に住む所有者が全体の約九割を占めていた。(25) 丹那トンネル開通は、中部、関西方面と結びつくだけでなく、ますます、京浜地域との経済的な結びつきを強める結果となった。

伊東でも、一九二五年に約四〇軒であった旅館数は、一九三〇年に約五〇軒にまで増加した。伊東線開通を境に利用客数が増加し、旅館数が約七〇軒にまで増加する他、旅館規模の拡大もみられた。当時伊東温泉で大規模な旅館経営を行っていた山藤、暖香園、東京館では、一九三八年の伊東線開通で東京との直通列車が登場したことによって利用客数が急激に増加した(26)。

一方、利用客数が停滞した修善寺温泉では、旅館数が約一五年間、三〇軒前後と変化がなかった。利用客増加に対して新たな旅館は開業せず、既存の旅館による規模の拡大で対応しようとしたのである。たとえば、現在文化財として指定を受けている修善寺の新井旅館では、丹那トンネル開通を前後して大規模な増改築を行っている他、風呂などの増設も行っている(27)。

このように、伊豆の温泉地では、旅館数の増加や規模拡大によって利用客増加に対応しようとしたのである。ただ、新たな旅館が進出、開業し旅館数が大きく増加する熱海、伊東の一方で、既存旅館の規模拡大のみで対応しようとした修善寺など、温泉地によって、利用客増加への対応が大きく異なる結果となった。それは利用客に提供する源泉をどのように開発、利用したのか、各温泉地の対応が異なっていたからであった。

もともと源泉が豊富にあった熱海や伊東では源泉開発の進展が容易であった。熱海では一九二〇年代初頭に約四〇であった源泉数はその後、丹那トンネル開通時には二〇二まで増加した。規制の弱い周辺部で別荘分譲の開発とともに源泉開発が進展した結果であった。ただ、熱海では、温泉地中心部での源泉の枯渇や減少が問題となっていたため、中心部では開発が禁止される一方、先の県行政の方針にあったように、源泉を統一して利用する仕組みが設けられた。町自らが温泉を管理し、配給する事業が行われ、温泉を効率的に利用する仕組みがつくられた(28)。町による源泉の一元的な利用によって無駄なく源泉を利用することが可能となり、加えて住民であれば誰でも利用できるようになった。

その結果、外部からの別荘利用者や新規の旅館経営者らの進出が増加し、熱海は温泉観光地として拡大することが可能となったのである。

伊東でも開発が進展し、三六年に六五〇であった源泉数は約七年で一五〇以上増え、その数は八〇〇まで増加した。ただ、湧出量の減少など開発による枯渇、減少の問題があったため実際に湧出する源泉は四二〇ヶ所であった。問題を抱えながらも豊富な源泉が利用できた伊東は、熱海同様多くの旅館、別荘が進出することを可能とした。また、修善寺と同様に北伊豆に位置し近接する長岡では、源泉を一元的に所有、管理していた長岡鉱泉株式会社が丹那トンネル開通を前後して数本の源泉を新たに開発している[29]。長岡では増大する源泉需要に対して新たな開発を行うことで対応しようとしたのである。その結果、長岡では一九二五年時に収容人員一二〇〇人が一九三七年には一五〇〇人へと増加できた[30]。

一方で、利用客の増加が鈍かった修善寺でも、旅館の規模拡大によって、収容人員は、長岡同様一五〇〇人から一八〇〇人へと増加した。ただ、長岡と異なり、一部地元の有力旅館が多くの源泉を所有、利用していたため、新たな開発が進展することは困難であった。新たな開発によって、既存旅館がほぼ独占していた既設源泉が大きく影響を受けるからである。実際、源泉の汲み上げすぎによって、源泉の枯渇、湧出量の減少を招いたため、熱海のような源泉を効率的に利用する仕組みを模索したが、住民間の対立によって頓挫している[31]。

このように、個々の温泉地における利用客増加への対応、つまり源泉開発の模索とその源泉利用のあり方が、熱海、伊東での開発の進展、一方で修善寺での開発の困難といった、温泉地毎に旅館数や規模において異なる結果を生じさせたのである。交通網の進展によって利用客増加が可能となる中で、限られた資源である源泉をいかに利用、開発していくのかが、各温泉地として地域発展を実現するために必要な課題であったといえる。

温泉地での対応を総括する立場であった県行政は、開発の更なる進展に対して一九三七年、規則を改正することで対応した。改正された規則は、内容が詳細になり、加えて鉱泉地区を定めて温泉を厳重に管理、把握することで、温泉資源の保全を強く意識した内容となっている(32)。この資源保護を強く意識した方針は第二次大戦後も受け継がれ、今日の静岡県の温泉行政を形づけている。

静岡県は、第二次大戦以降も戦間期の発展を継承する形で温泉観光地として飛躍を遂げ、都道府県別での利用客数一位となり、伊豆は、日本を代表する温泉観光地としての地位を確立することになった。

おわりに

本稿で明らかにしたように、伊豆半島の温泉地にとって交通機関の整備は、時間短縮、費用低減を実現し、利用客の増加や地域の発展にとって大きな役割を持っていた。特に丹那トンネルの開通は、利用客数を飛躍的に増加させ、東京など、京浜地域との結びつきを強めることで伊豆半島全体を活性化させた。そして、伊豆は、経済圏では東京に大きく組み込まれることとなった。

ただ、温泉地によって交通網の進展への対応に違いが生じた。町有温泉を設立し温泉の効率的な利用を可能とした熱海、源泉開発が進展した伊東は豊富な源泉を背景に利用客増加に対応することができた。一方、修善寺では、源泉開発の難しさから利用客を受け入れるのには一定の限界があった。個々の温泉地は、交通網の進展による恩恵を受けるものの、源泉の賦存状況や利用の違いによってその後の対応が大きく分かれる結果となったのである。つまり、温泉地が発展していくためには、交通網の進展だけでなく各温泉地の個々の対応が重要な鍵であったといえる。

また、開発を規制する県行政は、源泉開発の進展のため二回の規則改正を実施した。県行政の役割は、当初は規則制定による源泉開発の秩序の安定であったが、二〇年代後半以降は、各温泉地に組合を作らせ、間接的に源泉開発や利用を把握するようになった。一方、他地域で伊豆半島の温泉地の紹介、宣伝を行い、また資源問題に対応するなど利用のあり方を大枠で把握する役割を果たした。県行政は、交通網進展の中、利用の秩序など温泉地の形成において重要な役割をもち、その発展を支える存在であった。経済では東京との結びつきを強めた伊豆半島の温泉地であったが、行政区画の管轄である静岡県の温泉政策には影響をうけていたのである。

註

(1) 山村順次『日本の温泉地』原資料については、内務省『日本鉱泉誌』、『温泉大鑑』。
(2) 白幡洋三郎『旅行のススメ』中公新書、一九九六年。
(3) 内務省衛生局『全国温泉鉱泉ニ関スル調査』一九二三年。上位三県は、兵庫県が一九〇万人、熊本県が一一六万人、長野が一一三万人と続く。
(4) 本稿では、温泉利用ではなく、源泉利用という文言を使用する。温泉は一般的に一定以上の温度、鉱物質を持つ泉の意味で用いられる。一方源泉と言った場合、湯が地中から噴出する場所の意味も含まれる。本稿では湧き出る湯に対する包括的な支配権（使用、収益、管理、処分）すべてを対象とするので、源泉利用と用いる。
(5) 今日では、循環式設備によって、少量の源泉を繰り返し利用することが可能となっているが、本稿が対象としている当時の温泉旅館は、「かけ流し」の施設であったと考えられることから、湧出量の確保が重要であった。
(6) 源泉については、各温泉地、地域によって利用のあり方が異なっていたため、慣習を重視して、利用を統一的に把握することは行われなかった。したがって、各府県で開発、利用に関する規則を制定することで対応した。詳しくは、武田

軍治『地下水利用権論』一九四三年、岩波書店。
(7) 坪谷水哉「東豆の転地療養所」(『日露戦争実記』第四四編、博文館、一九〇四年)。
(8) 高柳友彦「温泉地における源泉利用—戦前期の熱海温泉を事例に—」『歴史と経済』一九一号、二〇〇六年を参照。
(9) 明治期の規則制定、源泉開発の進展については、前掲高柳「温泉地のおける源泉利用」を参照のこと。
(10) 人車鉄道については、伊佐九三四郎『幻の人車鉄道—豆相人車の跡を行く』河出書房、二〇〇〇年。
(11)『静岡民友新聞』一九二二年五月二四日。
(12)『静岡県公報』一二〇六号、一九二三年五月二三日
(13)『日本交通公社七〇年史』五五頁。
(14) いくつかの会社から同様の名でいくつかの案内が出版されている。鉄道院が出版した『温泉案内』は一九二〇年。『鉄道旅行案内』は、一九一五年以降である。関戸明子『近代ツーリズムと温泉』ナカニシヤ出版、二〇〇七年参照。
(15)『旅』は、一九二四年四月の創刊。『温泉』は、一九三〇年四月の創刊。
(16)『温泉の伊豆』は第二号が一九二八年一一月。『伊豆の番頭』が一九三四年九月の発行である。
(17)『通常県会速記録』一九二五年、二四五頁。
(18)『静岡民友新聞』一九二六年八月一五日。
(19)『静岡民友新聞』一九二八年一二月一一日。
(20)『静岡民友新聞』一九二九年五月一日。
(21)『静岡民友新聞』一九三〇年一一月二二日。その後、熱海温泉で町による温泉配給事業が実現することになる。詳しくは、高柳友彦「地域社会における資源管理—戦間期の熱海温泉を事例に—」『社会経済史学』第七三巻一号、二〇〇七年参照。
(22) 前掲『旅行のススメ』一七〇頁。原資料は『東京日日新聞』一九三五年一一月四日。

(23)東海自動車株式会社『東海自動車七〇年のあゆみ』一九八八年。
(24)伊豆を周遊するルートは、伊豆の観光案内や『旅』などの旅行雑誌に数多く掲載されている。『旅』第一三巻一二号（一九三六年）には、「伊豆めぐり旅程と費用と概算」という記事で、「熱海、伊豆、修善寺温泉巡り」「大島、下田、今井浜、伊東巡り」など、先に紹介したクーポン券を利用した旅行のモデルコースが提唱されている。
(25)『熱海市史』下巻、一七二頁。
(26)一九三五年から一九三八年にかけて、山藤では、七〇九一名→一二〇七六名。東京園では、四四三二名→一〇九二三名。暖香園では、四八一八名→一二〇七六名へと急増している。伊東市教育委員会所蔵資料
(27)特定非営利活動法人　簗彦・沐芳会『国の登録有形文化財　伊豆修善寺温泉新井旅館　総合的な学習への活用』
(28)『熱海市史』下巻、一七三頁。
(29)伊豆長岡町『町史資料第五集　温泉編』一五一頁。
(30)鉄道省『豆相温泉めぐり』一九二五年。芹澤天岳『伊豆大観』一九三五年。旅館数は、一五軒前後で変化がない。
(31)源泉数の細かい変化の詳細は不明だが、一九〇〇年代から三〇年間の間に倍増（一五→三〇）している。源泉を集中的に管理する仕組みは、第二次世界大戦以後実現することになる。川島武宜・渡辺洋三・潮見俊隆編『温泉権の研究』勁草書房、一九六四年、一五二～四頁。
(32)『静岡県公報』二七八三号、一九三七年四月一日。

特別報告

静岡県における公文書保存の現状と課題

橋本　誠一

はじめに

静岡県における公文書保存の現状を語るためには、まず静岡県史編纂事業から筆を起こすのが適切だろう。同事業は、一九八五年編纂委員会の設置をもって開始され、その成果は、『静岡県史』資料編一・考古一』（一九九〇年）から『静岡県史』別編三・図説静岡県史（一九九八年）まで、資料編二五巻・通史編六巻・別編三巻が順次刊行された。この十数年に及ぶ県史編纂事業が県下各市町村に与えた影響は大きく、とくに多くの自治体に自治体史編纂事業の立ち上げを強く促すとともに、自治体史編纂方法の範型を提供した。(1)

県史編纂事業がひとまず終結することで、新たな課題が浮上することとなった。編纂事業の過程で収集された歴史資料（公文書を含む）をいかに保存・管理していくかという問題である。静岡県の場合、地元の歴史系四団体の運動などもあって、最終的には、県史編纂事業において収集された歴史資料（複製を含む）は、新たに設置された歴史文化情報センターにおいて所蔵されることとなった。(2)しかし、市町村レベルでは、自治体史編纂事業で収集された歴史資料の保存について、とくに目立った動きはなかった。(3)

この点に関連して、以下の事実を指摘しておく必要があるだろう。県史編纂事業が進められていたまさにその時期、公文書館法（一九八七年法律第一一五号、八八年六月施行）が公布された。しかし、同法の制定にもかかわらず、また多くの自治体が自治体史編纂事業において公文書を積極的に活用したにもかかわらず、同法に基づく公文書館を設置するという動きは――県においても市町村においても――見られなかった[4]。

要するに、静岡県では、県史をはじめとする自治体史編纂事業の活発化や公文書館法の制定にもかかわらず、（公文書を含む）歴史資料の保存問題に関して何ら具体的な手立てが講じられることはなかった（その数少ない例外の一つが歴史文化情報センターである）。

そうしたなか、二〇〇〇年代に入ると、とくに公文書保存状況の悪化を危惧させる事態が全国的に巻き起こることとなった。いわゆる「平成の大合併」の推進である。「平成の大合併」は、静岡県においても大規模に推進され、二〇〇三年三月三一日現在七四市町村（中核市二、特例市三、一般市一六、町四九、村四）を数えていたものが、二〇〇六年三月三一日現在で四二市町（政令市一、中核市一、特例市二、一般市一九、町一九、村〇）まで減少してしまった[5]（この間の市町村合併の進捗状況については表1を参照）。単純計算すれば、市が二つ増えた代わりに、三〇町、四村が消滅したことになる。

当然のことながら、県内歴史研究者の多くは、かかる大規模市町村合併の推進に伴い、それまで各市町村役場で保存されていた公文書がどのような取り扱いを受けるのかという点に関心を寄せた。そこで危惧されたのは、かつての昭和の大合併のときのように、大量の公文書が恣意的に廃棄されるという事態の発生であった。

本稿は、同様の問題に関心を持ちつつ、「平成の大合併」以後の静岡県における公文書保存の現状について報告するとともに、今後の課題について若干の指摘をなすことを目的とする。

表1 静岡県における市町村合併実施状況

No.	市町名称	合併年月日	合併関係市町村
1	清水市	2003年4月1日	静岡市、清水市
2	伊豆市	2004年4月1日	修善寺町、土肥町、天城湯ケ島町、中伊豆町
3	御前崎市	2004年4月1日	御前崎町、浜岡町
4	菊川市	2005年1月17日	小笠町、菊川町
5	沼津市	2005年4月1日	沼津市、戸田村
6	磐田市	2005年4月1日	磐田市、福田町、竜洋町、豊田町、豊岡村
7	掛川市	2005年4月1日	掛川市、大須賀町、大東町
8	袋井市	2005年4月1日	袋井市、浅羽町
9	伊豆の国市	2005年4月1日	伊豆長岡町、韮山町、大仁町
10	西伊豆町	2005年4月1日	西伊豆町、賀茂村
11	島田市	2005年5月5日	島田市、金谷町
12	浜松市	2005年7月1日	浜松市、天竜市、浜北市、春野町、龍山村、佐久間町、水窪町、舞阪町、雄踏町、細江町、引佐町、三ケ日町
13	川根本町	2005年9月20日	中川根町、本川根町
14	牧之原市	2005年10月11日	相良町、榛原町
15	静岡市	2006年3月31日	静岡市、蒲原町

注）http://www.pref.shizuoka.jp/soumu/sm-12/joukyou-map.htmlより一部加工して引用。

一 静岡県の概況

まず最初に、静岡県全域の概況について簡単に触れておきたい。筆者は、本稿の執筆をなすに当たり、二〇〇七年一月から二月にかけて、県下各市町を対象に簡単なアンケート調査を実施し(6)、二三市町から回答を得た。これを整理したのが、表2、表3である(7)(8)。

表2は、すでに合併を経験した市町と今後合併を予定している市町（合計一三市町）のアンケート結果を集計したものである。これら市町のうち、すでに合併を経験した市町は一一、今後合併を予定している市町は二である。したがって、合併後に成立した市町一四のうち一一市町から回答を得たことになる。これにより、おおよそ以下の

（あるいは検討されている）でしょうか（複数回答可）。			②公文書保存施策に関する特記事項（自由記述）
旧市町村公文書目録を作成	旧市町村公文書の保存・整理・調査等のために職員を配置（常勤、非常勤を含む）	その他	
		本市は、合併前の4町にて文書ファイリングシステムを統一導入し、文書管理している。ただし、一部旧町の文書庫の文書目録化が完了できずにいたため、平成16年度に目録（データ化）を作成した。歴史的公文書の保存・廃棄基準の整備は現在していない。公文書保存基準である10年、5年、3年の公文書を廃棄する際に、保存期限の見直しを各担当者の判断で行っているのが現状。	歴史的公文書の保存について、具体的な基準を示すような規程、要綱整備はこれからの課題。
○	○		
		旧市町村ごとに異なっていた文書管理システムを一つに統合した。保存スペース確保・合併前の公文書適正管理のため、保存文書の見直しを行い、支所の保存スペースの整理を進めている段階である。	
○			自治体は、文書管理規程があっても、実質の文書管理（特に適正な保管・保存・移管・廃棄）ができていないところが多い。文書管理をしっかり勉強した職員もいなければ、アーキビストもいない。このままでは、歴史的価値のある文書も捨てられてしまうか、保存してあっても、探し出せなくなる。
	○		
○			
○ （旧村の文書を収めている簿冊の情報は一元化されておらず、職員の勘に頼る部分が多かったため、合併直前に簿冊ごとに名前をつけ、どの場所にあるのか、合併後の担当課はどこになるのかを洗い出し、リスト化した。ただし、簿冊の名前だけであるため、○○関係の文書があるとしかわからない。）	○ （市の市史を教育委員会にて編纂中であるため、市史編纂係の職員が文書の調査を行っているが、必要に応じて調査しており、常駐はしてはいない。）		市の文書管理方法は、平成13年度より文書管理システムのソフトウェア（文書の目録管理）を使用している。このシステムには従前の文書のデータは含まれていないため、平成12年度以前の文書ファイルの目録は別管理している。これに旧村の合併前の文書があるため、目録は三重管理している。また、市の文書管理規程による保存年限の最長は、システムの導入に伴いそれまでの永久保存を30年保存に改めたが、市議会の議事録を始め、実際には30年経過後も廃棄が適当でない文書もあり、廃棄できない30年保存の文書が蓄積されている。文書の保存箱が満杯になるなど、直ちに困る事態ではないが、将来的にはこうした文書の管理方法について検討しなければならないと思う。
			旧市町村ごとに異なった文書保存・管理をしているため、保存・管理方法の統一を行うこと、また、歴史的文書の特定方法や保存方法（保存スペースの確保を含む。）を確立させることの2点が課題になっている。
		検討に入る前（の段階）	
			文書保存施策に関して、特記すべき事項は特にないが、あえて挙げるとすれば、庁内の文書保管・保存に対する意識の高揚が必要ではないかと思う。

表2　合併をすでに経験した市町および合併を予定している市町

質問事項／市町	①旧市町村保有の公文書の合併後の保存・管理について、どのような施策をとられているか				
	何もしていない	従前の文書管理規定を踏襲（文書管理方法に大きな変更はない）	（内容・形式ともに）新しい文書管理規定を策定（文書管理方法の大幅な変更）	保存スペース（文書庫など）がないなどの理由で公文書を廃棄	保存スペース（文書庫など）を確保し（たとえば空き庁舎などの活用など）、公文書を適切に保存
A市					
B市			○		○
C市					
D市			○		○
E市			○		○
F市		○			○
G市		○ （市の文書管理規程に合わせることとした）			○ （旧村庁舎の書庫や空きスペースに保管。市の文書管理規程では、文書に保存年限があり、保存年限を経過すると廃棄するシステムをとっているが、旧村の文書については、今後市史の編纂に必要となるため、市の公文書の管理サイクルから外して全部保管している。また、市の文書管理方法が年度別にファイル管理しているのに対し、旧村では年度区分することなく文書の種類ごとに簿冊に綴っていく方式であり、経過年数による文書の廃棄を想定したものではなかった。このため、市の管理方式では保存年限が経過したファイルは廃棄の対象となるのに対し（もちろん廃棄してよいものか実物の確認は行うが）、旧村では同じ簿冊に多年にわたる文書が文書の軽重の区分なく収められているため、廃棄してよいかの判断が難しい状態。当分の間（市史編纂関係で整理がつくまでなので、相当長い期間にわたると思われる）、現状保管する方針で、これを市方式の文書管理に置き換える予定はない。）
H市		○ （合併後に作成、取得した公文書については、統一した文書管理規程を適用）			
I市		○			
J市		○			○
K市					
A町		○ （具体的な合併協議が始まっていないため）			
B町		○			○

表3　合併を予定していない市町

質問事項 ＼ 市町	①現在の公文書保存施策についてお尋ねします。以下、該当するものに○をお付け下さい（複数回答可）						②公文書保存施策に関する特記事項（自由記述）
	何もしていない	文書管理規定を定めている	文書庫を確保している	公文書の目録を作成している	自治体史の編纂に活用している	その他	
L市		○	○（庁舎が老朽化しているため、すべての課の分のスペースが確保できていない状況）	○			
M市		○	○				
N市		○	○	○			
O市		○	○	○			
C市		○	○				
D市		○	○				
E市		○	○	○			
F市		○	○	○			
G町		○（文書取扱規則で規定）		○（完成度は低いが）			
H町		○	○	○			年1回程、保存期間が完了したものを処分する。

ような特徴を指摘することができる。

第一に、表2を見る限り、幸いにして市町村合併に伴い公文書を廃棄したという事例は見あたらない。多くの市町が、文書管理規定を定め、文書庫などの保存スペースを確保している。その意味で、公文書廃棄の具体的危険性は顕在化していないといってよいだろう。

第二に、合併に伴い、従来の文書管理システムを見直した（あるいは、見直そうとしている）市町の割合は低くない。しかし、多くの市町は、歴史的公文書の保存・管理に関する方針を明確に確立していないのが実態である。たとえば、以下のような自由記述がそれを示している。すなわち、

・「歴史的公文書の保存・廃棄基準の整備は現在していない。公文書保存基準である一〇年、五年、三年の公文書を廃棄する際に、保存期限の見直しを各担当者の判断で行っているのが現状」、「歴史的公文書の保存について、具体的な基準を示すような規程、要綱整備はこれからの課題」

（A市）

・「自治体は、文書管理規程があっても、実質の文書管理（特に適正な保管・保存・移管・廃棄）ができていないところが多い。文書管理をしっかり勉強した職員もいなければ、アーキビストもいない。このままでは、歴史的価値のある文書も捨てられてしまうか、保存してあっても、探し出せなくなる。」（D市）

・「市の文書管理規程による保存年限の最長は、システムの導入に伴いそれまでの永久保存を三〇年保存に改めたが、市議会の議事録を始め、実際には三〇年経過後も廃棄が適当でない文書もあり、廃棄できない三〇年保存の文書が蓄積されている。文書の保存箱が満杯になるなど、直ちに困る事態ではないが、将来的にはこうした文書の管理方法について検討しなければならないと思う。」（G市）

・「旧市町村ごとに異なった文書保存・管理をしているため、保存・管理方法の統一を行うこと、また、歴史的文書の特定方法や保存方法（保存スペースの確保を含む。）を確立させることの二点が課題になっている。」（H市）

したがって、第三に、D市が「このままでは、歴史的価値のある文書も捨てられてしまうか、保存してあっても、探し出せなくなる」と指摘しているように、事態がこのまま推移すれば、公文書廃棄の危険性が現実化することも否定できないだろう。

今度は、表3を見ていただきたい。合併を予定していない市町のアンケート調査の結果をまとめたものである。これによれば、ほとんどの市町において、文書管理規定を定め（一〇市町中一〇）、文書庫を確保し（一〇市町中九）、公文書の目録を作成している（一〇市町中八）。しかし、歴史的公文書の保存という点で特段の措置を講じている市町は、とくに見あたらないようである。したがって、中長期的に見れば、ここでも公文書廃棄の危険性が現実化することがあるかもしれない。

以上、要するに、静岡県における公文書保存の概況は、次のように整理できるだろう。すなわち、「平成の大合併」後にあっても、公文書が直ちに廃棄されるという事態は見受けられない。しかし、多くの市町では、歴史的公文書の保存に関する方針が明確に定められていないため、このまま事態が推移すれば、いずれは貴重な歴史的公文書が廃棄されるという可能性を排除できない（むしろ、廃棄の可能性は高い）と言えるだろう。

それでは、貴重な歴史的公文書を適切に管理・保存するために、今後の公文書保存行政はどのような方向に進むべきなのか。本稿では、こうした問題を考える素材として静岡市と磐田市の事例を取り上げ、いくつかの論点を整理してみたい。

二　静岡市における公文書保存行政

二〇〇三年四月一日、静岡市と清水市が合併し、新「静岡市」が誕生した。それに伴い、新静岡市は、静岡市公文書管理規則（規則第一四号）、静岡市公文書管理規程（訓令第五号）を定め、合併後の公文書管理の指針を明らかにした。以下、これらの内容を逐条的に検討してみよう。(9)

1　静岡市公文書管理規則

(1)　公文書管理・保存の原則

静岡市公文書管理規則(10)（以下、「規則」という）第三条は、公文書管理の原則について、「公文書は、事務を正確かつ迅速に処理するため、その所在及び処理状況を常に明らかにし、その性質に応じて適正に管理しなければならない」と定める。

右の原則に基づき、規則第四条は、公文書の管理体制を次のように定める。まず、「文書統括課長」[11]は、公文書管理事務を統括し、公文書管理が適正かつ円滑に処理されるよう必要な指導及び監督等を行わなければならない。そして、各課の「課長等」は、その所管する公文書について適正な管理を行わなければならない。さらに、課等の公文書管理事務について必要な指導を行うため、課等に文書取扱主任を置くこととしている。

規則第七条は、公文書の保存期間について、「別表の左欄に掲げる公文書の区分に応じ、同表の右欄に定める期間とする」と定めている。その別表とは、表4に示した通りである。ここに示されているように、原則として、公文書は、その種類に応じて、三〇年、一〇年、五年、三年、一年、一年未満の期間保存される。つまり、規則七条は、所定の期間が経過すれば、すべての公文書を廃棄することを基本原則としている。それを端的に示しているのが、別表に「永久保存」文書の区分が設けられていないことである。

(2) 永久保存文書の指定

規則第七条の原則規定に対する例外を定めているのが第九条である[12]。同条は、三〇年保存文書のうち「永年にわたり保存する必要のあるもの」を「永久保存文書」として指定すると規定している。指定権者は「文書統括課長」である。そして、永久保存文書の指定対象となるのは、別表に定める三〇年保存文書のうち、以下の第九条第一項各号に該当する文書である。すなわち、

(1) 条例、規則その他の例規の制定又は改廃に関する公文書で重要なもの

(2) 行政不服審査及び訴訟に関する公文書で特に重要なもの

表4　第七条別表

公文書の区分	保存期間
1　条例、規則その他の例規の制定又は改廃に関するもの 2　官公庁からの令達、通知等で重要なもの 3　訓令、通達及び内規に関する公文書で特に重要なもの 4　行政不服審査及び訴訟に関する公文書で重要なもの 5　市議会の会議録、決議書その他の市議会に関する公文書で重要なもの 6　市行政の総合計画及び運営に関する基本方針の決定並びにその変更に関する公文書 7　行政区域に関する公文書で重要なもの 8　公有財産の取得、処分その他権利の設定に関する公文書 9　財産、公の施設及び市債に関する公文書で重要なもの 10　事務引継ぎに関する公文書で重要なもの 11　機関の設置、廃止に関する公文書で重要なもの 12　予算、決算及び出納に関する公文書で重要なもの 13　表彰に関する公文書で重要なもの 14　職員、委員等の履歴及び任免、賞罰等に関する公文書 15　許可、認可、契約等に関する公文書で特に重要なもの 16　台帳、原簿等で特に重要なもの 17　調査研究、統計等に関する公文書で特に重要なもの 18　市史及びその編さん上必要な資料で重要なもの 19　監査請求等に関する公文書で重要なもの 20　選挙に関する公文書で重要なもの 21　前各項に掲げる公文書に類するものその他特に30年保存とする必要がある公文書	30年保存
1　告示及び公告に関する公文書で特に重要なもの 2　訓令、通達及び内規に関する公文書で重要なもの 3　許可、認可、契約等に関する公文書で重要なもの 4　台帳、原簿等で重要なもの 5　金銭の支払いに関する証拠書類 6　調査研究、統計等に関する公文書で重要なもの 7　前各項に掲げる公文書に類するものその他特に10年保存とする必要がある公文書	10年保存
1　許可、認可、契約等に関する公文書で比較的重要なもの 2　租税及び公課に関する公文書で重要なもの 3　台帳、原簿等で比較的重要なもの 4　調査研究、統計等に関する公文書で比較的重要なもの 5　前各項に掲げる公文書に類するものその他特に５年保存とする必要がある公文書	5年保存
1　照会、回答、通知、依頼等に関する公文書 2　許可、認可、契約等に関する公文書で比較的軽易なもの 3　文書の受付、発送に関する公文書 4　前各項に掲げる公文書に類するものその他特に３年保存とする必要がある公文書	3年保存
1　照会、回答、通知、依頼等に関する公文書で軽易なもの 2　許可、認可、契約等に関する公文書で軽易なもの 3　文書の受付及び発送に関する公文書で軽易なもの 4　調査研究、統計等に関する公文書で軽易なもの 5　前各項に掲げる公文書に類するものその他特に１年保存とする必要がある公文書	1年保存
その他の公文書で1年間以上保存する必要がないと認められる公文書	事務処理上必要な 1年未満の期間

(3)　市議会の会議録、決議書その他の市議会に関する公文書で特に重要なもの
(4)　市行政の総合計画及び運営に関する基本方針の決定並びにその変更に関する公文書で重要なもの
(5)　行政区域に関する公文書で特に重要なもの
(6)　公有財産の取得、処分その他権利の設定に関する公文書で重要なもの
(7)　予算及び決算に関する公文書で特に重要なもの
(8)　職員及び委員等の任免、賞罰等に関する公文書で特に重要なもの
(9)　市史及びその編さん上必要な資料で特に重要なもの
(10)　前各号に掲げるもののほか、歴史的公文書として保存する必要があると認めるもの

この永久保存文書指定制度については、次のような問題点を指摘できるだろう。

第一に、第九条を読む限り、「永久保存文書」の指定を受けるためには、①「三〇年保存文書」のうち第九条第一項各号に該当する文書であること、②「永年にわたり保存する必要のある」と認められること、という二要件に該当しなければならない。したがって、たとえば要件①に該当する文書であっても、要件②に該当しないと認定されれば、たとえ歴史資料として貴重なものであっても、保存期間経過後は自動的に廃棄されることになる。このように二つの要件による絞り込みが可能であるという意味で、かつての「永久保存文書」よりも該当範囲は狭くなっているといえるだろう。

第二に、要件②に係る認定、換言すれば、「永年保存」すべき歴史的重要性を有する文書か否かの判断が、一般行政職たる文書統括課長に委ねられている点が問題である。歴史学の専門知識に裏付けられた判断を求められるにもかかわらず、制度的にはそれを担保する仕組みが用意されていないのである。とくに「市史及びその編さん上必要な資

料でとくに重要なもの」（第九号）、「歴史的公文書として保存する必要があると認めるもの」（第一〇号）の実体的判断をもっぱら文書統括課長に委ねるという仕組みには、やはり危惧の念を覚えざるを得ない。

第三に、第九条第一項後段の規定により、文書統括課長は、永久保存文書の指定をなすに当たり、当該文書を現に管理している「課長等の意見を聴く」ことが義務づけられている。しかし、この意見聴取手続の法的性格が必ずしも明確でない。要件①と要件②に該当する文書であっても、「課長等の意見」次第で「永久保存文書」の指定を回避することを容認するという趣旨であれば大いに問題であるといわざるをえない。

第四に、文書統括課長は、永久保存文書として指定した文書について、その保存に必要な措置を講じなければならないとされている（第九条第二項）。しかし、その一方で、いったん永久保存文書に指定された文書であっても、「保存の必要がなくなった」と判断すれば、文書統括課長は当該指定を解除できるという規定が置かれている。すなわち、「文書統括課長は、第一項の規定により永久保存文書として指定した文書について、その保存の必要がなくなったときは、当該文書を処理した課長等の意見を聴いて、当該指定を解除することができる。」（第九条第四項）。いったん「永年にわたり保存する必要のある」と認めた文書について、事後的に「その保存の必要がなくなる」というのは、いったいどのような場合を想定しているのであろうか。筆者には理解不能である。この規定が恣意的に運用されれば、永久保存文書に指定されたものであっても、いつでも廃棄できることになってしまう(13)。

(3) 公文書の廃棄

規則第一〇条は、保存期間満了後の公文書廃棄手続を定めている。すなわち、第一〇条第一項は、「文書統括課長」、「文書管理課長」、「課長等」は、その保存する公文書の保存期間が満了したときは、当該公文書を遅滞なく廃棄しなければならないと定める。

注目すべきは同条第二項である。それによれば、「課長等」は、第一〇条第一項の規定にかかわらず、その保存する公文書を「当該保存期間が経過する前に廃棄しなければならない特別の理由があるとき」は、「文書統括課長の承認」を得て、当該公文書を廃棄することができるとされている。しかし、第二項は、保存期間満了前に公文書を廃棄すべき「特別な理由」とは何なのか具体的には何も明示していない。そのため、保存期間満了前の公文書が「課長等」の裁量的判断によって安易に廃棄されるという危険性を否定できない。この規定が恣意的に運用されれば、公文書はいつでも廃棄できることになるだろう。

2　静岡市公文書管理規程

規則とともに、公文書管理について必要な事項を定めているのが、静岡市公文書管理規程(14)(以下、「規程」という)である。規程は、①文書(公文書及び公文書となるべき文書等)の受領・配付・収受、②公文書の処理・発信、③公文書の保管・保存・廃棄について具体的に定めている。いわば公文書の「誕生」から「死亡」までを規定するものである。以下、③公文書の保管・保存・廃棄に関する規定を簡単に整理してみよう。

(1)　保管・保存

まず、公文書の「保管」について。課長等は、「処理の完結した公文書」(完結文書)を、当該文書の処理が完結した年度内において、簿冊にまとめて整理し、文書目録をつけなければならない(規程第二八条)。そしてこれらの完結文書は、所定の保管庫等に収納しなければならない(第二九条第一項第二号)。保管庫等に保管する期間は、原則として公文書の処理が完結した日の属する年度の翌年度の末日までとされている(第二九条第二項)。

次に、公文書の「保存」について。第二九条第二項の期間の経過した後、引き続き保存を要する公文書については、課長等は文書統括課長または文書管理課長に引き継ぎを行わなければならない（第三〇条第一項）。この引継ぎにより、課長等の保管責任は、文書統括課長等による保存責任に転換される。そして、文書統括課長等は、引き継いだ公文書をその保存期間中所定の文書庫[15]において適正に保存しなければならない（第三一条）。

しかし、ここでも重要な例外が設けられている。第三〇条第一項の規定にかかわらず、課長等は、「引き継がないことについてやむを得ない理由があると認められる文書については、引き継がないことができる」という規定が存在するのである（第三〇条第二項）。要するに、「保管期間」経過後の「完結文書」がすべて文書統括課長等に引き継がれ、文書庫で「保存」されるわけではない。「やむを得ない理由」があれば、「課長等」の手もとで引き続き公文書を保管することができるのである。しかし、「やむを得ない理由」とはいかなる事由を意味するのかについて、規程は何も明示していない。

そして、後述するように、保存期間を満了すれば、「課長等」は当該保管公文書を廃棄しなければならないとされている（第三三条第二項）。したがって、ここでも、重要な歴史的公文書が、課長等の裁量的判断によって廃棄されてしまうという危険性が存在することを指摘せざるをえない。

（2）閲覧等

規程は、文書庫で保存された公文書について、閲覧手続を設けている（第三二条）。しかし、それは、文書統括課長等が「所管課等に対し貸し出し、又は閲覧に供することができる」と定めるのみで、一般市民による閲覧請求については何の定めも設けていない。これは、情報公開条例に基づく閲覧請求手続を予定しているためと思われる。しかし、公文書館で保存されている公文書については、別の――より簡便な――閲覧手続を用意すべきである。

（3）廃　棄

公文書保管・保存・廃棄手続きのフローチャート

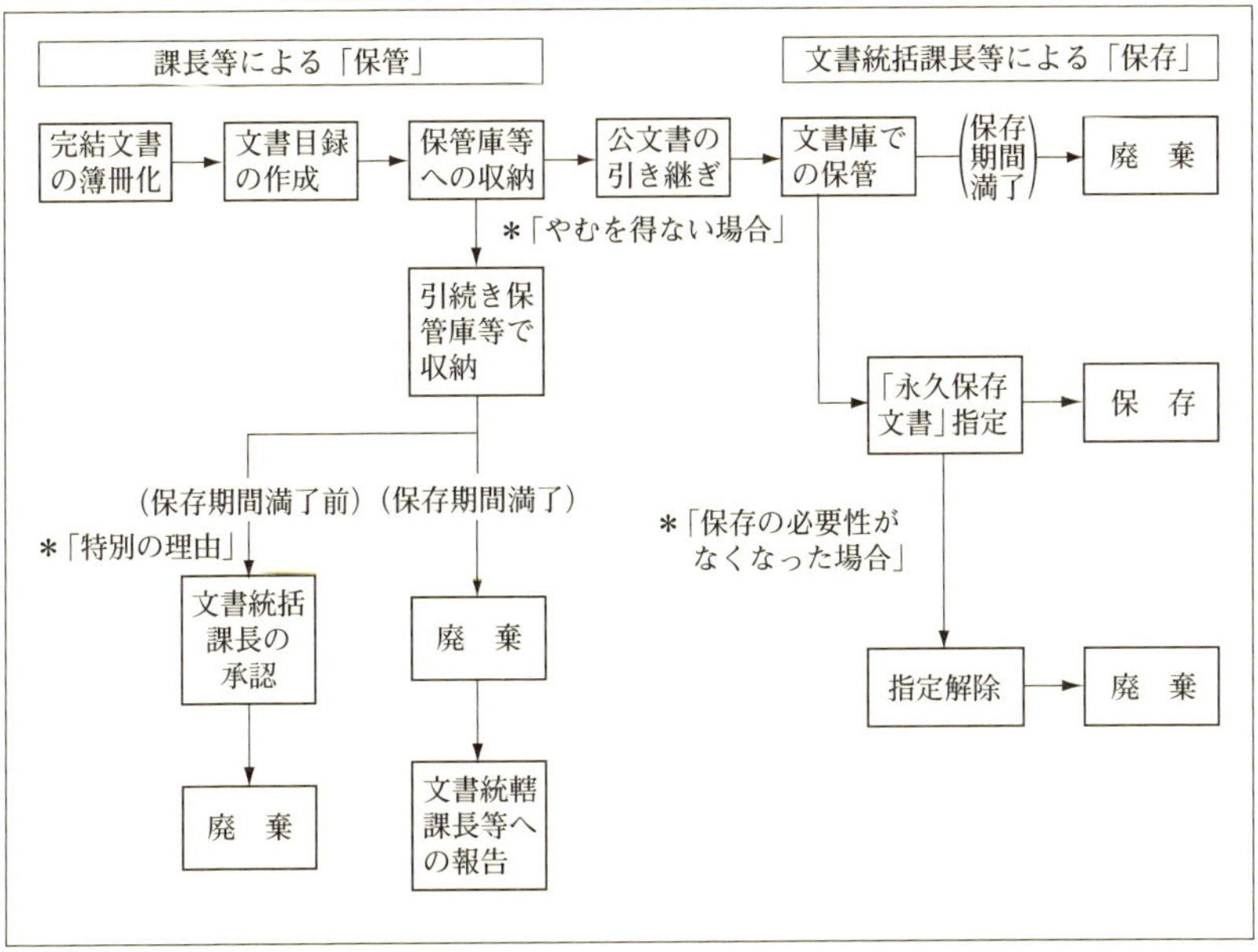

文書統括課長等は、引き継ぎを受け保存している公文書のうち所定の保存期間を経過したものについては、所管課等に確認したうえで、廃棄しなければならないとされている（第三三条第一項）。その一方で、課長等が引き継ぎを行わないでそのまま保管している公文書のうち保存期間の経過したものについては、課長等が自ら廃棄しなければならない。その場合、速やかに文書統括課長等に報告する義務が定められている（第三三条第二項）。

以上、本章において述べてきたことを改めてフローチャートにして示すならば、上図の通りである。一見して明らかなように、規則により文書統括課長が置かれているにもかかわらず、同課長の下での公文書の一元管理が実現されるには至っていないのが実情である。

とくに問題なのは、全公文書の文書統括課長への「引き継ぎ」「保存」に例外を設け、「課長等」のもとでの「保管」を容認していることである。これらの文書は、文書統括課長による「永久保存文書」の指定を受けることもなく、所定の保存年限が経過すれば自動的に廃棄される。さらに問題なのは、保存期間満了前であっても、「特別な理由」があれば廃棄できるとされている点である（文書統括課長の承認は必要だが）。このような仕組みのもとでは、いかに貴重な歴史的公文書であっても、極端な場合、「課長等」レベルの判断で保存期間を経過しないうちに廃棄することが可能である。

静岡県下自治体のなかには、このような静岡市の文書管理行政と同様の方向を志向しているところもある。しかし、歴史的な公文書を適切に保存していくという観点から見れば、非常に問題の多い仕組みであるといわざるを得ない。その一方で、静岡県下自治体の中には、別の方向性を志向するところもある。次に磐田市を例にとって、さらに問題を検討してみよう。

三　磐田市における公文書保存行政

1　市町村合併に伴う公文書保存問題の経緯

二〇〇五年四月、磐田市、福田町、竜洋町、豊田町、豊岡村が合併し、新「磐田市」が成立した。この間の経緯を、行論に必要な限りで整理すれば、左の通りである[16]。

〇四年　三月　磐田市議会代表質問で合併問題に関連して公文書館設置問題が取り上げられる。
　　　　六月　豊田町議会一般質問で公文書館設置問題が取り上げられる。
　　　一〇月　磐田市議会会派視察団、「本渡市天草アーカイブズ」を訪ねる。
〇五年　一月　講演会「市町村合併と公文書保存」が開催される（豊田町立図書館）。

四月　竜洋支所三階に「歴史文書館」を設置（文化財課調査係職員に歴史文書館担当を兼任させると同時に、臨時職員一名採用）。
六月　公文書箱数調査を実施（市役所本庁、支所対象）。簿冊名簿の登録（歴史文書館運び込み分）。
九月　磐田市歴史文書館準備検討会第一回委員会が開催される（委員七名）。文化財課長、各支所長へ旧役場公文書取扱について依頼（廃棄する場合は必ず歴史文書館を通すことを徹底）。
一〇月　公文書等保存啓発講演会を開催（磐田市役所全部課職員を対象に公文書保存に対する意識を高めることを目的に安藤福平氏（広島県立文書館副館長）の講演を計四回開催。参加者四九六名）。
〇六年　三月　磐田市歴史文書館準備検討会、「磐田市歴史文書館準備検討会報告書」を市長に提出。
四月　「歴史文書館」への文書搬入開始。
五月　施設整備に関する助言を受ける（国文学研究資料館アーカイブズ研究系助教授青木睦氏）。

ここに示されているように、新市成立に向けた合併協議の段階から、公文書保存問題、公文書館設置問題が重要な合併上の課題として認識され、議論されていた。そうした経緯を踏まえ、新たに成立した新磐田市は、①歴史文書館担当職員を配置し、公文書等の保存業務を開始するとともに、②歴史文書館準備検討会を設置して文書館設置の指針について検討作業を開始した(17)。このような取り組みは、県内他市町では例を見ないだけに、高く評価されるべきものである。

なぜ、このような取り組みが可能であったのか。仄聞する限り、磐南文化協会(18)をはじめとする地域住民の皆さんの公文書保存問題への高い関心を背景に、市長以下行政当局の真摯な取り組みがあって初めて可能であったと思われる。以下、本稿では、磐田市が進めようとしている公文書保存行政の（静岡県の全県的水準から見れば）画期的ともいえる内容について検討する。そして、そのための素材として、磐田市歴史文書館準備検討会が、二〇〇六年三月、市長に提出した「磐田市歴史文書館準備検討会報告書」の内容を紹介していきたい。

2　「磐田市歴史文書館準備検討会報告書」の概要

「磐田市歴史文書館準備検討会報告書」（以下、「報告書」）は、冒頭、この間の合併に至る経緯を振り返り、「合併に至る過程で旧市町村の公文書の散逸を防ぎ保存すべきであるという声が上がり、市がこれを受けて合併と同時に保存施設設置の取組を始めた」と述べ、地域住民の公文書保存要求とそれに対する市当局の積極的姿勢という二つの要素が重要な役割を果たしたことを指摘する。その上で、以下のように具体的提言をとりまとめている。

(1)　文書館設置の必要性と基本理念

「報告書」は、文書館を設置し公文書等を保存することの必要性と基本理念について、大要、次のように指摘している。

第一に、「歴史・文化の継承」。新市の目指すまちづくりの基本の一つに「歴史と文化薫るまち」というコンセプトがすえられた。そこで、新たに設置される文書館は、「地域の歴史・文化を継承し、未来まで連綿と伝えることを担う施設」として定義づけられている。このように、新しい文書館は単なる公文書館にとどまらず、いわば地域の歴史・文化の保存=継承センターともいうべき役割を期待されているのである。

第二に、「市民とともに、市民のために」。ここでは情報公開制度との関連性が強く意識されている。新市が導入した情報公開制度で公開対象となるのは、市が定めた保存期間年限内の公文書のみで、保存期間満了の公文書は廃棄されることになっている。こうした公文書には歴史的に重要な情報が多く含まれているにもかかわらず、現状では「過去の経験を市も市民も利用できない」し、「未来の市民に対して現在の行政の説明責任を全うすることもできない」。そこで文書館は、歴史的に重要な公文書を保存・公開・利活用することによって、「市民と行政の協働活動に資する施設となる必要がある」とされている。

第三に、「情報資源の活用で高度な行政の実現」。最後に、「報告書」は、公文書は行政にとって最大の情報資源であり、行政はそこに蓄積されている豊富な行政経験を活かす必要があるとしたうえで、文書館が「行政の情報センターとしての役割を担う」ことを求めている。そして、今回の合併では過去の大合併のときのような「負の経験」（多数の貴重な公文書の散逸）を再び繰り返すことのないよう戒めている。

（2）文書館の位置付け

上記の基本理念に基づき、「報告書」は、文書館の目的を、①「地域資料及び公文書その他の記録のうち歴史資料として重要なもの」を「市民の共有遺産」として「収集、整理、保存」し、②「広く市民と行政の利用に供」し、③「地域づくり及び学術・文化の発展に寄与」するとともに、④「市民の権利を守り、市と市民の創造的活動を支える」ことと定義づけている。そのうえで、文書館は「公文書館法に基づいて設置する」と明確に述べている。

そのうえで、文書館の業務として以下のものを列挙した。

① 公文書の内、保存期間を経過した公文書（非現用文書）及び市が発行した刊行物全件を速やかに主管課から移管を受け、歴史資料として重要なものを評価・選別し、廃棄（廃棄リストの作成を含む）を行い、整理（リスト作成を含む）した上で保存し、管理する。

②「磐田市域」に関する地域資料の所在情報の把握に努め、確認された資料を調査し、文書館資料として必要なものを収集、整理、保存、管理する。
③資料は適切な環境のもとで保存し、地域資料の滅失及び散逸を防ぐ措置を講ずる。
④利用頻度の高い資料、劣化の著しい資料についてはマイクロフィルム等により撮影・複写等を行い、保存対策を講ずる。
⑤収集した資料についての調査研究及びその他必要な調査研究を行い、その成果を市史などとして取りまとめた上、広く市民に公表する。
⑥収集した資料を、広く市民へ公開し活用できるようにするとともに、公文書作成部局でも容易に利用できるようにする。
⑦利用促進のための普及活動を行う。
⑧レファレンスサービスに力を入れる。
⑨その他文書館の目的を達成するために必要な事業を行う。

ここに示されているように、「報告書」は、文書館が扱う資料の範囲を、保存期間満了後の公文書や市が発行した行政刊行物だけでなく、個人や団体が保有する古文書などの地域資料も含めている。文書館が単なる公文書館にとどまらず、「地域の歴史・文化を継承し、未来まで連綿と伝えることを担う施設」という位置づけを与えられている所以をここにも見ることができる。

このうち公文書に関して、「報告書」は、「基本的に公文書は全件文書館に移管する」ことを原則とし、「保存・廃棄の権限は文書館に限定される必要がある」と指摘している。そして、〈保存期間中の公文書は主管課で所定の期間保存する〉という現行のシステムを改め、〈文書作成後一定期間経過したものは主管課から文書管理の主管課または文書館に移管し集中管理を行う〉というシステムへの転換を提言している。

こうした提言の背景にあるのは、①公文書のライフサイクル（作成・使用から廃棄・保存までの一連のプロセス）を文書管理の主管課が一元的に管理する、②いわゆる「非現用文書」はすべて文書館の管理に移され、選別・廃棄・保存は文書館によって一元的に行われる、③保存・廃棄の選別は、専門職員の専門的知見によって行われることが必要であるという考え方である。(19) この点について、「報告書」は、「総合的文書管理制度の確立」の一項を立て、次のように強調している。

情報公開制度の本格的運用とともに市の文書管理制度は見直されたが、今回文書館の設置とともに再び同制度を見直す必要が生じてくる。文書の作成から文書館への移管及び廃棄に至る文書のライフサイクル全体を把握管理できる総合的な文書管理制度への見直しが必要である。一元的管理が徹底され、文書を作成する職員一人一人の文書管理意識を高めることによって歴史的文書を残す必要がある。各課の文書作成・保管の延長線上に文書館が位置するもので、総合的文書管理制度の確立が不可欠である。

この文書ライフサイクル論に基づいた総合的文書管理制度の確立という考え方が「報告書」のもっとも重要な部分の一つである。そして、すでに見たように、静岡市の公文書管理制度において完全に欠落しているものでもある。

(3)　文書館の業務・施設

「報告書」は、文書館の業務として、①公文書・行政刊行物の受け入れ（移管・選別・廃棄・整理・保存・公開・利用）、②地域資料の収集と管理、③保存資料の複写・撮影、④調査研究、⑤教育普及活動の五つを挙げた。

そして、これらの業務を遂行するために、文書館には、①資料の受入・選別・整理等に関する施設（受入室・荷解室・選別室・整理室など）、②資料の保存に関する施設（資料収蔵庫・一般書庫・貴重書庫・撮影室・燻蒸室など）、③調査研究に関する施設（調査研究室など）、④資料の公開・利用・教育普及事業に関する施設（閲覧室・映像音声閲覧室・市政資料室・展示室など）、⑤その他の施設（事務室など）が必要であるとした。[20][21]

（4）文書館の組織と運営

新たに設置される文書館をどの部課の所管とするかは、さきほど述べた総合的文書管理制度の確立という理念をどこまで具体化できるかという点と直接に関わるだけに、大変重要な問題であるといえる。[22]この点に関し、当初、事務局は、文書館の所管を教育委員会と考えていた。しかし、委員会審議の結果、委員の一致した意見として、「公文書のライフサイクルという観点から、文書館の所管課は作成から廃棄・保存まで終始一貫して文書を管理できる市長部局の下に置かれることが望ましい」という結論に達した。[23]

もう一つの重要な論点は、専門職員の配置である。「報告書」は、「歴史的組織的な知見・経験」に基づいて行われる資料の評価・選別業務は、数年で移動する職員で対応するには無理があるとして、専門職員配置の必要性を強調する。そして、この専門職員こそ、「文書館の運営の中軸を担う」存在であり、「その資質と意欲・見識が文書館機能を左右する」重要な役割を担っていると指摘する。そのうえで、専門職員を一般の人事異動ルートから外し、別途の昇給昇格システムを用意するなどの配慮を求めている。

行政のスリム化が叫ばれるなか、専門職員の配置という要望は、行政側からすればたいへん贅沢な注文に見えるかもしれない。しかし、公文書保存の成否を分けるのはまさにこの点にあることは明らかである。それだけに、この課題への対応の仕方によって磐田市当局の公文書保存行政に対する姿勢如何が問われることになるだろう。

おわりに──今後の課題

以上見てきたように、「平成の大合併」後の公文書管理・保存行政について全県的状況を見れば、静岡市と磐田市とは対極的な位置に立っていることが分かる。

一方の静岡市は、公文書館（条例に基づかない文書庫）を有し、合併に伴い新たな文書管理規定を定めた。しかし、その内容は、公文書の保存という観点から見ればたいへん問題が多い。公文書の一元管理は実現しておらず、たとえ歴史的に貴重な公文書であっても、現場の課長等の判断で保存期間満了の如何を問わず、いつでも廃棄できるという仕組みになっている。それだけに、歴史的に重要な公文書を保存するという点では、きわめて大きな問題点を有しているといわざるをえない。同様のシステムを導入している自治体も少なくないだけに、今後の行政の動向が気になるところである。

他方、磐田市は、合併に際し、旧市町村公文書保存の問題を自覚的に議論し、文書館設立方針を確定したという点で、静岡県内では注目すべき存在となった。さらに、磐田市歴史文書館準備検討会が市長に提出した報告書は、公文書のライフサイクル論を前提に、現用文書・非現用文書の一元的管理、文書館による非現用文書等の全件受入・選別・廃棄・整理・保存などを目指すという点で、県レベルでは画期的意義を有するものとして高く評価することができる。今後の条例化作業のなかで、この「報告書」の示した方向性がどの程度具体化されるのか、大いに注目したいと思う(24)。そして、筆者としては、この磐田市の取り組みが一つのモデルとして県下自治体の公文書保存行政に良い影響を与えてくれることを強く期待するものである。

註

（1）沼津市、浜松市、焼津市、藤枝市、磐田市、掛川市、浜北市、富士市、下田市、浅羽町、伊豆長岡町、引佐町、小山町、金谷町、蒲原町、菊川町、清水町、豊岡村、中川根町、韮山町、榛原町、浜岡町、福田町、本川根町、竜洋町などがその例である（現在進行中のものも含む）。

（2）ここに「歴史系四団体」とは、静岡県考古学会、静岡県民俗学会、静岡県地域史研究会、静岡県近代史研究会の研究団体を指している。

（3）歴史文化情報センターは、設置当初は県教育委員会の所管であったが、現在は県立中央図書館の所管となっている。同センターについては、以下のＵＲＬを参照。http://www.tosyokan.pref.shizuoka.jp/contents/institution/history.html

（4）静岡県内に県立の人文系博物館や公文書館等が設置されていないという現状を打開するため、一九九九年一一月、前述の歴史系四団体を中心に「県立総合博物館を考える会」が設立された。しかし、目的の達成に至らず、二〇〇四年、活動を停止するに至った。

（5）http://www.pref.shizuoka.jp/soumu/sm-12/documents/joukyouzu060331kakutei.pdfを参照。

（6）各市町に対して回答を依頼した質問事項は、以下の通りである。

（一）市町村合併をすでに経験された市町および合併を予定されている市町にお尋ねします。

①旧市町村保有の公文書の合併後の保存・管理について、どのような施策をとられている（あるいは検討されている）でしょうか。該当するものに○をお付け下さい（複数回答可）。

・何もしていない。
・従前の文書管理規定を踏襲（文書管理方法に大きな変更はない）。
・（内容・形式ともに）新しい文書管理規定を策定（文書管理方法の大幅な変更）。
・保存スペース（文書庫など）がないなどの理由で公文書を廃棄。

・保存スペース（文書庫など）を確保し（たとえば空き庁舎の活用など）、公文書を適切に保存。
・旧市町村公文書目録を作成。
・旧市町村公文書の保存・整理・調査等のために職員を配置（常勤、非常勤を含む）。
・その他（具体的にお書き下さい：　　　　　　　　　　　　　　　　　）
②公文書保存の施策に関し、特記すべき事項があれば、自由にお書き下さい。
（二）市町村合併を予定されていない市町にお尋ねします。
①現在の公文書保存施策についてお尋ねします。以下、該当するものに○をお付け下さい（複数回答可）。
・何もしていない。
・文書管理規定を定めている。
・文書庫を確保している。
・公文書の目録を作成している。
・自治体史の編纂に活用している。
・その他（具体的にお書き下さい：　　　　　　　　　　　　　　　　　）
②公文書保存の施策に関し、特記すべき事項があれば、自由にお書き下さい。

（7）本稿は、情報公開条例と公文書保存の関連について言及していないが、両者が密接な関連を有するのはいうまでもない。この点に関し、合併前は情報公開条例の対象であった文書を合併後に情報公開請求の対象外としている自治体があることが指摘されている（二〇〇六年三月一四日付情報公開クリアリングハウス・プレスリリース「九六の合併自治体で合併前文書が情報公開条例の対象外に」http://homepage1.nifty.com/clearinghouse/news/news2006/060317pressrelease.pdf）。
（8）合併以前の段階における公文書保存の状況については、全国歴史資料保存利用機関連絡協議会資料保存委員会編『データにみる市町村合併と公文書保存』岩田書院、二〇〇三年、七一〜七二頁（静岡県分）が、詳細な調査結果を報告している。

（9）合併後の静岡市における公文書管理については、とくに鈴木文子・八重樫純樹・小川千代子「地方自治体の合併に伴う文書管理の諸問題—静岡市と清水市の合併を例として—」『レコード・マネージメント』（四七号、四二〜五四頁、二〇〇四年三月）を参照。

（10）http://www.city.shizuoka.jp/shisei/reiki_int/reiki_honbun/r001090601.htmlを参照。

（11）「文書統括課長」とは、総務局総務部総務課長をいう（規則第二条第七号）。

（12）第七条のもう一つの例外として、静岡市情報公開条例、静岡市個人情報保護条例による請求があったものについては、所定期間、保存期間を延長できるという規定がある（同条四項四、五号）。

（13）たとえば、公文書館の収納スペース（現在約七万冊収納可能といわれている）が手狭になってくれば、順次、「保存の必要がなくなった」として永久保存文書を指定解除し、廃棄することも考えられるだろう。

（14）http://www.city.shizuoka.jp/shisei/reiki_int/reiki_honbun/ar00109071.htmlを参照。

（15）静岡市の文書庫としては、静岡市文書館（静岡市葵区産女九四五）と静岡市公文書館（静岡市葵区本通七丁目、静岡市北部勤労者福祉センター三階）がある。公文書は、最初、本庁舎地下書庫で保管された後、産女の静岡市文書館に運ばれ、そこで選別されたものが静岡市公文書館（ラベック静岡）において最終的に保存されるという。ちなみに、静岡市公文書館は、面積八五一・一六㎡（文書庫三三〇㎡）を擁し、書庫には密集書架が配置されている。

（16）以下の記述は、おもに磐田市歴史文書館準備検討会平成一七年度第一回委員会配布資料「公文書保存の歩み」（事務局作成）、同委員会議事録などによる。

（17）さらに、公文書等保存啓発講演会を数次開催するなどの機会を通して、全職員を対象に公文書保存問題に関する意識啓発に努める取り組みも大いに注目すべきである。

(18)磐南文化協会は、郷土雑誌『磐南文化』(一九七七年創刊)を発行するなど、磐南地域を代表する文化団体として活発な活動を展開している。

(19)とくに文書のライフサイクルについては、とくに渡辺佳子「情報公開制度と公文書館制度—文書のライフサイクルをどう管理するか」国文学研究資料館史料館編『アーカイブズの科学・上』柏書房、二〇〇三年、三二七〜三四六頁、を参照。

(20)「報告書」は、さらに、中間書庫機能が果たせる書庫のスペースを確保できることが望ましいとしている。

(21)磐田市は、合併によって生まれた空き庁舎のスペースを文書館施設として活用する計画で、すでに現在、竜洋支所(磐田市岡七二九)の二、三階部分を書庫等として利用している。

(22)この点に関し、以下の指摘を参照。すなわち、「都道府県における非現用文書記録の保存利用は、国家機関よりも先行していた。早くは山口県が文書館条例(一九六四年)を制定し、……続いて埼玉県が同様に文書館条例(一九六九年)を制定して、それぞれ教育委員会が所管する社会教育機関の一つとして位置づけていたが、その後、愛知県が公文書館条例(一九八六年)を制定し、知事部局が所管する公文書館を実現した。……また、行政組織規模の小さい市区町村にあっては、首長部局の文書記録管理制度を整備する一環として、非現用文書記録を現用文書記録と一体的に保存管理するところが多く、早くは神奈川県藤沢市が文書館条例(一九七四年)を制定し、広島市は公文書館条例(一九七七年)を制定している。」(戸島昭「組織体の記録管理」国文学研究資料館史料館編『アーカイブズの科学・下』柏書房、二〇〇三年、一三二頁以下)

(23)この間の経緯をいま少し詳しく述べるならば、当初、平成一七年度第二回委員会(二〇〇五年一一月二九日)において事務局から配布された「磐田市歴史文書館条例案」では文書館の所管が教育委員会とされていた。この点については、委員会でもたびたび議論され、公文書のライフサイクルを一元的に管理するという観点から、市長部局の下に置くのが望ましいという意見で一致した。そのため、同第三回委員会(二〇〇六年一月二七日)に事務局から提出された「報告書」原案では、「本来、歴史文書館は、資料のライフサイクルを把握できる部署、情報管理を一元的に扱っている部署に設置することが望ましいものであろう」という表現が盛り込まれ、最終的に、さらに修正が加えられて、本文で引用した通りの内容になったのである。

(24) 二〇〇六年三月「報告書」提出後の動向について簡単に紹介しておきたい。磐田市では、同年七月から八月にかけて三回にわたって開催された歴史文書館関係各課連絡会では、それぞれの論点をめぐって事務方の意見交換が行われた。その結果、文書館の所管を教育委員会とすることで結論に達したようである。今後、条例化の作業が残されているが、文書館を「市長部局の下」に置くという提言が採用される可能性は、残念ながらきわめて低くなったといわざるをえない。

第五七回（静岡）大会の記録

大会成果刊行特別委員会

はじめに

地方史研究協議会第五七回（静岡）大会は、平成十八年（二〇〇六）十月二十一日から二十三日までの三日間、「東西交流の地域史―列島の境目・静岡―」の共通論題（テーマ）のもと開催された。二十一・二十二日の両日は、静岡市の常葉学園大学たちばなホールを会場に、公開講演・特別報告・自由論題研究発表・共通論題研究発表および共通論題討論を実施した。二十三日は、東コース（静岡・清水）と西コース（島田・掛川）の二つのコースに分かれての巡見を行なった。

本書は、この大会の成果を、当日の公開講演・特別報告・研究発表を中心にまとめたものである。本大会で共通論題として掲げた「東西交流の地域史―列島の境目・静岡―」を書名として、公開講演・研究発表を、静岡を列島の中に位置付けた「列島の中の静岡」と、地域およびその交流を論じた「地域と交流」の二部に分け、それに静岡県の史料保存利用問題を提起した特別報告を加えて構成した。

一　大会準備状況

平成十五年十月十九日、第五四回（八戸）大会会場にて、静岡県地域史研究会川崎文昭会長から高島緑雄本会会長（当時）へ大会誘致の文書が手交された。地方史研究協議会は、この申し出を基に常任委員会で検討して、第五七回大会の開催地を静岡県とすることに決定した。

そこで、第五七回大会の開催に向け、平成十六年（二〇〇四）十二月、常任委員会のなかに大会準備委員会を発足させた。大会準備委員会の当初の構成は、平野明夫（委員長）・石山秀和・久保田昌希・鍋本由徳・西海賢二・山崎圭・渡邉嘉之の七名であった。その後、準備委員の増減が行なわれ、また平成十七年十一月開催の二〇〇五年度第一回常任委員会で、準備委員会を運営委員会とするなどして、最終的には、平野明夫（委員長）・石山秀和・久保田昌希・小松修・佐藤孝之・谷口榮・鍋本由徳・西田かほる・西海賢二・渡邉嘉之の一〇名で運営委員会を構成した。

平成十六年十二月二十五日、川崎文昭・厚地淳司・小和田哲男・本多隆成・高柳政司・笹原芳郎・菊田宗・橋本敬之・坪井俊三・前田利久（欠席：望月保宏・森田香司・橋本誠一）各氏といった地元有志と、所理喜夫会長・中野達哉常任委員長および準備委員を中心とした常任委員による打ち合わせ会を静岡市の常葉学園サテライトキャンパスで実施した。そこでは、開催準備のスケジュールの説明や会場についての協議が行なわれ、地元の状況として、静岡県地域史研究会・静岡県近代史研究会が共催団体となり、静岡県考古学会も共催団体に加わる予定である旨の説明があった。

こうした動きのもと、平成十七年一月二十二日、川崎文昭・橋本誠一・厚地淳司・前田利久各氏らによって、第一回実行委員会が開催され、正式に実行委員会が発足した。その後、実行委員は静岡県地域史研究会・静岡県考古学会・静岡県近代史研究会の会員を中心として徐々に増強され、最終的に、つぎのように構成するに至った（カッコ内は所属団体）。

顧　　問　若林淳史
委 員 長　川崎文昭（地域史）
事務局長　厚地淳司（地域史）
委　　員　大塚勲（地域史）・小川隆司（地域史）・小和田哲男（地域史）・菊田宗（考古学）・菊池吉修（考古学）・北村啓（地域史）・工藤雄一郎（地域史）・笹原芳郎（考古学）・柴雅房（地域史）・高柳政司（地域史）・坪井俊三（地域史）・仲田正之（地域史）・橋本誠一（近代史）・橋本敬之（地域史）・本多隆成（地域史）・前田利久（地域史）・松本稔章（地域史・静岡県古城研究会）・村瀬隆彦（近代史）・望月保宏（地域史）・森田香司（地域史）・渡辺和敏（地域史）

実行委員会は、合計二四回実施した。各回の内容については、すでに『地方史研究』第三一九号〜第三二三号に、第五七回（静岡）大会運営委員会報告として、平成十八年八月十日までの状況を記しているので、そちらを参照されたい。ここでは、八月十日以降の動向を追加しておく。

八月二十六日に第二四回実行委員会を開催し、後援・協賛団体、会場設営、準備日程、巡見などについて話し合った。そして、実行委員会終了後、北村啓・鍋本由徳両氏の準備報告が行なわれた。その後、九月十七日には、共通論題研究発表者（一名欠席）によるプレ大会を実施した。

なお、実行委員会・準備委員会・運営委員会の開催状況は以下の通りである。

実行委員会
第　一　回　平成十七年一月二十二日(土)
第　二　回　平成十七年四月二日(土)
第　三　回　平成十七年五月二十八日(土)
第　四　回　平成十七年六月十一日(土)
第　五　回　平成十七年七月九日(土)
第　六　回　平成十七年八月八日(月)
第　七　回　平成十七年九月三日(土)
第　八　回　平成十七年十月十五日(土)
（会場：敦賀市・プラザ萬象）
第　九　回　平成十七年十月二十九日(土)
第一〇回　平成十七年十一月六日(日)
第一一回　平成十七年十一月二十六日(土)
第一二回　平成十七年十二月十日(土)
第一三回　平成十八年一月二十八日(土)
第一四回　平成十八年二月四日(土)
第一五回　平成十八年二月二十五日(土)
第一六回　平成十八年三月十一日(土)
第一七回　平成十八年三月二十一日(火・休日)
第一八回　平成十八年四月十五日(土)
第一九回　平成十八年四月二十九日(土・休日)
第二〇回　平成十八年五月二十七日(土)
第二一回　平成十八年六月二十四日(土)
第二二回　平成十八年七月二十二日(土)
第二三回　平成十八年七月三十日(日)
第二四回　平成十八年八月二十六日(土)
（会場：第八回以外、静岡市・常葉学園サテライトキャンパス）

準備委員会
第　一　回　平成十七年三月一日(火)
第　二　回　平成十七年五月二日(月)
第　三　回　平成十七年六月十日(金)
第　四　回　平成十七年七月十九日(火)

運営委員会
第　一　回　平成十七年十一月三十日(水)
第　二　回　平成十八年三月三日(金)
第　三　回　平成十八年七月二十日(木)

二　共通論題の設定

第五七回（静岡）大会を開催するにあたり、大会実行委員会および常任委員会では、静岡で開催する大会にふさわしい共通論題を設定すべく、議論を重ねた。

共通論題設定には、静岡県域が、政治的・経済的・文化的に、関東圏と関西圏の境目にあることが意識され、伊豆・駿河・遠江という旧国によって分けられる地域性に注目が集まった。そうしたこともあって、対象とする地域の範囲は、現静岡県域とすることが前提として検討が進められ、遅れて確認（合意）がはかられた。対象範囲の確認に際しては、地方史研究協議会大会の静岡での開催が始めてであること、大会実行委員会を構成する静岡県地域史研究会・静岡県考古学会・静岡県近代史研究会が、いずれも静岡県を冠することなどによって、異論なく承認された。

視点としては、静岡県の特性を考察するために、その一つである東西交流の接点・境目が設定できる。そうした特性が地域形成に与えた影響はどのようなものなのか。それらを歴史的に明らかにするという提案があった。なお、「境目」には固定的な印象があるものの、静岡の特性としては、移動する境目であることが強調された。

もう一つの視点は、地域概念の形成である。地域範囲は時代によって変化する。その地域概念の形成について、時期や影響を与えた人物、経緯、形成後の状況などを考察するという視点である。その一つが、伊豆・駿河・遠江という地域を県域とする静岡県の成立の背景を探るというものであった。政治的・経済的・文化的に異なる三国が一つの県を形成する要因や、それによってもたらされた影響を考察する視点が提示された。なお、地域概念の形成考察には、静岡県を流れる大河川（狩野川・富士川・安部川・大井川・天竜川）の地域への影響を考慮する必要があるとの指摘があった。

これらの視点は、地域概念の形成を、東西交流の接点という静岡県の特性のなかで、歴史的に考察し、静岡県成立の背景とその影響を明らかにすると、まとめられよう。

これらの議論のなかで、南北交流の問題や富士山に代表される信仰の問題も俎上にのぼった。また、平成の市町村合併に大きな危機感があり、検討素材となるとの意見も出された。しかし、市町村合併は前近代史の考察においては直接的でないので、共通論題に盛り込まなかった。もっとも、重要な問題であるので、そこから波及する史料保存利用問題に関する特別報告を設定することにした。

こうした静岡に特有の問題意識に、地方史研究協議会の近年の大会共通論題に流れる「交流」を加味して、共通論題を「東西交流の地域史―列島の境目・静岡―」と決定した。そして、共通論題の趣旨を説明する趣意書を、最終的につぎのように作成し、「第五七回（静岡）大会を迎えるにあたって」として、『地方史研究』第三二一号～第三二三号に掲載した。

【第五七回大会を迎えるにあたって】

「東西交流の地域史―列島の境目・静岡―」

常　任　委　員　会

第五七回（静岡）大会実行委員会

地方史研究協議会は、第五七回大会を、平成一八年（二〇〇六）一〇月二一日（土）から二三日（月）までの三日間、静岡県静岡市で開催する。本会常任委員会および開催地の研究者を中心に結成された大会実行委員会では、共通論題を「東西交流の地域史―列島の境目・静岡―」と決定し、準備を進めている。

静岡県は、駿河・遠江を一円支配する駿河府中藩の成立や、府県の統廃合が行なわれるなかで、明治九年（一八七六）八月、ほぼ現在の区域をもつ県となった。静岡県域は、それまで一つの地域として概念化されることはなかったので、新たな地域が生まれたと捉えられる。このような、新たな地域が生まれる前提や、それによって生じた影響は、歴史的にどのようなものであったのであろうか。

静岡県の特性は、東国と西国、関東圏と関西圏、関東と中京・関西の中間に位置することにある。しかも、政治的・文化的な境にあたる点に、静岡県の特色がある。

たとえば、原始・古代の静岡県域は、考古学的知見に立てば、旧石器時代の落とし穴状土坑群・横穴式石室・窯跡・古代官衙などの遺構に見られる地域差や、黒曜石製石器・土器・銅鐸など遺物の分布圏によって、ほぼ大井川を境に大きく東部と西部に区分される。

政治的にみれば、平安期に遠江の武士団も東国を基盤とする源氏と私的主従関係を結んでおり、県域はいわば東国の範囲に属した。鎌倉期は、伊豆・駿河が幕府の基盤のうちであり、執権北条氏の支配が強力に浸透した。したがって、伊豆・駿河は東国の政治的範囲に属し、遠江が西国との境になった。南北朝期には、箱根・竹下の戦いなど帰趨を制するような戦いが県域で展開され、東西勢力の激突の地となった。室町期は、伊豆が鎌倉府の管轄下におかれ、駿河守護の今川氏が、親幕府の立場にあり、鎌倉府に対する幕府の尖兵と位置づけられていた。伊豆は東国に、駿河・遠江は西国に属したといえる。

江戸期には、伊豆は大名が置かれず幕府領であり、駿河に沼津・小島・田中藩が置かれ、遠江に浜松・相良・横須賀・掛川藩が置かれており、東ほど幕府の直接的な影響を受けた。そうした状況が村役人の呼称にも反映し、伊豆では名主が圧倒的に多く、駿河は名主がやや優位となり、遠江は庄屋が優位である。そして、駿河・遠江の幕府領で当初は庄屋と呼称していた地域でも、一八世紀以降名主へと転換しており、東国の呼称へと変化していく。こうした東国の影響が浸透していく状況は村の組織にもみられ、西遠地方は、近世成立期には、長老制の「衆」組織、モロト組織といった近畿地方と類似した社会組織を形成していたものが、次第に家を単位にした「番」組織へと変化していった。

近代にいたり、静岡県の成立後も、東西の境界は県域と異なる場合があった。たとえば、徴兵後に入隊する部隊と関連する軍の管区も、明治一六年まで駿河・伊豆が第一軍管区（東京鎮台）、遠江が第三軍管区（名古屋鎮台）であり、その後は遠江・駿河が第三軍管区となった。明治一七年設置の歩兵第一八聯隊（豊橋）の入隊者は、遠江・駿河出身者がその四分の三を占め、そうした状況が明治二九年の歩兵第三四聯隊（静岡）設置まで続いた。ただし、第三四聯隊が第一八聯隊と同じく名古屋師団に属しながら、磐田・浜名・引佐郡出身者は、第一八聯隊に入隊した者が多かった。

そして現在でも、伊豆は観光地として首都圏と、西部は工業生産の面から愛知県東部・長野県南部との経済的結びつきが強い。このように静岡県は、時期によって、東西それぞれが拡大・縮小するために、移動する境目に位置する。そうした位置ゆえに、いわば列島の東西交流という流れを支えてきたのである。

それでは、東西の政治的・経済的・文化的境界、しかも移動する境目であり、東西交流を支えてきたという現象が、地域形成に与えた影響は、どのようなものであったのであろうか。その問題を考えるに際して、東西を走る列島の交通の大動脈である東海道の果たした役割は看過できないであろう。東海道は、鎌倉幕府の成立によって、東西を結ぶ幹線道路として、重要度が高まった。江戸期には、東海道の宿駅五三のうち二二宿が県域内に置かれている。したがって、東海道の経路の変遷や、東海道が遮断された時期にその代替道路ともなった本坂通（姫街道）も、地域形成に大きな影響を与えたと推測できる。また、太平洋岸の海岸に存在する多くの港も、荷の揚げ下ろしのみでなく、伊勢湾と江戸湾を結ぶ海上ルート上にあたり、風待ちなどの寄港地ともなっており、地域形成の重要な要素といえる。

いっぽう、富士山へ向かう甲州道（富士道）あるいは右左《うば》口《くち》路、身延山へと通じる身延道、秋葉山への参詣道である秋葉道などが東海道と交わって南北に走り、狩野川・富士川・安倍川・大井川・天竜川といった大河川がほぼ南北に流れる。これらによって南北間、すなわち甲斐・信濃との交流も見られ、地域形成を考えるうえで切り離し得ない要素となっている。

地方史研究協議会は、近年「交流」をキーワードに大会を開催してきた。その成果を援用しつつ、本大会では、地域の形成を、東西の政治・経済・文化の境界であり、結節点という静岡県の特性のなかで、境目が時期的に移動するという事実を考慮しつつ歴史的に考察し、静岡県という新たに設定された地域が成立する背景とその影響を明らかにしていきたいと思っている。それには、静岡県の事例のみでなく、他地域との比較も必要である。積極的な議論を期待したい。

三　問題提起

本大会でも、例年の通り、共通論題にかかわる問題提起を募集し、『地方史研究』第三二二号と第三二三号に掲載した。

1　石器石材からみた遺跡と地域　笹原芳郎
2　静岡県の古墳時代にみる東西交流　鈴木一有
3　軍勢の東西移動　小川隆司
4　軍勢の東西移動と鐘・鰐口　小和田哲男
5　中世考古学の成果から見る静岡
　―東でも西でもない―　池谷初恵
6　近世駿河・遠江・伊豆における村役人呼称
　―東の名主、西の庄屋の境目―　厚地淳司
7　近世における住民移動について　橋本敬之
8　川根茶業から見る地域形成　上白石実
9　近世後期名主日記にみる周辺地域との交流
　―東海道蒲原宿渡辺金瞭の日記を中心に―　望月真澄

10　人の動きからみた静岡藩の求心力　樋口雄彦
11　伊豆国神奈川県管轄替問題　桜井祥行
12　浜松における西洋楽器産業の発展・私論　平野正裕
13　自治体史における「帝国」の欠如　小池善之
14　富士山信仰史の課題　水谷　類
15　念仏行者と地域社会
　　―伊豆の徳本上人巡錫をめぐって―　西海賢二
16　日本海の東西交流？　多仁照廣
17　「中日本」文化論の展開を期待する　中村羊一郎
18　島嶼からの視線
　　―伊豆諸島の考古資料に見る交流―　谷口　榮
19　中世三嶋暦で考える　奥村徹也
20　中世における「修験」の「境目」　大石泰史
21　戦国期の駿河をめぐる同盟について　前田利久
22　戦国期遠江・駿河における城郭と流通　山本邦一
23　家康晩年の駿府　大嶌聖子
24　近世静岡県域の政治史的位置　大野瑞男
25　富士川舟運と清水湊
　　―南北交流の視点―　増田廣實
26　関所網を潜りぬけた近世庶民の旅　渡辺和敏
27　師管区・聯隊区と静岡県の「境目」　高村聡史
28　静岡県における報徳社運動　足立洋一郎
29　甲駿、南北交流のダイナミズム　高柳政司
30　静岡県域の資料保存について　川上　努

四　自由論題研究発表

大会初日の十月二十一日に行なわれた自由論題研究発表は、以下の通りである。

1　武田氏の駿河侵攻と徳川氏　小笠原春香
2　近世民間宗教者の一考察
　　―三河徳本をめぐって―　相馬伸吾
3　近世後期有力町人の動向と都市運営
　　―駿府を事例に―　青木祐一
4　工部大学校と沼津兵学校の出身者　向井　晃

小笠原報告は、永禄十一年（一五六八）十二月に開始された武田氏による駿河侵攻をめぐる同氏の動向を、徳川氏や織田氏との外交関係に注目することによって、捉えようとしたものである。

向井報告は、近代化をすすめる明治政府が、殖産興業政策

に基づき、明治四年（一九七一）、工部省に設けた工部大学校（創設時は工部寮）と、静岡藩が明治元年に陸軍士官養成のために、洋学・兵学教育の学校として設置した沼津兵学校の出身者を分析したものである。

相馬・青木報告については、本書掲載論文を参照されたい。

五　特別報告

初日の自由論題研究発表に続き、特別報告が行なわれた。

実行委員会では共通論題設定の当初から、近年実施された市町村合併によって研究状況に大きな変化がもたらされたので、そうした点も考慮すべきとの意見が出されていた。

市町村合併による研究状況の変化とは、つぎのようなことである。市町村合併によって、旧市町村が育んできた文化・組織が再編成されたため、市町村・都道府県という存立基盤が変化した。それに伴って、地方史研究を推進してきた一つの原動力である自治体史編さんの状況変化に端的なように、地方史をとりまく研究環境が変化した。それは、内在的には研究の視野や視点の問題となり、外在的には史料保存利用問題となる。

こうした指摘を受け、それに地方史研究協議会が進めてきた史料保存利用問題の意識もあり、静岡県における史料保存利用問題に関する報告の必要性が唱えられた。そこで、静岡県の史料保存利用問題に詳しい橋本誠一氏（静岡県近代史研究会）が大会中に静岡県の現状を報告することになった。ただし、大会共通論題とは異なるので、特別報告とした。

以上のような意図に基づき、橋本氏による特別報告「静岡県における公文書保有の現状と課題」が行なわれた。その内容については、本書掲載論文を参照されたい。

六　公開講演

初日の午後には、以下の二本の公開講演が行なわれた。

静岡県の西と東　向坂鋼二
　―考古学からみる―

地域史研究と広域調査　福田アジオ

向坂氏は考古学分野の視点から、福田氏は民俗学の視点からで、ともに、静岡県を素材とし、共通論題につながる講演であった。内容については、本書掲載論文を参照されたい。

なお、福田氏の講演は、共通論題研究発表に民俗学分野の報告を加えられなかったので、それを補うものとなった。

七　共通論題研究発表

大会二日目の二十二日は、共通論題研究発表が行なわれた。共通論題研究発表は、以下の九報告である。

1　アカホヤ火山灰下の共生と相克　池谷信之
2　古墳時代後期における東西交流の結節点「静岡」　大谷宏治
3　今川範国と駿河・遠江　森田香司
4　静岡県における織豊系城郭の成立について　加藤理文
5　静岡県の中近世の水運　北村　啓
6　二元政治下における「駿府」―人と情報の結節―　鍋本由徳
7　近世後期の秋葉信仰　坪井俊三
8　近世後期西遠地域における文化・情報伝播　鈴木雅晴
9　温泉観光地の形成と発展―戦間期の静岡県を事例に―　高柳友彦

各報告の内容は、本書収録論文を参照されたい。ただし、池谷・大谷・坪井各報告は、諸般の事情で論文を収録できなかったので、当日配布された『研究発表要旨』から各報告の要旨を転載し、共通論題討論概要理解の一助とする。

1　アカホヤ火山灰下の共生と相克

池谷信之

今から約六三〇〇年前（14C年代・未較正）に起きた鬼界カルデラの大爆発と、それに伴うアカホヤ火山灰の降下は、南九州の縄文時代早期後半の「貝文文化」を壊滅させ、さらに三河湾に展開していた貝塚の多くを断絶させている。

この直後の縄文時代前期初頭以降、東海西部に系統的な起源をもつ薄手硬質な胎土の「木島式土器」が、急速に東海東部に進出を始める。蛍光X線分析装置を用いた胎土分析の結果、これらの土器は木島式土器を東海東部で模倣したものではなく、木島式土器そのものが運ばれていることが判明した。つまり木島式土器を携えた一定の人口の流入があったと考えられるのである。

東海東部の縄文時代早期後半は多量の石鏃の出土が示すように、狩猟が生業の中心であったが、前期初頭以降は網漁に用いる礫石錘が海岸部を中心に増加し、石鏃は極端に少なくなる。アカホヤ火山灰の影響は東海東部においても深刻なものがあり、生業の対象を動植物から魚介類へとシフトせざるを得ない状況にあったことを示していよう。湾口での深度が二五〇〇ｍもあり黒潮分流が流入する駿河湾は、陸上に比べれば火山灰の影響も比較的少なかったのであろう。早期末の三河湾には内湾性漁撈の伝統があり、流入した集団は東海東部における生業のシフトに主導的な役割を果たしたものと思われる。

東海西部からの土器の流入は、木島Ⅰ式・木島Ⅱ式・木島Ⅲ式・清水ノ上Ⅱ式と継続する。その胎土が東海東部のものに変化することはなく、流入した集団は故地である東海西部との関係を維持し続けたものと考えられる。

2　古墳時代後期における東西交流の結節点「静岡」

大谷宏治

古墳時代後期（六世紀）は、新来の墓制である横穴系埋葬施設や鉄器・須恵器など手工業生産技術が地域に根付き、日本各地で地域色のある不動産や文物が産み出されるとともに、その技術やものが人的交流により広く列島に伝播・拡散する時代であった。この交流の痕跡は遠江・駿河にも深く刻まれている。

静岡以西との関係をみると、まず畿内から畿内系片袖式、両袖式石室、家形石棺の技術、情報がもたらされ、また金銅装馬具、装飾付大刀などは畿内政権から配布されたものである可能性が高い。これらは地域の核となる古墳に限られる傾向にあり、政権と地方有力者層の交流関係を示す遺物といえよう。

つぎに、九州地方からは北部九州系横穴式石室や竪穴系横口式石室、横穴墓、圭頭・方頭・透孔鉄鏃、イモガイ製馬具や銅釧などが共通して見られ、明らかに畿内政権中枢を介在せず、九州から直接的に情報や文物の流れがあったと考えられる。また、賤機山古墳に代表される奢侈な馬具などが朝鮮半島から舶載した可能性もあり、遠く九州や朝鮮半島との海上交流が盛んに行われていたことが想定できる。

さらに伊勢湾岸地域の影響も認められる。伊勢では横穴式石室や横穴式木室に、尾張では尾張型埴輪、東海型（尾張型）装飾須恵器に影響が見られる。また、遠江・駿河は三河型横穴式石室、竪穴系横口式石室、外護列石、大型台付甕など三河地域に情報源を有する遺構や遺物が面的に広がっており、海路のみならず、陸路による強い影響が考えられる。

一方で、須恵器模倣土師器、関東系埴輪、五角形鏃や腸抉三角形鏃、銅釧など関東地方に特徴的な文物がある。特に基層的な文物にその影響を色濃く窺うことができる。

このように静岡県は遠く朝鮮半島、九州、また畿内政権を構成する地域や隣接する東海など静岡以西の地域の影響や、関東の影響が複雑に入り込んでおり、我々が想像する以上の人の交流と文物・情報の動きがあったと考えることができる。静岡県は東西の様相が混在するまさに東西交流の結節点といえる。

7　近世後期の秋葉信仰

坪井俊三

秋葉信仰とは、遠江国周智郡秋葉山の秋葉社の護神三尺坊大権現の火防の信仰を中心とする。神仏分離以後は秋葉神社・秋葉寺・可睡斎の三つに分かれた。

近世前の事はよく判らないが、江戸時代に入ると「火災病魔悉除」に霊験的であると信じられ、信者を集めるようになった。それが全国的に有名になったのは、貞享二年（一六八五）一一月徳川幕府から「秋葉祭」の禁止を命じられてからと考えられる。その後、多くの信者の参詣が見られ、正徳期の秋葉山周辺の村々の「村明細帳」に「近所繁昌所」として秋葉山が登場するようになる。元文〜明和期には「開帳」・守札頒布等の問題で各地（越後・駿河）の「秋葉山」と訴訟が起こるが、それは火防の神としての秋葉信仰が多くの人々に受け入れられていたのであろう。

一九世紀に入ってからの様子は、「当時火の神と崇むるは、京都愛宕山・秋葉山・讃岐金毘羅山なり、その内秋葉山最も繁昌と云ふ」（『遠江古迹図絵』）とか、「駿州より尾州までは、駅の十字街、或は街道みな悉秋葉の常夜燈あり。この社近年もつとも繁昌なり」（『覊旅漫録』）等と秋葉山の繁栄を指摘している。

秋葉講の実態を窺うものに、秋葉山麓の「門前町」領家村坂下の旅籠高木屋の「諸国御講中御定宿札控」があり、近世後期の秋葉信仰の分布を推測する手懸りを与えてくれる。地名百ヶ所・国は十五ヶ国、西は播磨・東は下野・常陸を限る。西は美濃・尾張・三河三ヶ国東は武蔵・駿河の二ヶ国が多い。慶応三年七月三河国牟呂村で始まった「御札降」の時、尾張・三河等では伊勢神宮より秋葉山が多く降り、沢山の人々が秋葉山へ参詣している（秋葉山おかげ）。

八　共通論題討論

共通論題研究発表終了後、共通論題討論が行なわれた。議長は、大会実行委員の厚地淳司氏・村瀬隆彦氏、地方史研究協議会常任委員の平野が務めた。討論にあたって、大会共通論題の趣旨の要点説明を行ない、各報告の視点を確認した。

池谷報告は、六三〇〇年前に自然的な発生によって西からの影響を非常に強く受けているとしたものであった。大谷報告は、六世紀、西日本の東端であり、東日本の西端であったとした。森田報告は、南北朝期（十四世紀）に、室町幕府という西からの影響を受けているとした。加藤報告は、織豊期（十六世紀後半）、織豊政権という西からの影響をやはり受けているとした。北村報告は、戦国期（十六世紀前半）、伊勢から関東へ向けての物資輸送というような視点に基づき西から東へ向かう途中であろうと指摘した。鍋本報告は、近世初頭（十七世紀）、静岡が、政治的な中心となった関東の壁として存在したとした。坪井報告は、近世後期（十八世紀～十九世紀）、静岡県西部から外への影響、東海地域、特に東海道地域への影響について述べた。鈴木報告は、近世後期（十九世紀）、伝播の経路としての東海道について論じ、大名の意向による影響を指摘した。高柳報告は、戦間期（二十世紀）特に東からの影響、東京からの影響を、交通機関整備の問題も絡めて指摘した。なお、報告の空白期間について、鎌倉期の場合には、伊豆・駿河が東国の政治的な範囲に属し、遠江が西国との境になっており、室町期とは異なることによって、幕府の所在地が影響を与えていたことを補足した。

これらを前提として、政治的側面からの視点と、社会・文化的側面からの視点に、大きく二つに分けて討論を展開した。最初に、村瀬隆彦氏を議長として、森田・加藤・鍋本・高柳報告をめぐって、政治的側面からの視点の討論を行なった。

まず加藤報告に対する質疑が行なわれた。福井県の角明浩氏から、豊臣大名城郭の石垣・瓦などの工房跡について、その残存状況が問われた。また、徳川家康への備えとして置かれた大名たちの城の改修についての質問があり、大阪府の畠清次氏からは、烽火台について、北海道の大森和之氏からは、東海地域の状況と比較する意味で、他地域の城郭展開の様相について、それぞれ質問が出された。

これに対して加藤氏は、織豊期の瓦窯出土事例が大坂城内が唯一であることによって、安土城・大坂城での造成を想定した。ついで、城は見せるための改修が部分的であっても、そこが補強され、城の堅固さを増すとし、加えて織豊期城郭は軍事的側面のみでなく、政治的側面も考慮する必要を説いた。つぎに、烽火については不明とし、他地域の状況については、静岡に限らず、どの地域も同様であったとの見解を示しつつも、静岡、徳川領を取り囲む地域は特別で、豊臣政権から関係諸大名へ、関与だけではなく、技術的・経済的な援助があったと述べた。

ここで静岡県の本多隆成氏が、徳川領を囲む豊臣系大名に特有の石垣や瓦葺建物が、関東に移った徳川領国のみ許可されなかった状況について説明を求めた。加藤氏は、徳川氏が技術を持っておらず、そのうえ豊臣政権から危険視されていた結果と想定した。

つぎに森田報告への質疑に移った。福井県の角氏から、今川範国が在地の武士団を被官化できた源泉について、遠江国・駿河国守護職補任が影響していたかとの質問が出された。これに対して森田氏は、範国が遠江・駿河の守護となったことが、それだけ強大な軍事組織形成の要因であるとした。

つづいて鍋本報告への質疑を行なった。まず、北海道の大森氏から、箱根の「壁」としての意味合いについて質問があった。鍋本氏は、箱根の関を、小田原藩の小田原、駿河藩の駿府から見るならば東西を分けるものながら、藩の領域で見た場合には、箱根の西も小田原藩領であるので関東エリアであり、そうした意味では「壁」ではないと捉えた。

ここで、議長（村瀬）からフロアへ、森田・加藤・鍋本・高柳報告を基に、政治的側面を視点とした東西の結節点および東西の境目としての静岡について、意見が求められた。

静岡県の本多氏から、慶長期の軍事指揮権の境界線が東西交流や列島の境目としての問題として論じられるのか、疑問が提示された。本多氏は、原始・古代から戦国期までの東西交流や列島の境目としての問題が、自然的あるいは社会的・生活的な観点であるのに対して、豊臣政権以降は政権による政治的意図に基づくものとなるので、東西交流や列島の境目の問題として捉えられるのかとした。これに対して鍋本氏は、慶長期の軍事指揮権の境界線が東西区分論ではない。人の流れや政治的意味合い、どの藩が関東守衛役を負担するのかといった要因によって、東西のラインが変動するとしたうえで、伊豆・駿河が東西結節点の東端にあたるとの見解を示し、生活レベルなどの諸要素を考慮する必要を述べつつ、報告では東西の中でも東端について考察し、政治的側面として、上から与えられている枠組みが最大の要因となっている区切り方をしたとの説明を行なった。

つづいて静岡県の小和田哲男氏が、鍋本報告に対して、家康の駿河居城は大坂（豊臣）への意識の表れであり、慶長十五年（一六一〇）尾張名古屋城（愛知県名古屋市）築城によって、東西の境は名古屋へ移ったとの見解とともに、鍋本報告が対大坂政策的な視点を欠如していた理由を問うた。また、加藤報告に対して、駿府城の大手が西向きであるのは大坂を意識していたとの見解を示し、中村一氏の時代（豊臣政権期）の駿府城大手について質問した。

鍋本氏は、対大坂政策として、近江彦根城（滋賀県彦根市）・丹波篠山城（兵庫県篠山市）・尾張名古屋城などの天下普請による豊臣包囲系の城の存在を指摘し、さらに丹波に譜代大名が配置されていることによって、名古屋を第二次防御ラインとし、徳川政権にとっては名古屋が西端ではなく、丹波が西端であったとの見解を示した。

加藤氏は、中村一氏の時代の駿府城の構造が不明であることを前提としつつ、徳川期の駿府城が、西から来た人びとに富士山よりも高い天守を見せることの重要性を指摘して、対徳川では大手を東側とし、東から来た人びとが真正面に天守を見るという構造であったろうとの想定を示した。また、浜松城に天守が存在した時期の東海道が浜松城天守を目指すようにあり、天守がなくなると本丸南西隅の櫓を目指すように東海道がつけ替えられたという事実を基に、シンボルが替わると道がつけ替えられるという状況が駿府にもあったと想定した。

つづいて、神奈川県の大野瑞男氏から、江戸幕府は上方・関東方二分体制であったことを、元禄期の幕領の状況を記した「看益集」（内閣文庫蔵）や幕府年貢史料の「御取箇辻書付」（慶安四年〈一六五一〉～天保十二年〈一八四一〉残存）に基づき指摘し、上方・関東方二分支配が享保期まで政治課題として残され、享保の改革によって払拭される政策がとられると述べた。また、家康から秀忠への政権移譲は、関東基盤から徐々に拡大しており、段階的に実施された。そして、寛永期の国郡奉行派遣では東の境が三河になっている。このように、東西二分の状況も変化するとして、こうした事実と、ここまでの議論の関連を質した。

鍋本氏は、二分統治を否定するものではないとしながら、軍事指揮権のみでなく、領国支配、領地の問題、相論裁許の問題など、総合的な確認が必要で、現在のところ、二分統治を肯定するものがないとの理解を示した。また、家康から秀忠への段階的政権移譲については賛意を表し、確実に移せる年貢を始めとし、いわゆる上部構造へと移っていき、最終的に譲られなかったのが外交権であろうとの見通しを述べ、そうした段階を考慮して東西の問題を解く必要性を指摘した。

ここで、議長（村瀬）が政治的側面からの議論を総括した。政治的な側面、具体的には行政区分や軍事的な視点で東西を区切ること自体の意義付けや、住民の意識・生活との関連を考察する必要があるとした。そして、城の構造と東海道のつけ替えに示されたことは、高柳報告にあった新たな東海道である東海道線が、国家的見地で明治二十四年に作られた線路であるので、こうした新しい道と在地の関連などを追究する際の参考になるとの見通しを述べた。

つぎに、厚地淳司氏を議長として、池谷・大谷・北村・坪井・鈴木報告を素材とする社会・文化的側面からの視点の討論に移った。

まず群馬県の宮崎俊弥氏から、近世の情報伝播に大きな役割を果たしたものに飛脚があるとして、鈴木氏が事例とした竹村家での飛脚利用について質問があった。また、情報獲得手段として、手紙（書簡）をはじめとした事例以外の手段について意見を求めた。さらに、ペリー来航などの大事件の情報伝達状況にも触れてほしかったとの要望が出された。そして、福井県の澤博勝氏からは、宇佐を拠点にする八幡神社、大三島を拠点とする三島大社、九州を拠点にする宗像神社、あるいは白山神社などの神社系統のネットワークと地域社会との関連も考察すべきとの指摘があった。

これらに対して鈴木氏は、竹村家の史料では飛脚利用が見られないながら、利用していたことは容易に想像できるとし、今回利用した史料のなかでは、豪農の高林家が飛脚を多用していることが見られるとした。また、大事件の伝播経路については、窺い知ることが困難な状況にあると説明した。そして、神社のネットワークに関連して、遠江では諏訪社の割合が高いことを指摘し、天竜川と豊川による長野との関連を述べ、南北交流考察の必要性を説いた。

さらに、議長から信仰のネットワークという点で意見を求められた坪井氏は、秋葉社の場合、勧請者として修験者・曹洞宗僧が挙げられ、個人の勧請が主で、村での維持の事例は少ないとした。

ここで議長（厚地）がフロアに発言を求め、福井県の澤氏が、近世の文化交流では書物による伝播を考慮する必要があるけれども、その点をどのように考えているのか質した。これに対して鈴木氏は、国学者のネットワークが商圏よりも広範囲にわたることを述べ、蔵書の版元調査によって文化圏を捉えられるであろうとの見通しを述べた。

ついで、神奈川県の西海賢二氏が、富士山の存在を強調し、富士と秋葉をセットにする参詣があるかといった問題を指摘し、富士を境とした富士山の現象の語られ方に差異が見られる要因の問題を述べ、考古遺物による地域性とは異なる精神的な地域性について発言を求めた。また、静岡県の小島邦広氏が西海氏の意見に賛意を示しつつ、秋葉山はネットワークが広範囲にわたるとし、その信仰は曹洞宗のみでなく、民間信仰を取り入れている点を考慮する必要があると説いた。

そこで神奈川県の廣瀬良弘氏は、曹洞宗は民間信仰なども取り入れながら展開していたことを是認しつつ、ほかの宗教も同様であったと指摘し、秋葉山を捉えるときに、時期的な変化を考慮することの重要性を指摘した。

さらに北海道の大森氏から、秋葉山への参詣者が西国からが多く、関東からは少なかったという事実や、秋葉山の御札が降った場所がやや西に偏っているというのは、三島社や富士信仰と関係があるかとの質問があった。これに対して坪井氏は、利用史料にみられる偏りで、他の史料では関東からの参詣も多いと答えた。

大森氏はまた、北村報告に対して、利用史料の「道者」は「御師」と同義か、参詣者かと問い、その信仰対象について尋ねた。これに対して北村氏は、可能性を挙げ、結論を保留した。

さらに大森氏は、大谷報告に対して、北部九州型石室が、北部九州から、畿内を空白地帯として東海地域に伝わっているけれども、畿内を空白地帯とすることが可能なのか。その背景として、北部九州連合と畿内の大和政権との対立が想定できるかを尋ねた。

これに対して大谷氏は、先進文化の伝播ルートとして、中国大陸から朝鮮半島を渡って、まず九州に入り、それが近畿地方に入って、各地に広がっていくという図式が想定できるとしつつも、畿内型の石室が大和・山城・河内・摂津・和泉の地域では、小さな古墳であっても、細部に至るまで似て伝播していているにもかかわらず、周辺では他の地域の影響が見られることを事例として、近畿に入ってきた情報が閉鎖していたと解釈されているので、東海地方は近畿地方で断絶された情報をさらに西方から入手したのであろうと想定した。そして、古墳時代は、近畿地方を唯一とせず、より周囲との交流があったと述べた。

ここで議長（厚地）が、埼玉県の竹村雅夫氏に甲冑などの遺物をめぐる静岡の位置付けについて意見を求めた。

竹村氏は、室町後半～織豊期の兜が、関東・東北型と西国型に分けられ、その境が駿河にあることを述べた。さらに、天正十八年（一五九〇）が、東国にとっても、西国にとっても、文化交流という面では大きかったと、兜の流行に基づき指摘した。

最後に、議長（平野）が、討論の全体に関わる問題を述べた。北海道の大森氏は、静岡が、東西交流の「結節点」という点もあるものの、とくに富士山を目当てとする道者に代表されるように、「目的地」という側面もあったと指摘し、そこに西と東の交流が生まれる要因があると述べた。こうした問題を含みつつも、東西という視点が静岡を明らかにするうえで、重要性、有効性をもつということに関しては、討論を通じて再確認されたと結んだ。

静岡を考察する際に、東西という視点が重要性、有効性をもつのは、静岡が関東と関西の間に位置するためである。静岡の特質の一つとして、伊豆・駿河・遠江という旧三国が政治的にも、経済的にも、文化的にも、差異を有し、共通性を見いだすことの方が困難な点にある。こうした差異が生じた理由として、関東と関西の間という静岡の位置を考慮しなければならない。

関東圏と関西圏という日本の政治・経済・文化を推進する地域の間に挟まれた静岡は、東西両方向からの影響を政治・経済・文化・生活など多様な面にわたって受けてきた。ただし、それらの地域への浸透度は、それを発する影響力の大きさなど様々な要因によって一律ではない。政治・経済・文化・生活それぞれに対して、時代によって、地域ごとに、影響の濃淡が生じる。そうしたことが、伊豆・駿河・遠江各地域の差異を形成したと捉えられる。したがって、旧国単位の地域形成に、東西の影響度を考慮しないわけにはいかない。南北交流や目的地としての位置付けも重要ながら、東西という視点が静岡を明らかにするうえで、重要性、有効性をもつ所以である。

おわりに

第五七回（静岡）大会は、二三日目の二十三日に、静岡・清水方面を中心とした東コースと島田・掛川を中心とした西コースの二つのコースに分かれての巡見を行ない、終了した。

大会を開催するにあたっての様々な議論を通じて感じたのは、伊豆・駿河・遠江の差異が強く意識され、共通性が論じられることがなかったという点である。その意識の根底には、東・西に対する意識があったと思われる。

議論が初期の段階から、東西をテーマとする方向で進んだのは、そうした意識のためであろう。そして、静岡県で初めて行なう地方史研究協議会の大会であるので全県的なものにしたいという意識が、広範囲性をもつ東西というテーマへと後押ししたと捉えられる。さらには、東西への認識は、準備委員会（運営委員会）も同様であった。

今大会を通じて、静岡の特質を東西というキーワードによって考察することの有効性は示せたと考える。しかし、考察の具体的な方向性は示し得なかった。このほかにも多くの課題が残された。今後の活動・努力が必要であろう。

本大会の共催・後援・協賛団体は、以下の二八団体である。

共催：静岡県地域史研究会　静岡県近代史研究会　静岡県考古学会

後援：静岡県教育委員会　静岡市・静岡市教育委員会　富士川町　由比町・由比町教育委員会　NHK静岡放送局　静岡新聞・静岡放送（財）静岡総合研究機構

協賛：伊豆史談会　磐田史談会　いわた大祭り実行委員会　蒲原宿の会　静岡県社会人体育文化協会　静岡県立博物館の開設を求める会　静岡古城研究会　静岡女性史研究会　静岡平和資料館をつくる会　静岡・竜南文化振興会　清水郷土史研究会　駿河郷土史研究会　駿河古文書会　駿府ウェイブ　戦国大名今川氏研究会　沼津史談会　三ヶ日町郷土を語る会　見付宿を考える会

本書の刊行は、地方史研究協議会第五七回（静岡）大会成果刊行特別小委員会が担当した。委員会は、平野明夫（委員長）・石山秀和・佐藤孝之・谷口榮・鍋本由徳・西海賢二・渡邉嘉之で構成した。

（文責　平野明夫）

執筆者紹介（五十音順・所属は発表時）

青木祐一（あおき　ゆういち）
一九七二年生まれ。千葉大学大学院社会文化科学研究科、単位取得退学。
［連絡先］〒263-0042　千葉県千葉市稲毛区黒砂一―一七―二―二〇三

加藤理文（かとう　まさふみ）
一九五八年生まれ。磐田市立磐田第一中学校教諭。
［連絡先］〒437-1124　静岡県袋井市富里三三〇三―五

北村　啓（きたむら　けい）
一九七七年生まれ。静岡県立森高等学校教諭。
［連絡先］〒419-0201　静岡県富士市厚原一〇一一　教職員住宅二〇一号

鈴木雅晴（すずき　まさはる）
一九七三年生まれ。(財)江東区地域振興会江東区古石場文化センター職員。
［連絡先］〒213-0014　神奈川県川崎市高津区新作三―一〇―四九

相馬伸吾（そうま　しんご）
一九八三年生まれ。愛知大学大学院生。
［連絡先］〒470-1152　愛知県豊明市前後町仙人塚一七五〇―二二八

高柳友彦（たかやなぎ　ともひこ）
一九八〇年生まれ。東京大学大学院生。
［連絡先］〒120-0005　東京都足立区綾瀬二―一一―六―一〇一

鍋本由徳（なべもと　よしのり）
一九六八年生まれ。日本大学非常勤講師。
［連絡先］〒182-0024　東京都調布市布田二―三六―三―一〇三

橋本誠一（はしもと　せいいち）
一九五六年生まれ。静岡大学人文学部教授。
［連絡先］〒422-8529　静岡県静岡市駿河区大谷八三六　静岡大学人文学部

福田アジオ（ふくた　あじお）
一九四一年生まれ。神奈川大学教授。
［連絡先］〒158-0093　東京都世田谷区上野毛二―一三―一四―五〇五

向坂鋼二（むこうざか　こうじ）
一九三三年生まれ。静岡県考古学会会長。
［連絡先］〒432-8018　静岡県浜松市中区蜆塚三―四―一八

森田香司（もりた　こうじ）
一九五八年生まれ。浜松市立神久呂小学校教諭。
［連絡先］〒432-8061　静岡県浜松市入野町一〇二一―三〇

平成19年10月20日　初版発行　《検印省略》

地方史研究協議会 第57回（静岡）大会成果論集
東西交流の地域史 ―列島の境目・静岡―
（とうざいこうりゅうのちいきし―れっとうのさかいめ・しずおか―）

編　者　©地方史研究協議会
発行者　宮田哲男
発行所　(株)雄山閣
〒102-0071　東京都千代田区富士見２－６－９
電話　03-3262-3231(代)　FAX 03-3262-6938
振替：00130-5-1685
http://www.yuzankaku.co.jp

組　版　富士デザイン
印　刷　研究社印刷
製　本　協栄製本

Printed in Japan 2007
ISBN978-4-639-01999-2 C3021